【 学研ニューコース 】

中学公民

Gakken

はじめに

　『学研ニューコース』シリーズが初めて刊行されたのは，1972（昭和47）年のことです。当時はまだ，参考書の種類も少ない時代でしたから，多くの方の目に触れ，手にとってもらったことでしょう。みなさんのおうちの人が，『学研ニューコース』を使って勉強をしていたかもしれません。

　それから，平成，令和と時代は移り，世の中は大きく変わりました。モノや情報はあふれ，ニーズは多様化し，科学技術は加速度的に進歩しています。また，世界や日本の枠組みを揺るがすような大きな出来事がいくつもありました。当然ながら，中学生を取り巻く環境も大きく変化しています。学校の勉強についていえば，教科書は『学研ニューコース』が創刊した約10年後の1980年代からやさしくなり始めましたが，その30年後の2010年代には学ぶ内容が増えました。そして2020年の学習指導要領改訂では，内容や量はほぼ変わらずに，思考力を問うような問題を多く扱うようになりました。知識を覚えるだけの時代は終わり，覚えた知識をどう活かすかということが重要視されているのです。

　そのような中，『学研ニューコース』シリーズも，その時々の中学生の声に耳を傾けながら，少しずつ進化していきました。新しい手法を大胆に取り入れたり，ときにはかつて評判のよかった手法を復活させたりするなど，試行錯誤を繰り返して現在に至ります。ただ「どこよりもわかりやすい，中学生にとっていちばんためになる参考書をつくる」という，編集部の思いと方針は，創刊時より変わっていません。

　今回の改訂では中学生のみなさんが勉強に前向きに取り組めるよう，等身大の中学生たちのマンガを巻頭に，「中学生のための勉強・学校生活アドバイス」というコラムを章末に配しました。勉強のやる気の出し方，定期テストの対策の仕方，高校入試の情報など，中学生のみなさんに知っておいてほしいことをまとめてあります。本編では新しい学習指導要領に合わせて，思考力を養えるような内容も多く掲載し，時代に合った構成となっています。

　進化し続け，愛され続けてきた『学研ニューコース』が，中学生のみなさんにとって，やる気を与えてくれる，また，一生懸命なときにそばにいて応援してくれる，そんな良き勉強のパートナーになってくれることを，編集部一同，心から願っています。

学研プラス

政治や経済なんて俺には関係ない！
って思ってた。
そんな俺が変わることができたのは
ちょっとした誤解がキッカケだったんだ

選挙…
政策…税……
やっぱよくわかんないよな

高田 湊
中3　吹奏楽部

その日の朝

……ふわ～あ
おはよー

……あれ、姉ちゃん？
なんで新聞なんか
読んでんの？

選挙も近いからね。
最近目を通す
ようにしてるの

この前衆議院が解散したし

へぇ、すげーじゃん

高田 莉子
大学1年生

5

そのあとは、とにかく大変だった…

先輩！消費税の税率ってなんでこんなに高いんですか？

憲法を変えちゃうのって何がいけないんですか？

国見からは毎日のように新しい質問が飛んでくるし

それに答えるために、帰ってからは姉ちゃんに公民を教わる生活が続いた

消費税は昔と比べると上がったわよね
私が小学生の頃はね——

憲法は国の基本を形づくるきまりでこれを変えちゃうと——

——っ、疲れる！！

……でも、なんか前よりニュースのこととかわかるようになったな

勉強するって……成長するって、意外と楽しい！

本書の特長と使い方

各章の流れと使い方

解説ページ

本文

本書のメインページです。基礎内容から発展内容まで，わかりやすくくわしく解説しています。

チェック基礎用語

よく問われる基礎用語を簡単にチェックできます。

問題

定期テスト予想問題

学校の定期テストでよく出題される問題を集めたテストで，力試しができます。

本文ページの構成

教科書の要点

この項目で学習する，テストによく出る要点をまとめてあります。

解説

ていねいでくわしい解説で，内容がしっかり理解できます。

重要ポイント

それぞれの項目の特に重要なポイントがわかります。

【 1 節 】消費生活と市場経済

1　経済と家計

教科書の要点

1 経済（経済活動）
◎経済（経済活動）…財・サービスの生産・流通・消費のしくみ→家計・企業・政府が経済主体

2 家計の収入と支出
◎家計…それぞれの家庭や個人の収入と支出の経済活動
◎家計の収入（所得）…給与収入，事業収入，財産収入
◎家計の支出…消費支出，非消費支出，貯蓄

1 経済（経済活動）

(1) 経済（経済活動）とは？
　私たちの生活は，財（もの）やサービスなどの商品を生産し，それを必要なところに移動し（流通），それらにお金を支払って購入する（消費）ことで成り立っている。このような，生産・流通・消費を中心とする活動を経済（経済活動）という。

❶財…生活に必要な，形のあるもの。食料品や衣類，自動車など。
❷サービス…生活に必要な，形のないもの。医療や運輸，教育，美容室でのカットなど。

(2) 経済の循環（経済の流れ）
　家計・企業・政府の三つの経済主体の間で，お金と商品が流れる様子を経済の循環という。
❶家計…消費の主体。労働力を提供する。
❷企業…生産の主体。財やサービスを提供する。流通も担っている。
❸政府…財政を通じて経済活動を行う。

財を買う▶
◀サービスを買う

❶財（もの）とサービス

■参考　希少性
　人の欲求に対して財やサービスなどの商品（資源）が不足した状態を希少性があるという。商品の量が少なく，多くの人が欲しいものは，希少性が高くなる。

❷経済の循環（経済の流れ）

144

本書の特長

教科書の要点が ひと目でわかる	授業の理解から 定期テスト・入試対策まで	勉強のやり方や, 学校生活もサポート

特集

公民コラム

学習内容を深掘りしたり,背景を考えたりすることで,知識を深め,活用する練習ができます。

勉強法コラム

効果的な勉強の仕方,高校入試についてなど,知っておくとよい情報を扱っています。

入試レベル問題

高校入試で出題されるレベルの問題に取り組んで,さらに実力アップすることができます。

要点整理ミニブック

この本の最初に,切り取って持ち運べるミニブックがついています。テスト前の最終チェックに最適です。

2　家計の収入と支出

(1) 家計とは？

家庭や個人は,収入を得て,それをさまざまな目的のために支出する。それぞれの家庭や個人の収入と支出で成り立つ経済活動を家計という。❸

(2) 家計の収入（所得）

❶給与収入（給与所得）…会社や役所などで働いて得る収入。

❷事業収入（事業所得）…農業や商店,工場などの経営で得る収入。

❸財産収入（財産所得）…財産から得る所得。預金の利子や家賃など。

⇒日本の家計の収入では,給与収入が最大の割合を占める。

(3) 家計の支出

家計の支出の中心は,食料費などの消費支出❹である。

❶消費支出…財やサービスの消費のために支出される費用。食料品,住居費（家賃など）,光熱費（電気・ガス代など）,水道費,被服費（衣類など）,医療費,教育費,交通・通信費,教養・娯楽費など。

❷非消費支出…税金や社会保険料など。収入から税金や社会保険料などを差し引いた額を可処分所得といい,実際に使えるお金になる。

❸貯蓄…将来の支出に備えるためのもので,銀行預金,株式や国債などの購入,生命保険料の支払いなど。

⇒貯蓄した資金は,さまざまな企業や政府に貸し出され,企業や政府の活動のための資金となる。

実収入　586,149円　〔家計調査年報〕（2019年）

世帯主の勤め先からの収入　438,263

他の世帯員の勤め先からの収入　98,042

49,844

その他の収入　9,852

実支出　433,357円

消費支出　323,853

社会保険料　45,487

税金　63,925

その他　109,504

非消費支出

❸家計の収入と支出の関係（二人以上の勤労者世帯,1か月平均）

くわしく　その他の収入

その他の収入には,財産を相続して得た収入や,社会保障制度の,主に老後の生活を保障する年金保険の給付金による収入がある。

用語解説　可処分所得

家庭や個人の収入から,所得税などの税金や社会保険料などを差し引いた,自由に使えるお金のこと。手取り収入ともいう。可処分所得を何に使うかを考えて,適切な選択をすることが大切。

1980年　消費支出総額　238,126円　27.8%　7.8　8.5　4.7　5.3

1995年　消費支出総額　349,663円　22.6%　11.0　6.7　5.6　6.0

2019年　消費支出総額　323,853円　食料費 23.9%　17.0　その他　住居費 6.0　光熱・水道費 6.7　被服・はき物 4.0　交通・通信費

〔2020/21年版「日本国勢図会」ほか〕

❹全国勤労者世帯の消費の内訳（1か月平均）交通費の発達やインターネットの普及などにより,交通・通信費の割合が増加している。

145

サイド解説

本文をより理解するためのくわしい解説や関連事項,テストで役立つ内容などを扱っています。

くわしく　本文の内容をよりくわしくした解説。

テストで注意　テストでまちがえやすい内容の解説。

思考　ものごとの理由や背景を解説。

発展　発展的な学習内容の解説。

用語解説　重要な用語をよりくわしく解説。

資料　重要な法令などを一部抜粋して紹介。

参考　知っておくとさらに理解が深まる内容の紹介。

豊富な図解

本文の理解を助けるための,豊富な写真や図表を掲載しています。

コラム

社会の知識を深めたり広げたりできる内容を扱っています。

学研ニューコース

Gakken New Course
for Junior High School
Students

中学公民

もくじ

Contents

1章　現代社会と私たちの暮らし

1節　現代社会と私たち

2節　私たちの生活と文化

5章　地球社会と私たち

1節　国際社会と世界平和

2節　国際社会と私たち

● **中学生のための勉強・学校生活アドバイス**

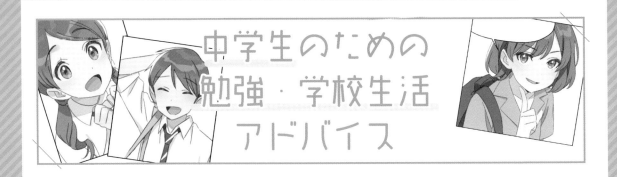

受験生として入試に向き合おう

　中3では，**入試に向けての勉強が本格化します。**入試では，中学校で習うすべての範囲が出題されます。そのため，中3の範囲の勉強だけではなく，中1・中2の復習もしっかりと行う必要があります。

　夏以降は模擬試験を受けたり，入試の過去問題を解いたりする機会も増えるでしょう。自分の得意な分野・苦手な分野を理解し，苦手な分野は早めにきっちりと克服しておきたいところです。

　受験が近づいてくると，だんだんプレッシャーも大きくなっていきます。早い時期から取り組むことで，自信を持って試験にのぞめるようになります。

中3の社会の特徴

　社会は5教科の中で，いちばん覚えることが多い教科です。ニュースを見る，要点を図式化してまとめる，友だちとクイズを出し合うなど，工夫して暗記することが，社会の攻略につながります。

　また，社会には「地理」「歴史」「公民」の3分野があり，入試問題では全分野から出題されます。どの分野の問題にも対応できるよう，バランス良く復習することが，中3の社会では重要です。

　とくに，本書で扱う「公民」は中3の途中から習うことが多く，対策が遅れやすい分野です。入試直前に慌てることがないよう，前もって取り組むようにしましょう。

ふだんの勉強は「予習→授業→復習」が基本

中学校の勉強では，**「予習→授業→復習」の正しい勉強のサイクルを回すことが大切**です。

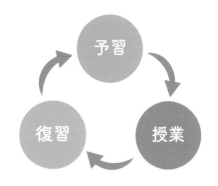

☑ 予習は軽く。要点をつかめば OK！

予習は1回の授業に対して5〜10分程度にしましょう。 完璧(かんぺき)に内容を理解する必要はありません。「どんなことを学ぶのか」という大まかな内容をつかみ，授業にのぞみましょう。

☑ 授業に集中！わからないことはすぐに先生に聞け!!

授業中は先生の説明を聞きながらノートを取り，気になることやわからないことがあったら，授業後にすぐ質問をしに行きましょう。

授業中にボーっとしてしまうと，テスト前に自分で理解しなければならなくなるので，効率がよくありません。**「授業中に理解しよう」としっかり聞く人は，時間の使い方が上手く，効率よく学力を伸(の)ばすことができます。**

☑ 復習は遅(おそ)くとも週末に。ためすぎ注意！

授業で習ったことを忘れないために，**復習はできればその日のうちに。それが難しければ，週末には復習をするようにしましょう。** 時間を空けすぎて習ったことをほとんど忘れてしまうと，勉強がはかどりません。復習をためすぎないように注意してください。

復習をするときは，教科書やノートを読むだけではなく，問題も解くようにしましょう。問題を解いてみることで理解も深まり記憶(きおく)が定着します。

定期テスト対策は早めに

　中3になると，受験に向けて定期テスト以外のテストを受ける機会も増えます。塾に通っている人は塾の授業時間も増えるなど，やらなければいけない勉強が増えていくでしょう。忙しくなりますが，定期テスト対策をおろそかにしてはいけません。ほかの勉強で忙しくなることを見越したうえで，定期テストでもよい点を取れるように計画的に勉強しましょう。

　定期テストの勉強は，できれば2週間ほど前から取り組むのがオススメです。部活動はテスト1週間前から休みに入るところが多いようですが，その前からテストモードに入るのがいいでしょう。「試験範囲を一度勉強して終わり」ではなく，二度・三度とくり返しやることがよい点をとるためには大事です。

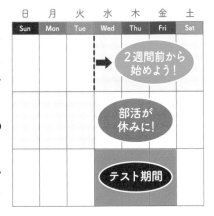

中3のときの成績は高校受験に大きく影響！

　内申点という言葉を聞いたことがある人もいるでしょう。内申点は各教科の5段階の評定（成績）をもとに計算した評価で，高校入試で使用される調査書に記載されます。1年ごとに，実技教科を含む9教科で計算され，たとえば，「9教科すべての成績が4の場合，内申点は $4 \times 9 = 36$」などといった具合です。

　公立高校の入試では，「内申点＋試験の点数」で合否が決まります。当日の試験の点数がよくても，内申点が悪く不合格になってしまうということもあるのです。住む地域や受ける高校によって，「内申点をどのように計算するか」「何年生からの内申点が合否に関わるか」「内申点が入試の得点にどれくらい加算されるか」は異なりますので，早めに調べておくといいでしょう。

　中3のときのテストの点数や授業態度は，大きく入試に影響します。**「受験勉強があるから」と，日々の授業や定期テストを軽視しないように気をつけましょう。**

公立高校入試と私立高校入試のちがいは？

大きくちがうのは教科の数で，**公立の入試は5教科が一般的(いっぱんてき)なのに対し，私立の入試は英語・数学・国語の3教科が一般的**。ただし教科が少ないといっても，私立の難関校では教科書のレベル以上に難しい問題が出されることもあります。一方，公立入試は，教科書の内容以上のことは出題されないので，対策の仕方が大きく異なることを知っておきましょう。

また入試は大きく一般入試と，推薦(すいせん)入試に分けられます。一般入試は，主に内申点と当日の試験で合否が決まり，推薦入試は，主に面接や小論文で合否が決まります。推薦入試は，内申点が高校の設定する基準値に達している生徒だけが受けられます。「受かったら必ずその高校に行きます」と約束する単願推薦や，「他の高校も受験します」という併願(へいがん)推薦があります。

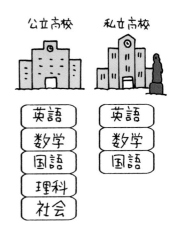

公立高校 　私立高校

| 英語 |
| 数学 |
| 国語 |
| 理科 |
| 社会 |

| 英語 |
| 数学 |
| 国語 |

入試はいつあるの？

受験期間は主に中3の1〜3月。まずは1〜2月までに，推薦入試と私立高校の一般入試が行われます。公立高校の一般入試は2〜3月に行われることが多いです。この時期は風邪(かぜ)やインフルエンザが流行します。体調管理に十分気をつけるようにしましょう。

志望校を最終的に決めるのは12〜1月です。保護者と学校の先生と三者面談をしながら，公立か私立か，共学か男女別学かなどを考え，受ける高校を絞(しぼ)っていきます。6月ごろから秋にかけては高校の学校説明会もあるので，積極的に参加して，自分の目指す高校を決めていきましょう。

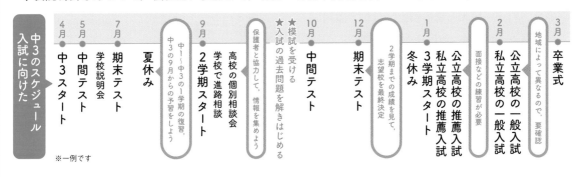

中3のスケジュール 入試に向けた

- 4月 中3スタート
- 5月 中間テスト 学校説明会
- 7月 期末テスト 学校説明会
- 夏休み
- （中1〜中3の1学期の復習，中3の9月からの予習をしよう）
- 9月 2学期スタート
- ★入試の過去問題を解きはじめる
- （保護者と協力して，情報を集めよう）
- 高校の個別相談会 学校で進路相談
- ★模試を受ける
- 10月 中間テスト
- 12月 期末テスト
- （2学期までの成績を見て，志望校を最終決定）
- 1月 冬休み 3学期スタート 私立高校の推薦入試 公立高校の推薦入試
- （面接などの練習が必要）
- 2月 私立高校の一般入試 公立高校の一般入試
- 3月 卒業式
- （地域によって異なるので，要確認）

※一例です

地理・歴史の要点をまとめてあります。入試の前に活用してください。

1 地理 地球の姿と世界の諸地域

1 地球の姿

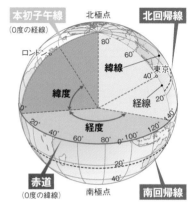

◆ 地球の様子

❶**緯線**（いせん）…**赤道と平行に同じ緯度の地点を結んだ線**

❷**経線**（けいせん）…同じ経度の地点を結んだ線

❸**6大陸**…**ユーラシア大陸，アフリカ大陸，北アメリカ大陸，南アメリカ大陸，オーストラリア大陸，南極大陸**

❹**3大洋**（たいへいよう）…**太平洋，大西洋，インド洋**（たいせいよう）

❺**6つの州**…**アジア州，ヨーロッパ州，アフリカ州，北アメリカ州，南アメリカ州，オセアニア州**

↑緯線と経線

2 日本の姿

（1）**日本の位置**…**北緯約20～46度**（ほくい），**東経約122～154度**（とうけい）

（2）**日本の範囲**（はんい）…**北海道，本州，四国，九州と周辺の島々**

❶北端は**択捉島**（えとろふ），南端は**沖ノ鳥島**（おきのとり），東端は**南鳥島**（みなみとり），西端は**与那国島**（よなぐに）

❷**北方領土**…**日本固有の領土。ロシア連邦**（れんぽう）**が不法に占拠**（せんきょ）。**択捉島，国後島**（くなしり）**，色丹島**（しこたん）**，歯舞群島**（はぼまい）

↑日本の範囲

3 世界各地の人々の生活と環境（かんきょう）

（1）**世界の気候帯**

❶**寒帯**…一年中寒く，大半が雪と氷で覆われる（おお）

❷冷帯…冬の寒さが厳しい。針葉樹林（**タイガ**）
　└→亜寒帯（あかんたい）

❸温帯…温暖で，**四季**の変化がはっきりしている

❹乾燥帯…雨がほとんど降らず，**砂漠**やステップが広がる

❺熱帯…一年中暑く，**熱帯雨林**やサバナが広がる

↑世界の気候帯

(2) **三大宗教**…**仏教**，**キリスト教**，**イスラム教**
　　　　　　　└→東南アジア，東アジア　└→ヨーロッパ，南北アメリカ，オセアニア
　　北アフリカ，西アジア，中央アジア，インドネシアやマレーシア

4 世界の諸地域

(1) アジア州

❶自然…**季節風**の影響を受ける。**ヒマラヤ山脈**
　　　　└→モンスーンえいきょう

❷農業…稲作，畑作，遊牧。**東南アジアでプランテーション**
　　　 中国北部やインド西部など ┘└ズ ┘　└アセアン └西アジアや中央アジア

❸工業…**アジアNIES，ASEAN**で進む。情報通信技術産業
　　　　新興工業経済地域←┘　└→東南アジア諸国連合　　　　└→ＩＣＴ

重要
❹**中国**…人口は14億人を超える（2020年10月現在）。約9
割が**漢族**。**経済特区**に外国企業を誘致
　　　└→漢民族　　 └→シェンチェンやアモイなど

(2) ヨーロッパ州

❶自然…**偏西風**や暖流の影響で比較的温暖。**フィヨルド**
　　　　　└→北大西洋海流　　　　　　　　└→西岸海洋性気候，地中海性気候

重要
❷**地中海式農業**…夏はぶどうやオリーブ，冬は小麦

❸**混合農業**…家畜の飼育と，小麦や飼料作物の栽培

❹**ヨーロッパ連合(EU)**…経済的・政治的な統合を目指す⇨域
　　　　　　　　 イーユー
内の関税を撤廃，共通通貨の**ユーロ**を導入，経済格差

↑EU加盟国とユーロ導入国（2020年現在）

(3) アフリカ州

  ❶地形…**熱帯雨林**，サバナが広がる。**サハラ砂漠**，ナイル川
               _{さばく}

  ❷鉱産資源…**レアメタル**を産出。銅，金，ダイヤモンドが豊富
    _{こうさん}   └→希少金属

(4) 北アメリカ州

  ❶地形…**ロッキー山脈**，**グレートプレーンズ**，**プレーリー**

  ❷アメリカ合衆国

    ・民族…多民族国家，**ヒスパニック**など
               └→スペイン語を話すメキシコなどからの移民

    ・農業…**適地適作**，企業的な農業
          _{きてきてき}

    ・工業…**サンベルト**，**シリコンバレー**，**多国籍企業**
                 └→先端技術（ハイテク）産業   _{たこくせき}

(5) 南アメリカ州

  ❶自然…**アマゾン川**流域に**熱帯雨林**，**ラプラタ川**流域に**パンパ**
         _{りゅういき} └→熱帯   _{りゅういき} └→温帯

  ❷農業…**ブラジル**でコーヒー，**アルゼンチン**で小麦の栽培
         └→プランテーション   └→パンパ

(6) オセアニア州

  ◇**オーストラリア**の先住民はアボリジニ。多文化社会。鉄鉱
    石や石炭などの鉱産資源が豊富

↑北アメリカ州の農業地域

↑南アメリカ州の農業地域

2 日本の姿と人口・諸地域

1 身近な地域の調査

❶地形図と縮尺…**実際の距離＝地図上の長さ×縮尺の分母**
      _{しゅくしゃく}   _{きょり}

❷等高線…同じ高さのところを結んだ線
  _{とうこうせん}

2 日本の自然と人口

(1) **日本の地形と気候**

  ❶地形

    ・山がちな国土…**環太平洋造山帯**の一部
             _{かんたいへいよう}
      └→約4分の3が山地

    ・平地…谷口に**扇状地**，河口に**三角州**が広がる
              _{せんじょうち}   _{さんかくす}

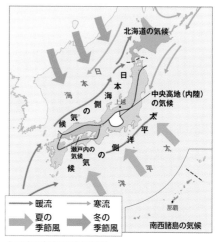

↑日本の気候区分と海流

❷気候区分…太平洋側，日本海側，中央高地，瀬戸内，北海
道，南西諸島の気候

(2) **日本の人口**…<u>**約1億2600万人**</u>⇨**少子化，高齢化**が進む
　　　　　　　　└→(2019年)

3　日本の産業

◆　**日本の農業と工業**

❶農業の特色…**稲作**中心，**兼業農家**が多い
　　　　　　　　　　　　　　　└→農業以外も行う
　・種類…**近郊農業，促成栽培**，施設園芸農業

❷工業の特色…**IC**などの先端技術産業，ICT産業が発展
　　　　　　└→集積回路　　　　　　　　└→情報通信技術産業
　・**太平洋ベルト**…関東から**九州北部**に延びる工業地域。
　　京浜・中京・阪神・北九州工業地帯などが集中

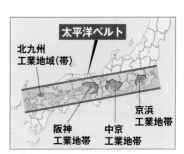

↑主な工業地帯

4　日本の諸地域

(1) 九州地方…筑紫平野で稲作，宮崎平野で**促成栽培**，畜
　　産。**北九州工業地域(帯)**で**重工業**が発達⇨**IC工場**が進出
　　　　└→エネルギー革命により伸び悩む
(2) 中国・四国地方…**瀬戸内工業地域**で重化学工業が発達。**本
　　州四国連絡橋**。**過疎化**や高齢化が進む
　　　　　　　　　　　└→離島や山間部
(3) 近畿地方…**阪神工業地帯**で重化学工業やせんい工業。**京都
　　や奈良の文化財**の多くが**世界文化遺産**に登録
　　　　　└→寺院や神社など
(4) 中部地方…日本最大の**中京工業地帯**で**自動車産業**が発達。
　　北陸は日本を代表する水田地帯
(5) 関東地方…野菜などの**近郊農業**，高原野菜，輸送園芸農
　　業。**京浜工業地帯**や京葉工業地域，北関東工業地域
　　　　└→埼玉，千葉，茨城など
(6) 東北地方…奥羽山脈。**リアス海岸**。夏には**やませ**。日本
　　の穀倉地帯，盆地などで**果樹栽培**
　　　　　　　　　　　　　　　└→りんご，さくらんぼ，ももなど
(7) 北海道地方…冷帯（亜寒帯）に属する。**石狩平野**で稲作。
　　十勝平野で畑作，**根釧台地**で**酪農**

↑九州地方の主な工場分布

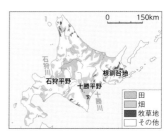

↑北海道地方の土地利用

1 [歴史] 古代，中世，近世社会の動き

1 古代文明のおこりと日本

（1）古代文明…エジプト，メソポタミア，インダス，中国など

（2）日本のあけぼの

❶旧石器時代…1万年以上前。**打製石器**を使用

❷縄文時代…縄文土器，たて穴住居。狩りや採集

❸弥生時代…稲作と金属器の伝来，定住生活，弥生土器

（3）大和政権（ヤマト王権）…**大王**を中心に5世紀後半に**九州～東北南部**を支配
└→のちの天皇

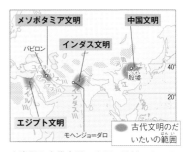

↑**世界の古代文明** 大河の流域でおこり，農耕や牧畜が発達するとともに国家ができた。河川の名とともに覚えよう。

2 古代国家の歩みと平安時代

（1）聖徳太子（厩戸皇子）の政治…**冠位十二階，十七条の憲法，**遣隋使
　　　　　　　　　　　　└→有能な人物を取りたてる └→役人の心構えなどを示す

（2）律令国家の成立と奈良時代，摂関政治

❶大化の改新…**中大兄皇子・中臣鎌足**らが**蘇我氏**をたおす
　　　　　　　└→土地・人民を国のものに

❷大宝律令…**公地公民，班田収授法，租・調・庸**
　└→701年 └→口分田（くぶんでん）を与える └→稲 └→特産物 └→布

❸政治…**平城京**で聖武天皇の政治（**東大寺**）
　└→唐の都長安にならう └→大仏を造営

❹天平文化…遣唐使⇒唐やシルクロードの影響。**正倉院**
　　　　　　　　　　　　└→正倉院の宝物。国際色豊か

❺平安京（794年）…桓武天皇，東北地方へ支配を広げる
　　　　　　　　　　　　　└→坂上田村麻呂を送る

❻摂関政治…**藤原氏**が**摂政・関白**。藤原道長・頼通が全盛

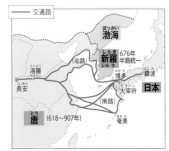

↑**遣唐使の航路** 唐の政治のしくみや文化を取り入れるために，たびたび派遣されていた。

3 鎌倉時代

◆ 鎌倉幕府の成立と元寇

❶院政…**白河上皇**が始める。保護を求めて荘園が集中

❷平氏の滅亡（1185年）…**源頼朝**が**守護・地頭**を設置

❸鎌倉幕府…1192年，**源頼朝**が征夷大将軍に

❹承久の乱…六波羅探題設置⇒1232年御成敗式目
　└→1221年 　　　　　　　　　　　　　　　└→貞永式目

❺元寇…執権**北条時宗，文永の役・弘安の役**
　└→蒙古襲来（もうこしゅうらい） └→1274年 └→1281年

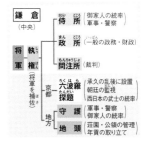

↑**鎌倉幕府のしくみ** 頼朝の死後，北条氏が執権として実権を握り，政治を行った（執権政治）。

④ 室町時代

◆ 建武の新政と室町幕府，東山文化

❶ 建武の新政…後醍醐天皇。南朝・北朝が対立
→ 1334〜36年 足利尊氏

❷ 室町幕府…足利尊氏が開く。足利義満が南北朝統一
→ 1392年

❸ 日明貿易…義満が開始。勘合で倭寇と区別
→ 勘合(かんごう)貿易 → 証明書 → 海賊

❹ 応仁の乱…守護大名の対立など⇨戦国時代

❺ 東山文化…銀閣(足利義政)，書院造，水墨画(雪舟)

↑新航路の開拓 アメリカ航路→インド航路→世界一周航路と時代が進むにしたがって航路が長くなると覚えよう。

⑤ ヨーロッパ人の来航と全国統一

◆ ヨーロッパ人の来航と織田信長・豊臣秀吉の統一事業

❶ 新航路の開拓…アメリカ・インド航路，世界一周
→ コロンブス → バスコ=ダ=ガマ → マゼランの船隊

❷ 鉄砲伝来…1543年，種子島にポルトガル人が伝える

❸ キリスト教伝来…フランシスコ=ザビエル
→ 1549年 → イエズス会のスペイン人宣教師

❹ 織田信長…桶狭間・長篠の戦い。楽市・楽座
→ 鉄砲隊

重要
❺ 豊臣秀吉の政策…太閤検地・刀狩⇨兵農分離。
→ 全国の土地を調査 身分制度の基礎
朝鮮侵略，宣教師追放令(バテレン追放令)

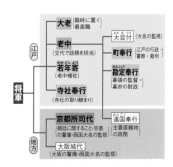

↑江戸幕府のしくみ 幕府の役職には譜代大名や旗本がついた。

⑥ 江戸時代

◆ 江戸幕府の成立と政治の動き，産業の発達と文化

❶ 成立…関ヶ原の戦い⇨徳川家康が征夷大将軍になる
→ 1600年

❷ 鎖国…禁教令⇨島原・天草一揆⇨鎖国の完成。出島
→ (1637年) → 長崎，オランダとの貿易

❸ 享保の改革…徳川吉宗，公事方御定書・目安箱，新田開発
→ 裁判の基準

❹ 田沼時代…老中田沼意次，株仲間の奨励，わいろ政治

❺ 寛政の改革…老中松平定信，旗本の借金を帳消しし，朱子学

❻ 天保の改革…老中水野忠邦，株仲間の解散，倹約令
→ 物価上昇をおさえようとする

❼ 農業・商業⇨農具の改良・発明。株仲間・蔵屋敷
→ 千歯こき・備中ぐわなど 商工業者の同業者組合

❽ 町人文化…上方中心の元禄文化，江戸中心の化政文化
→ 京都・大阪 → 元禄 → 化政

↑鎖国下で対外的に開かれた窓口

2 近代国家の成立と展開

1 ヨーロッパの近代化とアジア侵略

◆ 市民革命と産業革命, 欧米のアジア侵略

重要

❶ 市民革命
- **イギリス**…**名誉革命**⇨**権利章典**, 議会政治
  → 1688年 権利の章典←
- **アメリカ**…**独立戦争**⇨**アメリカ独立宣言**
  → 1776年
- **フランス**…**フランス革命**⇨**フランス人権宣言**
  → 1789年

❷ 産業革命…18世紀後半, **イギリス**で綿工業から始まる。
資本主義の発達, 社会主義の発達

❸ インド大反乱…**イギリス**への反感⇨鎮圧され植民地化

❹ 清…イギリスと**アヘン戦争**⇨**南京条約**⇨太平天国の乱
  → イギリスに香港割譲 (ホンコンかつじょう)

2 開国と江戸幕府の滅亡

◆ 開国と江戸幕府の滅亡

❶ **ペリー来航**…1853年, 開国をせまる⇨翌年, **日米和親条約**

❷ 日米修好通商条約…1858年, 大老井伊直弼, 不平等条約

重要

❸ 大政奉還…将軍徳川慶喜が政権を朝廷に返上⇨王政復古
  → 1867年
の大号令, 戊辰戦争
  → 新政府軍と旧幕府軍の戦い

↑幕末の2つの条約による開港地

↑日本の領土の広がり 樺太・千島交換条約から, 日清・日露戦争, 韓国併合による獲得地を整理して覚えよう。

3 明治時代

(1) 明治維新と自由民権運動, 大日本帝国憲法

❶ **版籍奉還**⇨**廃藩置県**…中央集権国家の基礎が確立
  → 1869年   → 1871年   地価の3%を金納。財政が安定

❷ 富国強兵…**学制**, 徴兵令, 地租改正
  6歳以上の男女に初等教育   満20歳以上の男子に兵役 (へいえき) の義務

❸ 自由民権運動…**民撰議院設立の建白書** (板垣退助ら)

❹憲法制定

　　・**内閣制度**…**伊藤博文**が初代内閣総理大臣

　　・**大日本帝国憲法**…ドイツ憲法が手本
　　　　└→1889年　　　　　└→君主権が強い

(2) 日清・日露戦争と条約改正

❶**日清戦争**…**下関条約**で**朝鮮の独立承認**，**領土割譲**
　└→1894年　　　　　　　　　　　　　　　　　└→遼東半島，台湾など

❷**日露戦争**…**ポーツマス条約**で**韓国**での優越権など
　└→1904年

❸**不平等条約の改正**…**領事裁判権撤廃**・**関税自主権回復**
　　　　　　　　　　　　└→1894年。陸奥宗光　└→1911年。小村寿太郎

↑**19世紀末の欧米列強のアジア侵略**
イギリスはインドからマレー半島へ，
フランスはインドシナ半島へ進出。東
南アジアではシャム（タイ）だけが独
立を保つ。

4 ┃ 二度の世界大戦と世界・日本の動き

(1) **第一次世界大戦**と戦後の動き

❶背景…**三国同盟**・**三国協商**の対立，**バルカン半島**の紛争
　　　　　　　　　　　　└→民族対立が原因

❷原因…**サラエボ事件**でオーストリア皇位継承者夫妻暗殺
　　　　　└→1914年

❸**二十一か条の要求**…日本が中国に⇒激しい**抗日運動**
　　└→ドイツの権益の継承など

❹抗日運動…**三・一独立運動**（**朝鮮**），**五・四運動**（**中国**）
　　　　　　　└→1919年　　　　　　　└→1919年

❺ロシア革命…レーニンが指導⇒**ソ連（ソビエト連邦）**成立
　　　　└→1917年　　　　　　　　　　　└→1922年

❻国際連盟…アメリカ大統領**ウィルソン**の提唱で成立

❼米騒動⇒**原敬内閣**（初の本格的な**政党内閣**）成立

❽普通選挙法・治安維持法…ともに1925年成立

(2) **世界恐慌**，**満州事変**と日中戦争

❶世界恐慌…**アメリカ**のウォール街での株価大暴落⇒**ドイ**
　　└→1929年　　　　└→ニューヨークの株式取引所があるところ
ツ・イタリアで**ファシズム**政権

❷満州事変…**柳条湖事件**⇒**満州国成立**⇒**国際連盟脱退**
　　└→1931年　└→リウティアオフー　　└→1932年　　　└→1933年

❸軍部の台頭…**五・一五事件**と**二・二六事件**
　　　　　　　└→1932年　　　　└→1936年

❹日中戦争…1937年，盧溝橋事件⇒**南京事件**
　　　　　　　　　　└→ルーコウチアオ　　└→一般市民を殺害

(3) 第二次世界大戦と太平洋戦争（1941～45年）

❶**第二次世界大戦**…1939年，**ドイツ**がポーランドに侵攻

❷**日独伊三国同盟**…1940年，ファシズム体制の強化

❸太平洋戦争…**ハワイ**の**真珠湾奇襲攻撃**とマレー半島上陸

❹終戦への道…広島，長崎に原爆投下⇒**8月15日**，**ポツ**
　　　　　　　└→8月6日　└→8月9日　　　　　└→1945年
ダム宣言を受諾して終戦
　　　└→受諾

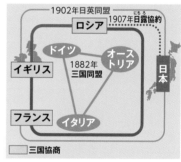

↑**三国同盟と三国協商**

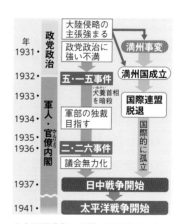

↑**太平洋戦争への道**　日本国内におけ
る軍部の台頭と，大陸での侵略・国
際的な孤立の二本立てで理解しよう。

5 日本の民主化

（1）連合国軍の占領と民主化

❶GHQ（連合国軍総司令部）…**マッカーサー**が最高司令官
→連合国軍最高司令官総司令部

❷民主化政策…満20歳以上の男女すべてに選挙権，**農地改革**，**財閥解体**，**教育基本法**，**労働組合法**など
→地主の土地を小作人に売却し，自作農を増やす

（2）**日本国憲法**の制定

❶制定…1946年11月3日**公布**，1947年5月3日**施行**

❷基本原理…**国民主権・基本的人権の尊重・平和主義**
戦争放棄（ほうき）←

農家の割合

	自作	小自作	小作
1930年	31.1%	42.4	26.5

農地改革 →

			5.1
1950年（農地改革後）	61.9%	32.4	

その他 0.6

↑農地改革による変化

6 国際連合と日本の国際社会への復帰

（1）国際連合と冷戦

❶国際連合…1945年10月，**国連憲章**に基づいて発足

❷東西対立

・**冷たい戦争**…**資本主義陣営**と**社会主義陣営**
→（冷戦）　　→アメリカ中心の西側　　→ソ連中心の東側

・対立…**中華人民共和国**成立，**朝鮮戦争**
→1949年　　　　　　→1950～53年

（2）日本の独立と国際社会への復帰

❶サンフランシスコ平和条約，**日米安全保障条約**
→1951年，翌年独立回復　　　　　→同時に結ぶ

❷日本の国連加盟（1956年）…**日ソ共同宣言**でソ連も賛成に
→せんげん

第二次世界大戦の終結

資本主義陣営	A・A諸国の独立	社会主義陣営
アメリカが中心	冷たい戦争	ソ連が中心
	朝鮮戦争	
	平和共存への動き	
日本の躍進　拡大EC　フランス自主外交	A・A諸国の躍進	中ソの対立　中国の躍進　自由化への動き

↑多極化する世界の動き

7 今日の日本と世界

◆ 日本の経済成長と外交，多極化する世界

❶高度経済成長…1950年代半ばから**石油危機**まで。
→1973年

❷国交の回復…**中国**と**日中共同声明**⇒**日中平和友好条約**
→1972年　　　　　→1978年

❸地域紛争…**ベトナム戦争**，中東戦争，**イラク戦争**など
→1975年終結

❹冷戦の終結…**マルタ会談**⇒東西ドイツ統一，ソ連解体
→1989年　　　　　　　　　　→1991年

❺EU成立…1993年，**西ヨーロッパ諸国**が統合
→ヨーロッパ連合，共通通貨ユーロ　→のちに東ヨーロッパ諸国も加盟

EU加盟国（2020年現在）

1990年東西ドイツの統一

1991年ソ連は解体

1991年旧ユーゴスラビアの内戦

1989年米・ソによる冷戦の終結宣言

マルタ島

↑激変するヨーロッパ

1章

現代社会と
私たちの暮らし

1 現代社会のなりたち

教科書の要点

1 高度経済成長

◎ **高度経済成長**…1950年代半ば～1970年代前半

◎ 工業の発展…軽工業から重化学工業中心に⇨経済大国の仲間入り

◎ 生活の変化…電化製品が普及。**公害**が発生。**過密**と**過疎**の進行

2 持続可能な社会のために

◎ 工業化による弊害…公害や地球環境問題の発生

◎ 持続可能な社会…**持続可能な社会**の構築⇨**社会参画**で実現へ

1 高度経済成長

（1）工業の発展

　第二次世界大戦で大きな打撃を受けた日本経済は1950年代には復興し，1950年代半ばから著しい成長を続けた。これを**高度経済成長**といい，1970年代前半まで続いた。
→1973年の石油危機まで

❶工業の発展…軽工業中心から，石油化学工業や鉄鋼業などの重化学工業中心へ。1968年には，**国民総生産（GNP）** 📖が資本主義国でアメリカ合衆国に次いで**世界第2位**になった。■

❷交通の発達…1964年には，初めての新幹線である**東海道新幹線**が開通し ■，高速道路網も整備された。

（2）生活の変化

❶電化製品の普及…白黒テレビ，電気洗濯機，電気冷蔵庫の「三種の神器」が普及した。

❷食生活や住まいの変化…食事の洋風化が進み，都市の郊外には大規模な団地が建設された。

❸社会問題の発生…工業発展に伴い**公害**が発生した。また，農村から都市へ移住する人々が増加し，都市の**過密化**と農山村の**過疎化**が進んだ。
騒音，交通渋滞などの→問題が発生

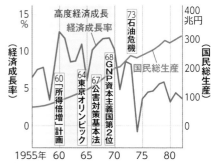

■ 日本の経済成長率と国民総生産の推移

15% 高度経済成長
　　　経済成長率
73 石油危機
400兆円

10 %

60「所得倍増」計画
64 東京オリンピック
67 公害対策基本法
68 GNP資本主義国第2位
国民総生産

300

200

（経済成長率）
（国民総生産）

100

1955年 60 65 70 75 80

用語解説 国民総生産（GNP）

　1年間に国民が生産したもの（財）やサービスの総額から原材料費などを除いたもの。以前は国の経済規模をはかる主な数値として用いられた。

■ 東海道新幹線開通（1964年） （共同通信社/GPA）

2　持続可能な社会のために

（1）工業化による弊害

❶産業革命前（18世紀後半まで）…生活に必要な物資が不足。
　└→18世紀後半にイギリスで始まった。

❷産業革命後（19世紀～）…製品の大量生産で工業化が進む。

⇒大量生産・大量消費・大量廃棄の社会は，便利で快適な生活をもたらしたが，大気汚染などによる公害や地球温暖化などの地球環境問題を引き起こした。

（2）持続可能な社会

経済発展による環境破壊や経済格差などの解決は，世界共通の課題で，**持続可能な社会**の実現が必要である。
　└→将来世代の経済的・社会的な利益を考え，環境保全と開発の調和をはかる社会

❶世界共通の目標…2015年，国連サミットで「**持続可能な開発目標（SDGs）**」が採択され（→ p.219），2030年までに達成すべき17の国際目標が掲げられた。

❷**持続可能な社会の実現へ**…持続可能な社会の実現には，私たちが**社会参画**❸をし，課題を解決していくことが必要。

発展　高度経済成長が終わった背景

1973年，西アジアの石油産出国がいっせいに石油の輸出制限や価格の値上げを行ったことから，世界の経済が大混乱した。これを**石油危機（オイル・ショック）**という。石油の輸入を中東に大きく依存していた日本は大きな打撃を受け，高度経済成長は終わった。

❸ 社会参画（町の清掃活動をする学生）
（朝日新聞社／PPS通信社）

Column　時代を反映するオリンピック

　1964年10月，アジアで最初の**オリンピック・パラリンピック**が，93の国と地域から5000人以上の選手が参加して東京で開かれた。また，これに合わせて，当時世界最速の**東海道新幹線**が開業し，高速道路も開通して，日本が敗戦から立ち直ったことを世界中に印象づけた。それまで許可が必要だった海外旅行が自由にできるようになったのも，この年の4月である。1964年は，日本の経済成長を象徴する年だったといえる。

　2021年に開催予定の東京オリンピック・パラリンピックは，「**持続可能な開発目標（SDGs）**」を踏まえ，「Be better,together （より良い未来へ，ともに進もう）」を大会の持続可能性コンセプトとしている。使用済み小型家電から集めたリサイクル金属でつくられたメダルや，ダンボールを材料にした東京都・晴海の選手村のベッドなど，持続可能な社会の実現に向けた取り組みを世界各国に発信している。

↑東京オリンピックの開会式（1964年）
（学研写真資料）

↑2021年開催予定の大会で使用するメダル
（アフロ）

↑選手村で使用予定のベッド
（AP／アフロ）

2 グローバル化

教科書の要点

1 グローバル化が進む現代

◎ **グローバル化**…世界が結びつきを強めて一体化すること

◎ 経済の結びつき…**国際分業，国際競争**が進む

◎ 人の結びつき…外国人労働者・観光客が増加

2 グローバル化の影響

◎ **経済格差**の拡大…先進工業国と発展途上国で貧富の差が拡大

◎ 相互依存による弊害…日本で**食料自給率**の低下が課題

---

1 グローバル化が進む現代

(1) 一体化する世界

重要

❶**グローバル化**とは…今日，世界中で，政治・経済・
→グローブは球体や地球のこと
文化の結びつきが強まり，人・商品・お金・情報など
が国境を越えてさかんに行き来している。このように
世界が一体化することを**グローバル化**という。
→グローバリゼーション

❷**グローバル化の背景**…航空機や船などの交通機関の発達
や，インターネットなどの**情報通信技術**の発達など。
→ICT

(2) 経済の結びつき

1980年代に，世界で，関税や輸入制限をなくして自由
→外国からの輸入や，外国への輸出の際に課される税
な貿易を進める動きが高まった。

❶**国際分業**…それぞれの国が得意とするものを生産し，
不足するものを，貿易によって交換し合うこと。■

❷**国際競争**…各国の企業が，より質の高い商品をより安
く販売しようと競争すること。

❸**世界とつながる企業**…労働力が豊富で土地や賃金が安い
国に工場を移したり，他国に販売拠点をもったりする企
業が増えている。■

(%) **輸出依存度** (2018年) **輸入依存度** (%)
40 30 20 10 0　　0 10 20 30 40

アメリカ／日本／イギリス／中国／韓国／ドイツ

(2020/21年版「世界国勢図会」)

■ 主な国の貿易依存度 貿易依存度とは，GDP（国内総生産）に対する輸出額および輸入額の割合。

■ 海外に進出した日本企業 (アフロ)

（3）人の結びつき

❶海外への旅行者と訪日外国人の増加 …1980年代から，観光や仕事で海外に出かける人が急速に増えた。また，日本を訪れる外国人は2010年以降急速に増えている。

❷外国人労働者の増加 …日本経済の発展に伴い，高い賃金を求めて日本で働く外国人が増え（→p.175），日本にとって重要な労働力になっている。

❷ グローバル化の影響

グローバル化の進展は，国の経済を発展させ，人々の生活に豊かさをもたらす反面，その弊害も見られる。

（1）**経済格差**の拡大…先進工業国（先進国）と発展途上国との間で，貧富の差が広がっている。（→p.218）

（2）強まる相互依存による弊害

❶不景気の広がり…1国の経済の不振が，すぐに世界中に広がり，各国の経済に打撃を与えることがある。

❷他国の商品に依存した生活…国内の生活や経済を成り立たせるには，他国の商品が不可欠な存在となりつつある。

⇒日本では，**食料自給率**の低下が課題。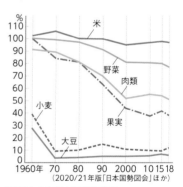

（3）地球規模の問題の増加…地球温暖化（→p.216），感染症，金融危機，自然災害，テロリズム（→p.208）など，1国だけでは解決できず，各国が協力して解決しなければならない問題が増えてきている。

⇒これまで以上に，政府や民間企業，**NGO（非政府組織）** などによる国境を越えた**国際協力**が求められる。

（4）多文化社会の進展…日本で暮らす外国人が増え，さまざまな文化と接することが多くなった。⇒お互いの個性や文化を尊重し，協力し合って暮らす**多文化共生**の社会が求められている。

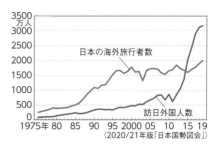

３ 日本の海外旅行者数と訪日外国人数の推移

計166万人
| 中国 25.2% | ベトナム 24.2 | 10.8 | 8.2 | その他 |

（2019年）　　　ネパール5.5　　フィリピン　ブラジル　韓国4.2
（2020/21年版「日本国勢図会」）

４ 日本の外国人労働者の国別割合

✑くわしく **世界同時不況**

2008年にアメリカで起こった金融危機はすぐに世界中を巻き込み，日本の自動車工業などが大きな打撃を受けた。

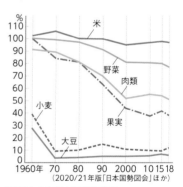

（2020/21年版「日本国勢図会」ほか）

５ 日本の食料自給率の推移

（朝日新聞社／PPS通信社）

６ イスラム教徒向けのメニュー イスラム教で飲食が禁じられている豚肉やアルコールを使用せずに作られている。

情報化

1 情報化と社会の変化

◎ **情報化**…社会の中で情報の果たす役割が大きくなること

◎ 情報化による社会の変化…インターネット・ショッピングやIoT の普及，**人工知能（AI）** の活用で産業や社会が発展

2 情報社会の課題

◎ **情報社会の問題**…個人情報の流出，インターネット関連の犯罪の 増加，**システム障害**など

◎ 情報社会で求められること…**情報リテラシー，情報モラル**

---

1 情報化と社会の変化

（1）情報化とその背景

重要

❶ **情報化**とは…情報の価値が高まり，社会の中で情報の果たす役割が大きくなることを**情報化**という。また，このような社会を**情報社会**という。

❷ **情報化の背景**…コンピューターやインターネットなどの **情報通信技術（ICT）** が発達。**1** ⇒大量の情報を短時間で容易に処理したり共有したりすることが可能になった。

（2）情報化による社会の変化

❶ 買い物の変化…インターネット・ショッピングの普及⇒パ
　└→オンライン・ショッピングともいう
ソコンやスマートフォン（携帯電話）などの情報通信機器を使い，いつでもどこでも買い物ができるようになった。

❷ 生活の変化…家庭電化製品など，あらゆるものがインターネットにつながる**IoT**で，生活が便利で快適になった。**2**
　└→Internet of Thingsの略

❸ 産業や社会の変化…**人工知能（AI）** ■■ を活用した医療診断の補助や無人店舗，車の自動運転など，人工知能の急速な進歩と研究により，産業や社会が大きく変化している。

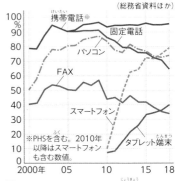

（総務省資料ほか）

1 主な情報通信機器の保有状況

※PHSを含む。2010年以降はスマートフォンも含む数値。

2 IoT家電（スマートフォンから操作できる炊飯器） （共同通信）

用語解説 人工知能（AI）

　推論，判断，学習などの人間の知能の一部をコンピューター上で実現したもの。AIは，Artificial Intelligenceの略。

❹防災（減災）への活用…災害時の最新情報を簡単に入手したり，発信したりすることができるようになった。

例

緊急地震速報📖➡安全の確保や避難行動に役立つ。	
災害用伝言版➡家族や知人の安否確認ができる。	
SNS📖での発信➡被災状況の把握や救護活動に役立つ。	

📖用語解説 緊急地震速報

気象庁が中心となって提供する地震速報。観測データから地震の強さ（震度）や揺れの強さなどを予想し，揺れが到達する数秒〜数十秒前，テレビやスマートフォンなどを通して人々に知らせるしくみ。

📖用語解説 SNS

Social Networking Serviceの略で，インターネットで人と人とのつながりを構築するサービスのこと。

2 情報社会の課題

（1）情報社会のさまざまな問題

❶個人情報の流出…インターネット上に個人情報が流出し，それを悪用した詐欺や嫌がらせなどが発生している。

❷インターネット関連の犯罪の増加…コンピューターウイルスの拡散や情報システムへの不正アクセスといった犯罪行為が増加している。**❸**

❸システム障害による混乱の発生…新幹線の券売機や金融機関の口座振替などのシステム障害により，社会に大規模な混乱が発生することもある。

（2）情報社会で求められること

重要

❶**情報リテラシー**…大量の情報の中から自分に必要な情報を選び，それを適切に活用する能力。

❷**情報モラル**…情報を正しく活用する考え方や態度。**❹**

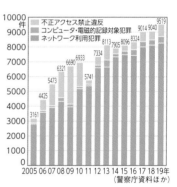

❸ インターネットに関わる犯罪の検挙件数の推移

SNSに友だちの悪口を書く。

インターネットの掲示板に友だちの写真，名前，住所などをのせる。

ブログにうその情報をのせる。

❹ 情報モラルに反する行為の例

情報発信の際は，他人に迷惑な情報や誤った情報を発信しないよう，注意が必要。

✎発展 情報格差の広がり

情報通信機器を利用できる人と利用できない人とでは，得られる情報に差が生じる。この格差を情報格差（デジタル・デバイド）という。

深掘り
Column

広がる AI

情報化が進む現代は，人工知能（AI）がさまざまな分野で活用され，産業や社会が大きく変容している。AI技術の進歩は，私たちの暮らしにどのような影響を与えているのだろうか。

1 AIって何？

　　人工知能（AI）とは，ビッグデータといわれる膨大なデータを分析することで，推論，判断，学習などの人間の知能の一部を，コンピューター上で実現したものである。現在のところ，人間の知能を完全に実現できたものはないが，職種によっては，人手不足の解消や業務の効率化などが期待されている。

　　実際に，医療や農業，天気予報，防災などさまざまな分野での導入が始まっている。

（日刊工業新聞／共同通信イメージズ）

⬆ AI活用の無人決済システムを導入したスーパーマーケット

2 AI導入による影響とこれから重要視される能力

　　AIの導入により，これまで人間が行ってきた仕事の一部が，自動化できると予想されている。しかし，AIは決して万能ではなく，創造力，読解力，コミュニケーション力，臨機応変な判断力など，実現されていない能力も多い。これからの時代，私たちはこうした能力を養いつつ，AIと共存する世界を目指していくことが求められている。

自動化できる職業の例	自動化できない職業の例
電話販売員（テレマーケター）	レクリエーション療法士
手縫いの仕立て屋	整備等の第一線監督者
保険業者	消防・防災の第一線監督者
時計修理工	栄養士
フィルム写真の現像技術者	振付師
銀行の窓口係	内科医・外科医
スポーツの審判員	警察・刑事の第一線監督者
データ入力作業員	小学校教師

⬆ 10～20年後に自動化できる職業（左）と，自動化できない職業（右）の例
（C. B. Frey and M. A. Osborne, "The Future of Employment : How Susceptible are Jobs to Computerisation?" September 17, 2013.）

4 少子高齢化

1 少子高齢社会
◎ **少子高齢社会**…子どもの数が減り，高齢者の割合が高い社会
◎ 少子化の背景…**合計特殊出生率**の低下や未婚率の上昇など
◎ 高齢化の背景…医療技術の進歩による**平均寿命**の延びなど

2 課題と対策
◎ 課題…労働力の不足，社会保障関係費の財源の不足など
◎ 対策…子育て環境や社会保障制度の整備など

1 少子高齢社会

(1) 少子高齢社会とその背景

重要

❶少子高齢社会…生まれてくる子どもの数が減り，65歳以上の高齢者の占める割合が高くなる**少子高齢化**（→少子化　高齢化←）が進んだ社会のこと。**1**

❷少子化の背景…**合計特殊出生率**■の低下や未婚率の上昇，夫婦で過ごす時間を大切にするといった家族観の多様化などがある。

❸高齢化の背景…医療技術の進歩や食生活の充実などにより，**平均寿命**が延びた。日本は先進工業国（先進国）の中でもとくに高齢化が進んでおり，日本の平均寿命は世界有数となっている。**2**

> 日本の平均寿命は，1970年では男69.31歳，女74.66歳だったよ。

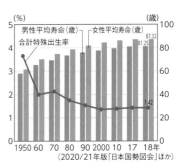

1 日本の合計特殊出生率と平均寿命の推移

用語解説 合計特殊出生率

1人の女性が一生のうちに産む子どもの数。結婚年齢の上昇（晩婚化）や仕事と育児の両立が困難なことなどにより，近年は低下傾向にある。

発展 高齢社会から超高齢社会へ

一般に，高齢化率（65歳以上の人口が全人口に占める割合）が7％以上で高齢化社会，14％以上で高齢社会，21％以上で超高齢社会とされており，日本は28％超の超高齢社会となっている（2019年現在）。

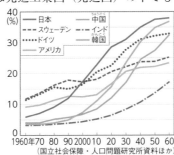

2 主な国の人口に占める高齢者（65歳以上）の割合の推移と将来推計
（国立社会保障・人口問題研究所資料ほか）

2 課題と対策

（1）少子高齢社会のかかえる課題

❶ 労働力の不足…生産年齢人口の減少により労働力が不足し ❸，産業が衰退するおそれがある。└→15〜64歳

❷ 社会保障関係費の財源の不足…少ない生産年齢人口で，多くの高齢者の年金・医療・介護保険の給付費用をまかなわなければならず，国民1人あたりの経済的負担が重くなる。❹

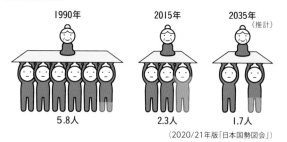

1990年	2015年	2035年（推計）
5.8人	2.3人	1.7人

（2020/21年版「日本国勢図会」）

❹ 65歳以上の高齢者1人に対する生産年齢人口の数

（2）少子化対策

子どもを産み，育てたいと思う人の希望をかなえる環境・制度を充実させることが必要である。

❶ 子育て環境の整備…保育所の増設，育児や教育にかかる費用の援助，出産後も無理なく働き続けられる職場環境づくり，子育てに関する悩みの相談など。

❷ 育児・介護休業法…仕事と育児や親の介護を両立できる環境づくりを目指す。

（3）高齢者の生活の保障

❶ 社会保障制度の整備…一定の年齢になってから給付を受ける年金保険（→p.185）や，介護サービスが受けられる介護保険（→p.185），さまざまな老人介護施設など。❺

❷ 社会全体での支援…建物や交通のバリアフリー化（→p.75）などにより，安全で安心して暮らせる社会をつくる。

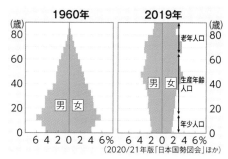

❸ 日本の人口ピラミッドの変化

（2020/21年版「日本国勢図会」ほか）

思考 労働力不足を解消するには？

労働力不足の解消は，2つの観点から考えられる。

① 労働力人口を補う方法…定年年齢の65歳までの引き上げや，改正出入国管理法の制定による外国人労働者の受け入れの拡大などがある。

② 労働生産性の向上を図る方法…人工知能（AI）の活用による業務の効率化や自動化などがある。

用語解説 育児・介護休業法

働く人が，育児や看護，親などの家族の介護のために休暇をとることなどを保障。男女問わず，育児休業を取得しやすいしくみになっている。育児休業法を改正し，1995年に成立した。

❺ 高齢者と子どもの交流　（共同通信）

近年，高齢者施設と保育所の複合施設が増えている。高齢者と子どもの交流が，高齢者の生きがいや子どもの豊かな成長につながると期待されている。

1 現代社会のなりたち 〜 2 グローバル化

□(1) 日本で，1950年代半ばから1970年代前半にかけて，経済が著しく成長したことを〔　　　〕という。

(1) 高度経済成長

□(2) 工業の発展とともに，都市では〔　過密　過疎　〕化，農山村では〔　過密　過疎　〕化が問題になった。

(2) 過密，
　　過疎

□(3) 人・商品・お金・情報などが国境を越えてさかんに行き来し，世界の一体化が進む動きを〔　　　〕という。

(3) グローバル化
（グローバリゼーション）

□(4) 各国が得意とするものを生産し，不足するものを，貿易によって交換し合うことを〔　　　〕という。

(4) 国際分業

□(5) (3)の進行により，各国の企業が，より質の高い商品をより安く販売しようと競う〔　　　〕が激しさを増している。

(5) 国際競争

□(6) さまざまな文化に触れ合う機会が多くなった今日は，互いの文化を尊重し，協力し合って暮らす〔　　　〕の社会が求められている。

(6) 多文化共生

3 情報化 〜 4 少子高齢化

□(7) 現代のように，情報が生活や産業に大きな役割を果たし，活用されている社会を〔　　　〕という。

(7) 情報社会

□(8) 近年，産業や社会で幅広く活用されている，推論や判断，学習などの人間の知能の一部をコンピューター上で実現したものを〔　　　〕という。

(8) 人工知能（AI）

□(9) 情報を正しく活用する考え方や態度を〔　　　〕という。

(9) 情報モラル

□(10) 合計特殊出生率の低下などにより，子どもの数が減少していることを〔　　　〕という。

(10) 少子化

□(11) 医療技術の進歩などにより，平均寿命が延び，総人口に占める65歳以上の人口の割合が高くなる〔　　　〕が進んでいる。

(11) 高齢化

1 生活と文化

⎛ 教科書の要点 ⎞

1 生活に息づく文化
◎ **文化**…人間が，便利で豊かな生活を求めてつくりあげてきたもの
⇨ **科学，芸術，宗教**，生活のしかた，ものの見方，道徳など

2 文化の役割
◎ **科学**…生活を便利にする，**芸術**…作品をとおして心や生活を豊かにする，**宗教**…悩みや不安を和らげ生き方のヒントとなる

3 暮らしの中の伝統文化
◎ **伝統文化**…歴史の中で育まれ，受け継がれてきた文化⇨**伝統芸能，伝統工芸品，年中行事**，冠婚葬祭などの生活文化

4 日本文化の特徴
◎ 日本文化の多様性…**琉球文化**や**アイヌ文化**など

1 生活に息づく文化

（1）文化とは

> **重要** 人間が，便利で豊かな生活を求めてつくりあげてきたものが**文化❶**である。**科学・芸術・宗教**のほか，ふだんの生活のしかたやものの見方，道徳，社会のしくみなども文化といえる。

広い意味での文化
狭い意味での文化 学問・芸術・宗教 技術・道徳・教育
通信　交通　政治　産業　経済

❶ **文化の範囲** 広くは，政治，産業なども文化の範囲に含まれる。

（2）さまざまな文化

●**代表的な文化の領域**
科学　　芸術　　宗教

●**生活の中の文化** ※一般的な例を示しています
あいさつ　　食文化

フランス　日本　日本・韓国・中国　欧米諸国　東南・南・西アジア・アフリカ

発展 多様な文化

　文化は，地域や国によってさまざまな違いがある。地域によって生活習慣は異なり，民族・国によって宗教はさまざまである。異なる文化の個性を互いに尊重し合うことが大切である。

② 文化の役割

（1）科　学

科学技術の発達は，さまざまな面で，人々の生活を豊かに便利にしている。

❶生活を便利にする科学❷…航空機の発達は，ものや人の移動を活発にして産業を発展させ，スマートフォンなどの**情報通信技術の進歩**は人々の生活を便利にしている。
　└→ICT

❷生命にかかわる科学…医療技術の発達は，人々の健康を増進し，寿命を延ばしてきた。

（2）芸　術

絵画や**彫刻**，**音楽**，**演劇**，**文学**など，人間がさまざまな方法で内面を表現する活動が**芸術**である。人々は芸術に触れることで，心にうるおいや安らぎを得ることができ，人間としての生活をより豊かなものにすることができる。

●芸術のはたらきの例

コンサート
感動や安らぎが得られる。

絵画
感受性が豊かになる。

文学
人生（生き方）を学べる。

（3）宗　教

人々は，不安や悩みを解決できないとき，神や仏の存在について考えることで，心のいやしを得たり，生き方のヒントなどを得たりしている。

❶多様な日本の宗教…**神道**や**仏教**，**キリスト教**などさまざまな宗教が，人々の生活や社会に影響を与えている。

❷暮らしの中の宗教❸…信仰に強い関心がない人でも，結婚式や葬式などの儀式や**年中行事**など，日常生活の中で宗教と深い関わりをもつことが多い。
　└→通過儀礼という

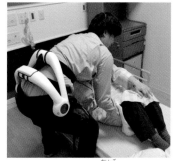

❷ ロボットを利用した介護
（朝日新聞社／PPS通信社）

発展　**科学技術の問題点**

科学技術は生活や産業の発展に役立つ反面，生命に脅威をもたらすこともある。例えば，地球規模で発生する環境問題や，原子力発電所の事故なども，科学技術によるものである。また，新しい性質の生物をつくり出す遺伝子操作の技術は，倫理面などで議論がある。

参考　**日本人の宗教観**

日本では，結婚式はキリスト教会で，葬式は仏教寺院で，などのように，さまざまな宗教の影響を受けている人が多い。**宗教に寛容性がある**ことが，日本の特色の1つといえる。

❸ 神道による神前結婚式（時事通信フォト）

3 暮らしの中の伝統文化

(1) 伝統文化

重要
長い歴史の中で育まれ，伝えられてきた文化を**伝統文化**という❹。伝統文化には，歌舞伎や能楽など専門家によって受け継がれてきた文化と，日常生活の中で受け継がれてきた生活文化がある。

❶**伝統芸能**…能楽（能），歌舞伎，落語など。地域の慣習や信仰に根づいて受け継がれてきた歌や踊りなどの**民俗芸能**もある。

❷**伝統工芸品**…陶磁器，漆器，織物など昔から代々伝えられてきた技術でつくられているもの。

❸**年中行事**❺…毎年同じ時期に行われる行事。日本には，季節の変化とかかわりが深く，豊かな収穫や健康など人々の願いがこめられた年中行事が多い。

❹ **茶道** 安土桃山時代に千利休によって大成され，現代まで受け継がれている。

（時事通信フォト）

❻ **男鹿半島のなまはげ** 秋田県男鹿市の年中行事。国の重要無形民俗文化財に指定されている。

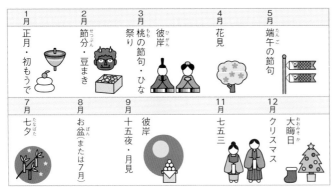

1月	2月	3月		4月	5月
正月・初もうで	節分・豆まき	桃の節句・ひな祭り	彼岸	花見	端午の節句

7月	8月	9月		11月	12月	
七夕	お盆（または7月）	十五夜・月見	彼岸	七五三	クリスマス	大晦日

❺ **主な年中行事**

(2) 伝統文化の保護

❶**文化財保護法**の制定…日本の歴史や文化を理解するうえで
→1950年制定
必要な文化的財産を保護・活用するのが目的。

❷いろいろな**文化財**…工芸品のように形のある**有形文化財**と，音楽や工芸技術などのように形のない**無形文化財**❻がある。

くわしく 文化財の種類

● **有形文化財**…建造物や美術工芸品など。

● **無形文化財**…演劇・音楽，工芸技術など。

● **民俗文化財**…民俗芸能など。

● **記念物**…遺跡や名勝地，動物・植物など。

● **文化的景観**…棚田や里山など。

● **伝統的建造物群**…宿場町や城下町など。

(3) 伝統文化の継承と課題

❶継承…伝統文化は，受け継いできた歴史，こめられた願い，先人の知恵も伝えており，保存と継承が大切である。

❷課題…伝統文化を守りつつ，社会や生活の変化に対応した新しい文化を創造していくことも必要である。

4 日本文化の特徴

(1) 日本文化の多様性

日本には，次のような独特な伝統文化がある。

❶琉球文化…沖縄県や奄美群島で琉球王国の時代に，東アジア諸国との交流から独自の文化が発達した。

❷アイヌ文化…北海道や樺太(サハリン)，千島列島の先住民族のアイヌ民族が，独自の文化を受け継いでいる。

(2) 外国文化の吸収

日本では，固有の文化のほか，外国から伝わった文化を取り入れ，消化した文化も多く見られる。

❶アジアの文化…大陸から伝わった儒教や仏教は，その後
└→孔子の教え
の社会のしくみや考え方に大きな影響を与えた。

❷西洋の文化…明治時代初め，西洋の思想や生活習慣が取り
└→文明開化と呼ばれた
入れられ，急速に広まった。

(3) 気候風土と結びついた文化

四季があり，緑豊かな国土をもつ日本では，自然と触れ合い，自然と生活との調和を重んじる文化が受け継がれてきた。春の花見や秋の紅葉狩り，月見などの年中行事にもその特徴が見られる。

(4) グローバル化と現代の文化

地球規模で人・もの・情報の行き来がさかんな現代では，異文化と触れ合うことも多い。宗教や生活習慣など異なる文化の固有の価値を認め，互いに尊重し合うこと(多文化共生，異文化理解)が求められている。

7 エイサー 沖縄の伝統芸能。

弥生時代 稲作
古墳時代 仏教 漢字
鎌倉時代 喫茶
室町時代 水墨画

8 アジアから伝わった文化

9 春の花見

発展 持続可能な社会のために

共通点をもつ人々の間に生まれる価値観や考え方も，1つの文化といえる。近年では，ダイバーシティ(多様性)の尊重が広まり，立場の違う人々がお互いを認め合うことが求められている。また，障害の有無にかかわらず，誰もが利用しやすいようにつくられたユニバーサルデザインも広まっている。このような多文化共生の考え方は，持続可能な社会を実現するうえで重要である。

家族の役割と地域社会

教科書の要点

1 家族形態の変化
◎ **核家族**世帯の増加…夫婦だけ、または親と未婚の子どもで構成
◎ **一人世帯（単独世帯）**…一人暮らしの世帯。近年増えている

2 家族の役割と地域社会
◎ 家族生活の基本原則…**個人の尊厳**と**両性の本質的平等**
◎ 家族の役割…休息・安らぎ、人間形成、支え合いの場など
◎ 家族と地域社会…住民どうしが協力し合うことが必要

1 家族形態の変化

（1）家族とは

夫婦や親子、兄弟・姉妹❶などからなり、さまざまな社会の中で最も身近で**基礎的な社会集団**。
→学校、職場、地域社会など

（2）家族形態の変化❷

かつては**大家族**で暮らしていたが、生まれる子どもの数が
→三世代家族（世帯）など
少なく、若年層が都市に集中したため、一世帯あたりの家族構成人数が減少している。

❶**核家族**世帯…夫婦だけ、または親と未婚の子どもからなる家族。現在は全体の50％以上を占めている。

❷**一人世帯（単独世帯）**…一人暮らしの世帯。近年、増加が目立つ。一人暮らしの高齢者も増えている。
こうれい

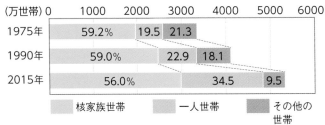

（万世帯）0	1000	2000	3000	4000	5000	6000
1975年	59.2%	19.5	21.3			
1990年	59.0%	22.9	18.1			
2015年	56.0%	34.5	9.5			

　核家族世帯　　　一人世帯　　　その他の世帯
（2020/21年版「日本国勢図会」ほか）

❷ 家族形態の変化

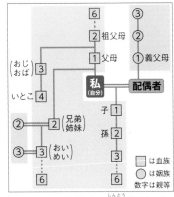

❶ 親族の関係（数字は親等を示している） 親族のつながりの遠い近いを表すのが親等で、世代の数を数えて表す。姻族とは、婚姻によってできた親族のこと。

くわしく─家族形態の変化

高度経済成長期に、若年層を中心に地方から大都市へ人々が移動したため、核家族世帯や一人世帯が増加した。近年は、未婚者の一人世帯や、高齢者夫婦の核家族で、どちらかが死亡したことによる**高齢者の一人世帯**が増えている。

2 家族の役割と地域社会

（1）家族生活の基本原則

❶法律（民法）📖の改正…第二次世界大戦後，日本国憲法の精神に基づいて改正された民法（新民法）は，「家」中心の家族制度を廃止して，民主的な家族制度を定めた。

> **重要** **❷家族関係**…日本国憲法は，家族関係は「**個人の尊厳と両性の本質的平等**」に基づくことを明らかにしている。

（2）家族の役割

人々は，最も身近な社会集団である家族との生活の中で休息を得るとともに，さまざまなことを学んで人間として成長していく。

休息と安らぎの場
社会生活での疲れをいやす。

人間形成の場
生活習慣を身につけ，ものの見方を学ぶ。

支え合いの場
子どもを育て，高齢者を介護し，互いに助け合う。

経済活動の単位
働いて得た収入を基に生活を営む。

↑家族の役割

（3）家族と地域社会

❶地域社会…社会のきまりを身につけたり，困ったときに協力・支え合ったりする，生まれながらに所属する社会集団。

❷地域社会の役割 4…近年，核家族や一人世帯の増加などで，育児や介護，防災対策，伝統文化の継承などにおいて，地域社会が果たす役割が増えている。

資料 日本国憲法 第24条

①婚姻は，両性の合意のみに基いて成立し，夫婦が同等の権利を有することを基本として，相互の協力により，維持されなければならない。

②配偶者の選択，財産権，相続，……婚姻及び家族に関するその他の事項に関しては，法律は，個人の尊厳と両性の本質的平等に立脚して，制定されなければならない。

用語解説 民法

人々の財産や取り引きの関係，家族関係を定めた法律。1896年に制定され，1947年に封建的な古い家族制度の廃止などの，全面改正が行われた。

くわしく 個人の尊厳と両性の本質的平等

個人の尊厳とは，誰でも人間として尊重され，誰からも権利を侵されないこと。両性の本質的平等とは，男女や夫婦が平等であることをいう。

（朝日新聞社／PPS通信社）

4 地域住民による防災訓練

3 現代社会の中の私たち

教科書の要点

1 よりよい社会のために
◎ **社会集団**…社会生活の単位である人々の集まり

◎ **人間は社会的存在**…人間は社会集団の中で協力しながら生活する

◎ **対立**と**合意**…社会集団の中で，対立を話し合いで合意に導く

2 効率と公正
◎ **効率**…最大の利益を得られるように無駄を省くこと

◎ **公正**…誰にとっても公平であること

3 きまりをつくる
◎ **きまり**（ルール）…決められている約束ごと。社会集団のトラブル
を防ぐ⇒守る義務と責任がある

◎ きまりの決め方…**全員一致**または**多数決**（少数意見の尊重が必要）

1 よりよい社会のために

（1）社会集団とは

　社会生活の単位である人々の集まり。家族や地域社会のように，生まれたときからその所属が決まっている集団と，学校，職場，サークル，クラブ，政党など，同じ目的や利害を共にする人々によってつくられる集団がある。

（2）社会的存在としての人間

　人は，家族，学校，職場などさまざまな**社会集団**■に属している。誰も一人で生きていくことはできず，これらの社会集団の一員として，互いに協力し合いながら生活している。このことから，**人間は社会的存在**といわれる。

（3）社会集団の原則

　どの社会集団の中にあっても，一人ひとりが自由で平等な人間として尊重し合わなければならない。日本国憲法でも，
└→第13条
「すべて国民は，**個人として尊重**される。」と定められている。

■ **さまざまな社会集団に属する個人**
家族は，生まれたときから所属が決まっている社会集団。学校や職場は，自分の意思で所属する社会集団。

（4）社会集団における対立と合意

❶対立…人にはそれぞれ個性があり，違った考え方や利害をもちながら生きている。そのため，意見の違いから，問題や争いといった対立が生じることがある。

❷合意❷…さまざまな意見が対立した場合，話し合いや交渉などを通じて解決策を求め，合意を目指す必要がある。

❸対立から合意へ…人々は対立を解消し，合意することでさまざまな問題を解決し，社会集団の中でともに生きている。

対立
私はこうしたい。
私は反対だ。

合意
こうしてはどうだろう。
納得！

> 対立は，家族や学校，地域社会はもちろん，政治においても起こるよ。

■ **参考** **win-win**（ウィン ウィン）

win-winとは，利害の対立する両者が話し合いや交渉を行って，両者が互いに満足する利益を得ることをいう。

両者にメリットがあるときに，「win-winの関係」のように表現されるようになった。

（時事）

❷ 協定への署名 協定は条約（→p.199）の一種で，国家間の文書による合意を指す。

Column ## さまざまな対立の例

対立は，国内政治や国際社会など，さまざまな場面で起きている。例えば，日本では死刑制度の存続をやむを得ないとする意見が多いが，世界では死刑を廃止，または実施しない国が増えている。死刑制度の存続，廃止については，今後もよりよい合意のため，論議されなければならない。

●**賛成意見**
凶悪な犯罪を防ぐためには死刑は必要だ。
被害者遺族の感情を考えて，死刑で償うべきだ。

●**反対意見**
国家であっても，人を殺すことは許されない。
えん罪だった場合，取り返しがつかない。

また，国際社会では，地球温暖化の取り組みにおいて，先進国と発展途上国の間での対立が課題となっていた。そこで国際社会では，長く話し合いを続け，2015年にパリ協定が採択され，途上国を含む各国・地域が，それぞれ立てた温室効果ガスの削減目標に取り組むことになった。

●**発展途上国の主張**
大量のエネルギーを使って経済成長した先進国に，地球温暖化の責任がある。

●**先進国の主張**
温室効果ガスの排出規制は，全世界で取り組まなければ地球温暖化は止まらない。

② 効率と公正

　対立を解消して合意を目指すためには，話し合い，解決策を得る必要がある。このときに大切なことが**効率**と**公正**である。

（1）効率

　解決策を得るためには，関係する人々がそれぞれ**最大の利益が得られる**よう，時間やお金，労力などの無駄が出ないようにすることが大切である。これを**効率**という。

●部活動の予算の配分の場合

（2）公正

❶**手続きの公正さ**…話し合いの場に，みんなが対等に参加し，誰もが決定に参加できる。

❷**機会・結果の公正さ**…一部の人が利益を得る機会を奪われたり，一部の人だけがよい結果を得ることのないようにする。

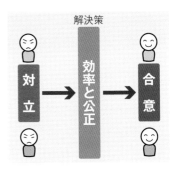

解決策

対立 → 効率と公正 → 合意

発展　**機会の公正をはかる法律**

　誰もが，自分の能力を発揮して豊かな生活を送る権利をもっている。そのためには，年齢や性別，障害のあるなしでその権利を奪われてはならない。この公正な機会を保障するために，**男女雇用機会均等法**や，**障害者雇用促進法**，**男女共同参画社会基本法**などが定められている。

参考　**並び方の効率と公正**

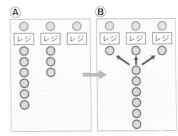

　Ⓐでは，客が多く並んでいる列と誰も並んでいない列があり，一部のレジに業務が集中している。また，客のいない列に並べば，先に並んでいた人より早く支払いを終えてしまう可能性がある。

　Ⓑのように客が一列に並び，順番に空いた列に進むようにすれば，空いたレジができず，並んだ順に支払いを終えることができるので，**効率と公正に配慮した並び方**といえる。

③ きまりをつくる

(1) 社会生活のきまり（ルール）

❶ **きまりの意義**…社会集団の中で, 個人個人の利害の違い（ちが）を調整し, トラブルが起こらないようにする。社会集団は, きまりを守ることで成り立っている。

❷ **さまざまなきまり**…学校のきまりやスポーツのルール, 商品の売買の契約（けいやく）, 国の法律, 国家間の条約に至（いた）るまでさまざまなきまりがつくられている。

❸ **契約**（けいやく）…互（たが）いの権利（けんり）や利益（りえき）に関して, 納得（なっとく）したうえで結ばれる約束。契約内容を文書に残す場合もある。 **3**

❹ **義務と責任**…取り決められたきまりは, 守るべき義務があり, そのきまりを守れなかった場合には責任を問われることもある。

お互いに守りましょう。

(2) きまりの決め方

❶ **全員が参加**…全員で話し合ったあと, **全員一致（いっち）（全会一致（ぜんかい）)** か **多数決** で決める。📖

❷ **代表者どうしの話し合い**…市・町・村や国などの大きな社会集団の場合は, 代表者を選んで話し合う。

(3) きまりの見直し

誰もが納得してつくったきまりも, 状況（じょうきょう）が変わって実態に合わなくなった場合は, 内容を変更することも必要である。きまりの評価や変更は, 次の点を確認することが重要である。

①そのきまりで目的を実現できるか。

②誰にとっても同じ内容を意味しているか。

③きまりづくりに全員参加しているか。

④そのきまりで機会や結果の公正さが保たれているか。

⑤そのきまりが効率の面から適切か。

建物賃貸借契約書

貸主である○○を甲（こう）, 借主である○○を乙（おつ）として, 甲乙間に次の通り建物賃貸借契約を締結（ていけつ）する。

（目的）

第1条　甲は乙に対し, 甲の所有する建物を賃貸し, 乙はこれを借り受ける。

（期間）

第2条　本契約の賃貸借期間は, 令和○年○月○日から令和○年○月○日までとする。

（賃料）

第3条　本件建物の賃料は, 月額○○円とする。

3 契約書の例（建物の貸し借りの場合）

用語｜解説 **全員一致と多数決**

全員一致（全会一致）…参加した全員が賛成する意見を採用する方法。1人でも反対があれば合意できない。

多数決…賛成する人が多い意見を採用する方法。話し合いの際は, 少数意見も尊重することが大切である。

人数が多ければ, 多数決のほうが効率的に決められるね。

参考 **リクエスト制度の導入（どうにゅう）**

日本のプロ野球では, 2018年から「リクエスト制度」が導入された。この制度では, 審判（しんぱん）の判定に不服があれば, ビデオ判定を要求できる。これまでは, ホームランの判定にのみ適用されていたが, より多くのプレーに利用できるようになった。リクエスト制度の導入前は, 審判の判定が覆（くつがえ）ることは少なく, 怒（おこ）った選手や監督（かんとく）が退場になることもあった。この制度の導入で, より正確な判定が行われ, 結果を左右するような誤審（ごしん）が減ることが期待されている。

1 生活と文化

□(1) 代表的な文化の領域の一つに，医学や物理学，情報通信技術などの〔　　　〕がある。

(1) 科学

□(2) 絵画，音楽，演劇などの〔　　　〕によって，人々はうるおいや安らぎを得て人生を豊かにすることができる。

(2) 芸術

□(3) 多くの日本人は，結婚式や葬式などで，神道や〔　　　〕，キリスト教などの宗教と関わっている。

(3) 仏教

□(4) 伝統文化のうち，能楽，歌舞伎，落語などを〔　　　〕という。

(4) 伝統芸能

□(5) ひな祭りや七五三などのように，毎年同じ時期に行われている行事を〔　　　〕という。

(5) 年中行事

□(6) 日本の歴史や文化を理解する上で重要な文化的財産を〔　　　〕という。

(6) 文化財

2 家族の役割と地域社会 〜 3 現代社会の中の私たち

□(7) 家族の形態のうち，夫婦だけ，または親と未婚の子どもからなる家族を〔　　　〕世帯という。

(7) 核家族

□(8) 日本国憲法は，家族関係は「個人の尊厳と〔　　　〕の本質的平等」に基づくことを明らかにしている。

(8) 両性

□(9) 人間は，さまざまな社会集団の中で協力し合いながら生きている〔　　　〕的存在である。

(9) 社会

□(10) 社会集団で個性や意見の違いなどから〔　　　〕が生じた場合，話し合いで合意を目指すことが必要である。

(10) 対立

□(11) 合意するための解決策が適切であるかどうかの判断基準として，効率と〔　　　〕がある。

(11) 公正

□(12) 社会集団のきまり（ルール）を決める方法として，全員（全会）一致で決める方法や〔　　　〕で決める方法がある。

(12) 多数決

定期テスト予想問題

時間 60分
解答 p.244

得点 ／100

1節／現代社会と私たち

1 次の各問いに答えなさい。

【4点×3】

(1) 右の図中の **A** の時期に日本では，企業の生産が伸び，人々の所得が増え続けた。このころの経済の発展のことを何と呼ぶか。　〔　　　　　　　〕

(2) (1)のころの日本の社会の動きに<u>あてはまらないもの</u>を，次のア～エから１つ選び，記号で答えなさい。

ア　農山村では過疎に悩む地域が増えた。

イ　工業の中心が軽工業へと移り変わった。

ウ　公害が各地で深刻な問題になった。

エ　「三種の神器」が普及した。　〔　　　　　〕

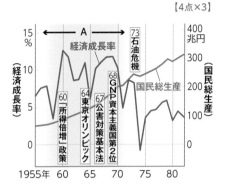

(3) 現代は，経済や環境，エネルギーなど多くの分野でさまざまな課題があり，現代の世代だけでなく将来の世代にとってもよりよい生活をもたらす□□□な社会の実現が求められている。□□□にあてはまる語句を書きなさい。　〔　　　　　　な社会〕

1節／現代社会と私たち

2 次の文を読んで，あとの各問いに答えなさい。

【(2)6点，その他4点×3】

> 　近年のグローバル化により，各国が得意とするものや不足するものを貿易で交換し合う国際□□□が広がった。日本では近年，_A豊富な労働力をもつアジア諸国に製品の生産をまかせ，国内では製品の企画などを行うという分業を進める企業が増えている。また，国境を越えた人の行き来もさかんで，日本でも多くの_B外国人労働者が働いている。

(1) 文中の□□□にあてはまる語句を漢字2字で書きなさい。　〔　　　　　　　〕

(2) 下線部 **A** の理由として，労働力が豊富なことのほかにどんなことが挙げられるか，簡潔に書きなさい。　〔　　　　　　　　　　　　　　〕

(3) 下線部 **B** について，右のグラフで，日本で働く外国人労働者の出身地として多い州を２つ書きなさい。

〔　　　州〕〔　　　州〕

計166万人　フィリピン　ブラジル
中国 25.2%　ベトナム 24.2　10.8　8.2　その他
(2019年)　ネパール5.5　韓国4.2
(2020/21年版「日本国勢図会」)

3 右のグラフを見て，次の各問いに答えなさい。 【8点×2】

(1) インターネットの普及に伴ってSNSの利用者が急激に増加しているが，年代によって差がある。この差について，右の図からわかることを説明しなさい。

〔　　　　　　　　　　　　　　　　　　　　　　　　　　　〕

(2) 情報化が進んだ現代は，大量の情報にあふれており，情報リテラシーという能力を養うことが重要である。情報リテラシーとはどのような能力か，「選択」，「適切」の語句を使って簡潔に説明しなさい。

〔　　　　　　　　　　　　　　　　　　　　　　　　　　　〕

	0(%) 20 40 60 80 100
13〜19歳	80.5
20〜29歳	87.1
30〜39歳	83.0
40〜49歳	78.4
50〜59歳	70.4
60〜69歳	51.7
70〜79歳	40.7
80歳以上	42.8

(令和2年度「情報通信白書」)

4 次の文を読んで，あとの各問いに答えなさい。 【(3)6点，その他4点×2】

> 日本では，近年，1人の女性が一生のうちに生む子どもの平均人数である　A　が低下している。この背景として，晩婚化や育児の負担の大きさなどが挙げられる。　A　の低下傾向は今後も続いていくことが予想され，B社会保障費など高齢者の生活を支える費用の財源の不足が問題になっている。

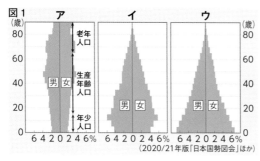

図1

(2020/21年版「日本国勢図会」ほか)

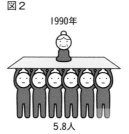

図2

1990年　5.8人　2015年　2.3人　2035年(推計)　1.7人

(2020/21年版「日本国勢図会」)

(1) 日本の現在の人口ピラミッドを図1のア〜ウから選び，記号で答えなさい。 〔　　　　〕

(2) 文中の　A　にあてはまる語句を書きなさい。 〔　　　　　　〕

(3) 文中の下線部Bが問題になっているのはなぜか。図2を参考に，「負担」，「生産年齢人口」の語句を使って簡潔に説明しなさい。

〔　　　　　　　　　　　　　　　　　　　　　　　　　　　〕

5 次の各問いに答えなさい。　　　　　　　　　　　　　　　　　　　　　　　　【5点×4】

(1) 日本には，季節や自然の変化と関わりが深い年中行事が多い。その例として最もあてはまるものを，次のア～エから1つ選び，記号で答えなさい。

　　ア　クリスマス　　　イ　花見　　　ウ　成人式　　　エ　お盆　　　　　　〔　　　〕

(2) 日本の貴重な文化的財産を文化財という。このうち，有形文化財にあてはまるものを1つ，無形文化財にあてはまるものを2つ，次のア～エから選び，記号で答えなさい。

　　　　　　　　　　　　　　　　有形文化財〔　　　〕　無形文化財〔　　　〕〔　　　〕

　　ア　伝統芸能の歌舞伎　　　　イ　男鹿市の年中行事のなまはげ
　　ウ　漆器の輪島塗の製品　　　エ　世界遺産に登録されている石見銀山遺跡

(3) 沖縄県や奄美群島では，15世紀ごろから栄えた王国時代に，東アジア諸国との交流から独自の伝統文化が発達したが，この文化を何といいますか。　　　　　　　　　〔　　　　　　　〕

6 次の文を読んで，あとの各問いに答えなさい。　　　　【(2)各2点，(3)各2点，その他4点×3】

　A家族や学校，地域社会などの社会集団では，考え方や利害の違いから　 a 　が生じることがある。しかし，これは，話し合いでB解決策を示すことで　 b 　へ導くことができる。また，その後も　 a 　が起こることのないようにきまり（ルール）をつくっておくことも必要で，学校の規則や，国会が制定する（　c　）もこのきまりの一つである。

(1) 下線部Aの家族について，次の各問いに答えなさい。

　① 家族のうち，夫婦だけ，または親と未婚の子どもからなる家族を何といいますか。〔　　　　　〕

　② 右のグラフは，家族の形態の変化を示している。①の家族にあてはまるものを，グラフ中のア～ウから1つ選び，記号で答えなさい。〔　　〕

（万世帯）0　1000　2000　3000　4000　5000　6000
1975年 3373万世帯　　ア 59.2%　19.5　21.3
1990年 4104万世帯　　59.0%　22.9　ウ18.1
2015年 5345万世帯　　56.0%　イ 34.5　9.5

(2020/21年版「日本国勢図会」ほか)

(2) 　 a ・ b にあてはまる語句を，それぞれ漢字2字で答えなさい。

　　　　　　　　　　　　　　　　　　　　a〔　　　　〕　b〔　　　　〕

(3) 下線部Bには，次の①・②のことが必要である。これらのことは何という語句で表現できるか。それぞれ漢字2字で答えなさい。

　① 時間や労力，お金などの面で無駄が出ない内容であること。　　　　　〔　　　　〕

　② 特定の人が不利益になることのない内容であること。　　　　　　　　〔　　　　〕

(4) （　c　）にあてはまる語句を答えなさい。　　　　　　　　　　　　　〔　　　　〕

中学生のための
勉強・学校生活アドバイス

受験は夏が本番？

「先輩，今年は受験生ですけど，受験勉強っていつから始めるんですか？」

「"受験は夏が本番"っていうから，夏くらいからかな？」

「それ，本当は"春から少しずつ始めて夏から勢いを加速させる"っていうのが正しい進め方なのよ。」

「そうなの？？」

「中3で習う勉強に加えて，中1・中2の復習とか，受験のための勉強もしないといけないですもんね。」

「そう。中3でやらないといけない勉強はおもにこの5つ！」

❶ふだんの授業の予習・復習
❷定期テスト対策
❸中1・中2の総復習
❹中1〜中3の全範囲の受験対策
❺受験する高校の過去問対策

「そんなに…！？」

「早い時期から，これまでよりたくさん勉強しないといけないんですね…。」

「そう。それと，**授業の進度に合わせて勉強してると，中3の最後の方に習う内容は十分に受験対策ができなくなるの。**」

「え！」

「だから夏以降は，授業で習ってない内容も，自分で予習して問題を解いてみるようにしないといけないのよ。」

「俺にできるかなあ…。」

「まずは，**いつ，何を，どうやるか，スケジュールを立てる**のが大切ね。湊，がんばりなさいね！」

「先輩，ファイトです！！」

「…お，おう。」

2章

人間の尊重と
日本国憲法

1　人権思想の発達

1 人権思想のめばえと展開

◎ **人権（基本的人権）**…人が生まれながらにもっている権利

◎ 人権思想の確立…**ロック・モンテスキュー・ルソー**らが，人権思想を理論的に確立する

2 人権思想の確立と発展

◎ **アメリカ独立宣言**…**基本的人権**と**国民主権**を主張

◎ **フランス人権宣言**…**フランス革命**の際に，民主主義の諸原則を規定して国民議会が発表

◎ **社会権**…ドイツの**ワイマール憲法**で初めて保障される

1　人権思想のめばえと展開

（1）人権思想のめばえ

❶**人権（基本的人権）**…すべての人が生まれながらにもつ権利。

❷**人権思想**…国王などの権力者による支配と戦い，その絶対的な権力に抵抗する中でめばえ，その後出された**人権宣言**や**憲法**で人権が保障されるようになった。

（2）人権思想を主張した思想家たち

　　人権思想の考えは，17世紀以降，**ロック❶**，**モンテスキュー❷**，**ルソー❸**らが主張し広まった。彼らの思想は，**市民革命**の理論的支柱となった。
→ 名誉革命，アメリカ独立戦争，フランス革命など

人　物	出身	主　著	主　張
ロック （1632〜1704年）	イギリス	『**統治二論** **（市民政府二論）**』 → 統治論ともいう	**基本的人権**，**民主政治**の理論を説く
モンテスキュー （1689〜1755年）	フランス	『**法の精神**』	**三権分立**を主張
ルソー （1712〜1778年）	フランス	『**社会契約論**』	**社会契約説**■で**人民主権**を唱えた

国王の権力の制限

　イギリスでは，1215年に**マグナ＝カルタ（大憲章）**で，貴族がもっていた権利を国王に認めさせ，王権の制限に成功した。

❶ ロック

❷ モンテスキュー

❸ ルソー
（3点とも学研写真資料）

用語解説 **社会契約説**

　社会（国家）は，互いに自由・平等である個人の合意（約束ごと）で成立するという考え方。

2 人権思想の確立と発展

17世紀以降，欧米諸国で起こった市民革命の際に発表された「**アメリカ独立宣言**」や「**フランス人権宣言**」などで，**人権尊重の考え**が明確に文書として発表されるようになった。

(1) **権利章典**（**権利の章典**）の成立（イギリス）

❶成立…名誉革命後，「権利宣言」を法制化（1689年）。
　　　　→1688年

❷内容…イギリス国民の自由と権利を保護し，議会の権限を確立した。

(2) **アメリカ独立宣言**の発表

❶発表…アメリカ独立戦争中の1776年に発表。

❷内容…**基本的人権**と**国民主権**を主張。

（PPS通信社）
▲独立宣言への署名

(3) **フランス人権宣言**の発表

【重要】
❶発表…1789年，**フランス革命**の際に国民議会が発表。

❷内容…人間の**自由・平等**など**市民の権利**のほか，**国民主権**・**権力分立**なども定めている。

(4) **社会権**の登場

社会権とは，人間らしい生活の保障を国に要求する権利。20世紀に入り，資本主義社会の発達で，社会の中の貧富の差が拡大し，人間らしい生活の保障を要求する声が高まった。

❶社会権の保障…1919年に制定されたドイツ共和国憲法（**ワイマール憲法**）で規定された。

❷ワイマール憲法…**国民主権**，**普通選挙**のほか，人間らしい生活を営む権利（**社会権**）を初めて保障した。

ロックやルソーの思想が市民革命の思想的な支えになったんだ。

資料 アメリカ独立宣言

われわれは，自明の真理として，すべての人は平等につくられ，造物主によって，一定の奪いがたい天賦の権利を付与され，その中に生命，自由および幸福の追求の含まれることを信ずる。

資料 フランス人権宣言

第1条　人は生まれながら，自由で平等な権利をもつ。社会的な区別は，公共の利益に関係ある場合にしか設けられてはならない。

第2条　政治的団結（国家）のすべての目的は，自然で侵すことのできない権利を守ることにある。この権利とは，自由，財産，安全，および圧制への抵抗である。

第3条　主権のみなもとは，もともと国民の中にある。……

用語 解説 国民主権

国の政治のあり方を最終的に決定する権力を国民がもっているということ。

参考 世界で最も進んだ憲法

ワイマール憲法は，当時の世界で最も進んだ民主憲法といわれたが，1933年，ヒトラーの率いるナチスが政権を獲得してから，有名無実なものになってしまった。

2 日本国憲法の制定

教科書の要点

1 憲法と立憲主義
◎**立憲主義**…憲法によって政治権力を制限し，人権を保障する考え
◎**憲法の性格**…国の**根本法規**であり，**国の最高法規**

2 大日本帝国憲法
◎内容…**天皇主権**，人権は法律で制限される

3 日本国憲法の制定
◎制定のきっかけ…**ポツダム宣言**の受諾など
◎成立…**1946年11月3日公布**，**1947年5月3日施行**

1 憲法と立憲主義

（1）立憲主義
　　憲法によって政治権力を制限し，人権を保障しようとする
考えを**立憲主義**という。立憲主義では，政治は人の支配で
はなく，法の支配に基づいて行われる**1**べきと考えられている。

（2）憲法の性格

重要
❶国の根本法規…主権の所在や政治のしくみなど，**国の基
本的なあり方を決めた法**である。
❷国の最高法規 2…**すべての法の中で最上級の法**であり，
憲法に反するすべての法律や命令は無効となる。

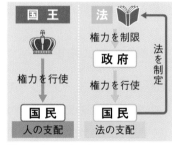

1 人の支配と法の支配

2 大日本帝国憲法

（1）大日本帝国憲法の起草と発布
❶草案の起草…伊藤博文らが，君主権の強い**ドイツ**（プロイ
セン）**憲法**を中心に調査し，憲法草案を作成した。
└ プロシア憲法ともいう ┘
❷発布…1889年，**明治天皇**によって**発布**された。
└ 広く一般に知らせること

2 法の構成　上位の法になるほど強い
効力をもち，下位の法が上位の法に反
するときは無効となる。

（2）大日本帝国憲法の特色

重要 ❶**天皇主権**…天皇は**神聖不可侵**であり，国の**元
首**として**統治権**をもった。
└→神聖で侵すことができないこと

❷**臣民の権利**…**法律の範囲内**においてのみ，自由と
└→天皇に支配されている民（たみ）という意味
権利が認められた。そのため，法律で制限するこ
とができた。

❸**臣民の義務**…**納税の義務**と**兵役の義務**が課せられ
た。

大日本帝国憲法		日本国憲法
欽定憲法（天皇が定める憲法）	性 格	**民定憲法**（国民が定める憲法）
天 皇	主権者	**国 民**
法律の範囲内で自由や権利を認める	国民の権利	永久・不可侵の基本的人権を保障
兵役，納税，（教育）	国民の義務	教育，勤労，納税
天皇に協賛する機関	議 会	国権の**最高機関**，唯一の立法機関
天皇を助けて政治を行う（各大臣が天皇に責任を負う）	内 閣	**議院内閣制**（国会に対して責任を負う）
天皇の名において裁判	裁判所	司法権は**独立**

⬆**大日本帝国憲法と日本国憲法の比較** 日本国憲法のほう
が民主的な憲法であることがわかる。

3 日本国憲法の制定

（1）日本国憲法制定の背景と理由
　1945年8月，日本は**ポツダム宣言**を受け入れて連合国に
降伏した。この宣言は，日本に民主的な政府をつくることを
要求したものだったので，大日本帝国憲法を全面的に改める
必要があった。

（2）日本国憲法が成立するまで**3**
❶草案の作成…日本政府の作成した草案は，天皇主権を維持
するものだったため，民主化が不十分と**連合国軍最高司令
官総司令部（GHQ）**に拒否される。

❷改正案の作成…GHQから独自の草案が提示され，それを
もとに政府は，新たな憲法改正案を作成した。

（3）日本国憲法の成立
　改正案は帝国議会（衆議院と貴族院）で修正可決されたの
ち，日本国憲法として，**1946**（昭和21）**年11月3日に公
布**され，**1947年5月3日から施行**された。
└→発布と同じ意味　　　　　　　　　　└→こう

西暦	月	できごと
1945	8	**ポツダム宣言の受諾**
	10	GHQが憲法の改正を示唆
1946	2	**GHQは，政府の憲法改正案を大日本帝国憲法と大差なしとして拒否**
		↓
		GHQ案を示す
	4	政府がGHQ案をもとに新たな憲法改正案を作成
	8	衆議院で「憲法改正案」を修正可決
	10	貴族院で「憲法改正案」を修正可決
	11	**日本国憲法の公布**
1947	5	**日本国憲法の施行**

3 日本国憲法の成立過程

5月3日は憲法記念日，
11月3日は文化の日と
して国民の祝日になっ
ているよね。

3 日本国憲法の基本原理

教科書の要点

1 日本国憲法の基本原理

◎ **国民主権**…国の政治の最終決定権（主権）は国民にある
⇨天皇は**日本国や日本国民統合の象徴**

◎ **基本的人権の尊重**…人権を**不可侵・永久の権利**として保障

◎ **平和主義**…**戦争の放棄**，世界の恒久平和のために努力

2 憲法の改正

◎ 憲法改正…国会が発議⇨**国民が承認**⇨天皇が公布

1 日本国憲法の基本原理

（1）日本国憲法の３つの基本原理 **1**

> **重要**　日本国憲法は，**国民主権・基本的人権の尊重・平和主義**の３つを基本原理としている。

（2）国民主権と天皇の地位

　国民主権とは，国の政治のあり方を最終的に決める権限（主権）が国民にあるということ。大日本帝国憲法のもとでは，天皇に主権があった（天皇主権）。

❶規定…憲法の**前文**や**第１条**に明記されている。

❷政治のあり方…選挙や，選挙で選ばれた代表者を通じて国民主権が実現される（**議会制民主主義，間接民主制**）。

❸直接民主制の制度…憲法改正での国民投票や，最高裁判所裁判官の国民審査（→p.123），裁判員制度（→p.127）などでは，国民が直接政治に関わる。

> 国民主権を実現するために，選挙はとても重要なんだ

日本の政治

国民による政治	国民のための政治	国際協調
国民主権	基本的人権の尊重	平和主義

日本国憲法

1 日本国憲法の基本原理

参考　日本国憲法の構成

　日本国憲法は，大きく分けて，第３章を中心とする「人権の保障」と，第４・５・６章を中心とする「国の政治のしくみ」の２つの部分から構成されている。

資料　日本国憲法　前文（一部）

　日本国民は，正当に選挙された国会における代表者を通じて行動し，……ここに主権が国民に存することを宣言し，この憲法を確定する。……

④天皇の地位…**日本国や日本国民統合の象徴**であって，その地位は主権者である日本国民の総意に基づく。
→全体の意思

⑤天皇の仕事…政治を行う権限はもたず，形式的・儀礼的な**国事行為②**を，**内閣の助言と承認**に基づいて行う。

（3）基本的人権の尊重とは

　憲法は，すべての人が生まれながらにしてもつ権利である基本的人権を，侵すことのできない永久の権利として保障している。

（4）平和主義とは

　世界の恒久平和を求めていこうとする考え。憲法の前文で国際協調主義を宣言し，第9条で**戦争の放棄**，戦力の不保持，交戦権の否認を定めるなど，徹底した**平和主義**をとっている。
→国が戦いをする権利を認めない

2　憲法の改正

　憲法は，国の最高法規であることから，改正には，法律の改正よりも厳格な手続き❸が定められている。具体的な手続きは，憲法第96条をもとに，2007年に制定された憲法改正に関する国民投票法に定められている。
→投票年齢を満18歳以上と定める

❶憲法改正原案…憲法審査会または国会議員による改正原案が国会に提出される。

❷国会の発議…衆議院と参議院で審議され，**各議院の総議員の3分の2以上の賛成**で可決されると，国会は国民に対して憲法改正の**発議**を行う。

❸国民の承認…改正案について，満18歳以上の国民による**国民投票で過半数の賛成**が得られれば，憲法は改正される。

❹天皇の公布…**天皇**が国民の名で改正憲法を公布する。公布には内閣の助言と承認が必要である。

資料　**日本国憲法　第1条**

　天皇は，日本国の象徴であり日本国民統合の象徴であって，この地位は，主権の存する日本国民の総意に基く。

❷天皇の国事行為

くわしく　象徴とは

　天皇が象徴であるということは，天皇が日本国や日本国民のまとまりという，目に見えないものを具体的に表す（連想させる）立場にあることを意味する。

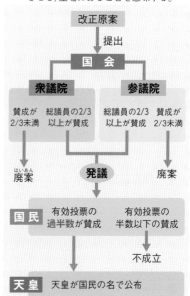

❸憲法改正の手続き

4 平和主義

1 平和主義と憲法第9条

（1）平和主義

国際協調によって世界の**恒久平和**を求めていこうとする考
→長く変わらないこと
えを**平和主義**という。日本国憲法は，**憲法前文**で国際協
調主義を宣言し，**第9条**で**戦争の放棄**などを定めている。

（2）憲法第9条の規定

重要

❶**戦争の放棄**…国際紛争の解決手段としては**永久に放棄**。

❷**戦力の不保持**…陸海空軍その他の**戦力を保持しない**。

❸**交戦権の否認**…他国と戦いを交える**交戦権を認めない**。

（3）被爆国日本として

日本は唯一の被爆国**1**として，核兵器を「**持たず，つくら
ず，持ちこませず**」という**非核三原則**をかかげている。

2 自衛隊と日米安全保障条約

（1）自衛隊

❶**自衛隊の任務**…**国土防衛**のほか，**治安維持**，**災害派遣**など。

資料 **日本国憲法　第9条**

①日本国民は，正義と秩序を基調
とする国際平和を誠実に希求し，国
権の発動たる**戦争**と，武力による
威嚇又は武力の行使は，国際紛争を
解決する手段としては，**永久にこ
れを放棄する**。

②前項の目的を達するため，陸海
空軍その他の**戦力**は，これを**保持
しない**。国の交戦権は，これを
認めない。

1 広島市の平和記念式典　　（AP／アフロ）

参考 **自衛隊の発足**

1950年の朝鮮戦争の際，連合国軍最
高司令官総司令部（GHQ）の指示で警察
予備隊が設置され，1952年に保安隊と
なった。1954年には自衛隊に改編され，
防衛庁（現在の防衛省）を新設した。

❷組織…陸・海・空の３部隊からなり，防衛省のもとに置かれている。最高指揮権は，**内閣総理大臣**がもつ。

（2）自衛隊と憲法第９条

自衛隊が憲法第９条に規定している「戦力の不保持」に反するのではという意見に対して，政府は，主権国家には自衛権があり，「**自衛のための必要最小限度の実力**」である自衛隊は，第９条が禁止する「戦力」ではない，としている。

（3）日米安全保障条約

日本は防衛のため，アメリカ合衆国との間に日米安全保障条約（日米安保条約）を結んでいる。

❶日米安全保障条約の内容…日本が武力攻撃を受けたときは，日本とアメリカが共同して防衛することを定めている。

❷基地の提供…そのため日本は，アメリカ軍が国内に駐留することを認め，沖縄県など全国各地に**基地**を**提供**している。

（4）集団的自衛権❷

❶意味…同盟関係にある国に対して武力攻撃があった場合，自国は攻撃を受けていなくても防衛活動に参加する権利。

❷政府見解…憲法上，集団的自衛権は行使できないとしてきたが，2014年に限定的に行使できるという見解に変更し，2015年には，**安全保障関連法**を制定した。

（5）国際貢献と自衛隊

❶**国際平和協力法（PKO協力法）**…1992年に成立し，同年，自衛隊がカンボジアでの国連平和維持活動（PKO）に参加❸した。その後，各国への自衛隊の派遣が続いた。

❷その他の派遣…ソマリア沖・アデン湾での船舶護衛のための派遣のほか，地震・津波災害，洪水被害，森林火災などでは，**国際緊急援助隊法**に基づいて派遣されている。

軍隊を軍人ではなく，市民の代表者が統制するという民主主義の原則のこと。

自衛隊法にも文民統制が定められており，文民の内閣総理大臣と防衛大臣が自衛隊を指揮するしくみがとられている。

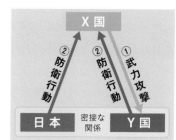

❷ 集団的自衛権　①Y国がX国から攻撃を受けた場合，②日本はX国から武力攻撃を受けていなくても，集団的自衛権を行使し，防衛行動をとることができる。

	派遣期間	延べ人数(人)
カンボジアPKO	1992〜93年	1,216
モザンビークPKO	1993〜95年	154
ゴラン高原PKO	1996〜2013年	1,501
東ティモールPKO	2002〜04年	2,304
スーダンPKO	2008〜11年9月	12
ハイチPKO	2010〜13年2月	2,196
東ティモールPKO	2010〜12年9月	8
南スーダンPKO	2011年11月〜	3,949

（防衛省資料）（2020年11月現在）

❸ 国際平和協力法（PKO協力法）に基づく主な自衛隊の派遣

深掘り
Column

なぜアメリカ軍基地は沖縄に集中しているの？

日本は、日米安全保障条約でアメリカ軍の駐留を認めているため、日本各地にアメリカ軍の基地がある。そのうち、約70％が沖縄県に集中し、アジアにおける軍事上の一大拠点となっている。

1 沖縄にアメリカ軍基地が置かれた経緯とその役割

太平洋戦争末期の1945年3月、アメリカ軍は沖縄に上陸し、激しい戦闘の末、日本軍はほぼ全滅し、アメリカ軍が沖縄を占領した。

終戦後も沖縄はアメリカ軍の直接統治のもとに置かれた。1972年に沖縄県が日本に復帰したあとも、**日米安全保障条約**で使用が認められたアメリカ軍基地の施設の多くが、沖縄に残された。

その間アメリカは、**朝鮮戦争**や**ベトナム戦争**で、沖縄の米軍基地を使用し、アジア・太平洋地域に影響力を保つうえで、沖縄を一大拠点と考えるようになったとの見方もある。

2019年現在も、日本にあるアメリカ軍専用施設数の約40％、面積の約70％が沖縄県に集中している。基地が人口の多い沖縄本島の中部に集中していることもあり、戦闘機の騒音問題、演習による事故、環境問題なども指摘されている。

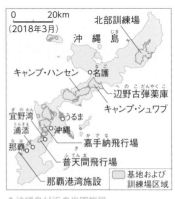

0 　　20km
（2018年3月）
北部訓練場
沖縄島
キャンプ・ハンセン　名護
辺野古弾薬庫
キャンプ・シュワブ
宜野湾　うるま
浦添　沖縄
那覇　嘉手納飛行場
普天間飛行場
那覇港湾施設
■ 基地および訓練場区域

⬆沖縄島付近の米軍施設

2 アメリカ軍基地返還運動

1996年、沖縄県内のアメリカ軍基地返還運動を受けて、日本政府とアメリカ政府が協議し、住宅密集地にある**普天間飛行場**などの返還計画が決められた。ただし、アメリカから代替施設を用意することが求められ、名護市の辺野古沖に設けることで合意して工事が始まったが、移設反対の住民も多く、返還はまだ実現していない。

2014年に移設反対の**翁長雄志知事**が当選し、辺野古埋め立ての承認を取り消した。国はこれを不当として裁判所に訴え、勝訴して工事を始めたが、再び移設反対の**玉城デニー知事**が当選し、国と県の対立が続いている。

⬆普天間飛行場　（朝日新聞社／PPS通信社）

1　人権思想の発達　〜　2　日本国憲法の制定

☐(1)　フランスの〔　　　〕は，『社会契約論』で人民主権を唱えた。

☐(2)　名誉革命が起きた翌年の1689年，〔　　　〕が発表され，イギリス国民の自由と権利を保護し，議会の権限が確立された。

☐(3)　アメリカは，独立戦争中の1776年に〔　　　〕を発表し，基本的人権の保障や国民主権を主張した。

☐(4)　フランス革命の際に，国民議会が〔　　　〕を発表し，民主主義の諸原則を規定した。

☐(5)　1919年，ドイツの〔　　　〕で初めて社会権が保障された。

☐(6)　法の支配に基づき，憲法によって政治権力を制限し，人権を保障しようとする考え方を〔　　　〕という。

☐(7)　大日本帝国憲法は，〔　　　〕主権を基本原則とする。

☐(8)　憲法は，国のあり方を定めた〔　　　〕法規であり，すべての法に優越する〔　　　〕法規である。

(1) ルソー

(2) 権利章典
　　（権利の章典）

(3) アメリカ独立宣言
　　（独立宣言）

(4) フランス人権宣言
　　（人権宣言）

(5) ワイマール憲法

(6) 立憲主義

(7) 天皇

(8) 根本，
　　最高

3　日本国憲法の基本原理　〜　4　平和主義

☐(9)　日本国憲法は，〔　　　〕，〔　　　〕の尊重，平和主義を3つの基本原理としている。

☐(10)　天皇の地位は，日本国や日本国民統合の〔　　　〕であり，天皇は，形式的・儀礼的な〔　　　〕のみを行う。

☐(11)　国会が憲法改正の発議を行ったあと，その改正案について，〔　　　〕を行い，有効投票の過半数の賛成があった場合は，憲法が改正される。

☐(12)　日本国憲法第9条には，〔　　　〕の放棄，戦力の不保持，〔　　　〕の否認という3つの重要な規定がある。

☐(13)　日本は防衛のため，アメリカとの間に〔　　　〕を結び，アメリカ軍に基地を提供している。

(9) 国民主権，
　　基本的人権

(10) 象徴，
　　国事行為

(11) 国民投票

(12) 戦争，交戦権

(13) 日米安全保障条約
　　（日米安保条約）

1 基本的人権と個人の尊重

教科書の要点

1 基本的人権の保障と種類

◎ **基本的人権**…生まれながらに誰もがもっている権利

◎ 基本的人権の保障…「**個人の尊重**」と**法の下の平等**に基づく

◎ 種類…**自由権・平等権・社会権・参政権・請求権**

2 人権の制限と国民の義務

◎ 人権の制限…**濫用の禁止**と**公共の福祉**のために利用する責任
　　　　　　→みだりに行使すること

◎ 国民の義務…**普通教育を受けさせる**義務・**勤労**の義務・**納税**の義務

---

1 基本的人権の保障と種類

(1) 基本的人権とは

　　基本的人権❶とは，生まれながらにして誰もが当然もっている権利である。

　　日本国憲法第11条は，「侵すことのできない永久の権利として，現在及び将来の国民に与へられる。」と定めている。

(2) 基本的人権の保障

❶ 人権の保障…一人ひとりの人間をかけがえのない個人として扱うという「**個人の尊重**」の考え方に基づく(憲法第13条)。

❷ **法の下の平等**…すべての国民が，差別されることなく平等に扱われるべきとする，個人の尊重とも深く結びついた考え方である(憲法第14条)。

(3) 基本的人権の種類

❶ **自由権**…国から制約を受けずに自由に活動する権利。

❷ **平等権**…性別・人種などを理由に差別を受けない権利。

❸ **社会権**…国に対して，人間らしい生活の保障を求める権利。

❹ **参政権**…国民が政治に参加する権利。

❺ **請求権**…裁判を受ける権利など。

❶ 基本的人権の構成

発展 天賦人権論

　人間は自由・平等であり，それらは生まれながらにしてもつ当然の権利(自然法によって承認されている権利)であるとする考えは，ルソーらによって主張され，アメリカ独立宣言やフランス人権宣言に大きな影響を与えた。

　日本では，明治時代初期，自由民権運動が高まった時期に，天賦人権論として紹介された。

　福沢諭吉は，この考えを，『学問のすゝめ』の中で，「**天は人の上に人を造らず，人の下に人を造らずといへり**」と表現した。

2 人権の制限と国民の義務

(1) 基本的人権と公共の福祉📖

他人の人権を侵害する場合や，多くの人の利益を優先させる必要がある場合，人権は制限されることがある。

❶**基本的人権の限界**…日本国憲法は，国民に対して自由や権利を「**濫用してはならないのであって，常に公共の福祉のためにこれを利用する責任を負ふ。**」（第12条）と定めている。

❷**公共の福祉による人権の制限**…人権は他人の人権を侵害してはならず，社会生活のために制限されることがある。

表現の自由	他人の名誉を傷つける行為の禁止（刑法）
	わいせつ物の流布・販売・陳列の禁止（刑法）
	選挙運動の制限（公職選挙法）
集会・結社の自由	政治団体の届出（政治資金規正法）
	デモの規制（公安条例）
経済活動の自由	企業の価格・生産量などの協定の禁止（独占禁止法）
	資格をもたない者の営業禁止（医師法など）
労働基本権	公務員のストライキの禁止
	（国家公務員法，地方公務員法）
財産権の保障	不備な建築の禁止（建築基準法）

↑公共の福祉による人権の制限の例

(2) 国民の義務

日本国憲法は，国民に対してさまざまな権利を保障しているいっぽう，社会を支え合うために3つの義務を定めている。

❶**普通教育を受けさせる義務**（第26条）…国民は，保護する**子どもに普通教育を受けさせる義務**を負う。

❷**勤労の義務**（第27条）…働く能力がある国民は，すべてその能力に応じて働く義務を負う。

❸**納税の義務**（第30条）…国民は，国や地方公共団体に税金を納める義務を負う。

📖解説 **公共の福祉**

一般的には，社会全体の利益を意味する。基本的人権との関係では，人権と人権が衝突したときに社会全体の利益を考慮して調整していくことを指す。

資料 **日本国憲法　第12条**

この憲法が国民に保障する自由及び権利は，国民の不断の努力によって，これを保持しなければならない。又，国民は，これを濫用してはならないのであって，常に公共の福祉のためにこれを利用する責任を負ふ。

大日本帝国憲法では，兵役と納税が国民の義務だったよ。

■参考 **国民の教育を受けさせる義務を守るため**

国や地方公共団体は，国民が教育を受けさせる義務を守ることができるよう，学校を建て，授業料や教科書を無償とするなど，経済的な援助をする義務がある。

2 等しく生きる権利 平等権

1 平等権

（1）平等権とは

　平等権❶とは，差別を受けずに，誰もが平等な扱いを受ける権利のこと。憲法は，「すべて国民は，個人として尊重される。」（第13条）として，国民はすべて平等に扱われると定めている。

（2）法の下の平等（第14条）

　憲法は，すべて国民は**法の下に平等**であることを確認し，**人種**や**性別**，**社会的身分**などで差別されないとしている。

重要

❶人間平等の原則…「すべて国民は，**法の下に平等**であって，**人種**，**信条**■，**性別**，**社会的身分**又は**門地**■により，政治的，経済的又は社会的関係において，差別されない。」

❷貴族制度の禁止…華族その他の貴族の制度を認めない。

（3）両性の本質的平等（第24条）

❶**夫婦の平等**…成年男女の**婚姻**（結婚）は，**両性**（男女）**の合意**のみに基づいて成立し，**夫婦は同等の権利をもち**，相互の協力によって家族は維持される。

❷**家族関係の原則**…家族に関する法律は，**個人の尊厳と両性の本質的平等**に立脚して制定されなければならない。

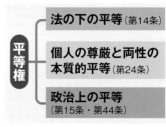

1 日本国憲法に定められた平等権

平等権
- 法の下の平等（第14条）
- 個人の尊厳と両性の本質的平等（第24条）
- 政治上の平等（第15条・第44条）

用語解説 信条

　宗教上の信仰や政治上の信念をいう。いわゆる人生観・世界観なども，日本国憲法でいう信条にあてはまる。

用語解説 門地

　家柄や生まれを意味し，生まれながらにして社会的地位が決定するような条件をいう。かつての華族・士族・平民などの身分はこれに当たる。

くわしく 政治上の平等

　日本国憲法は，政治上の平等として，成年男女による普通選挙の保障（第15条）や，人種，信条，性別，教育などによる差別の禁止（第44条）も定めている。

② 共生社会を目指して

日本国憲法は平等権を保障しているが、今もなお偏見に基づく差別が残っており、それらをなくすことが課題である。

(1) 男女平等を目指して

「男は外で働き、女は家で家事・育児」という性別役割分担の考え方が根強いため、さまざまな対策がとられている。

❶男女雇用機会均等法…雇用における男女平等を求める。
└→1986年施行

❷育児・介護休業法…男女ともに育児休業を認める。
└→1995年施行（1992年に育児休業法として施行）

❸男女共同参画社会基本法…男女が対等な立場で活躍する社会をつくることを目指す。
└→1999年施行

❹性の多様化への理解…LGBT と呼ばれる性的少数者が、自分らしく生きられるように配慮する動きが広まっている。

(2) **部落差別**の撤廃

被差別部落の出身者に対する差別で、同和問題ともいう。就職、教育、結婚などでの差別がある。

(3) **民族差別**の解消

❶アイヌ民族差別…1997年に**アイヌ文化振興法**を制定。2019年に**アイヌ施策推進法（アイヌ民族支援法）**にかわり、アイヌの人々の誇りを尊重する社会が目指されている。

❷在日韓国・朝鮮人差別…日本に住む在日韓国・朝鮮人の多くは、朝鮮半島から強制的に連れてこられた人とその子孫である。現在、日本に住む外国人は選挙権や公務員になることが制限されるなどの差別がある。

(4) 障がいのある人とともに ❷

障がいがあっても教育を受ける機会や働く機会が平等に与えられる**インクルージョン**の実現が求められ、交通機関や施設の**バリアフリー化**が進められている。

障がいのある人を支援するための**障害者基本法**が制定され、2013年には、行政機関や事業者が障がいを理由に差別することを禁止した**障害者差別解消法**が制定された。

用語解説 LGBT

Lesbian（女性の同性愛者）、Gay（男性の同性愛者）、Bisexual（両性愛者）、Transgender（心と体の性が一致しない人）の頭文字をとった言葉。

くわしく 部落差別

江戸時代のえた身分・ひにん身分への差別が、身分制度廃止後も続いている。1922年に**全国水平社**が設立され、被差別部落の人々は、差別からの解放を求めてきた。また、1965年の同和対策審議会の答申では、部落差別をなくすことは国の責務であり、国民的課題である、とした。2016年には**部落差別解消推進法**で、差別撤廃のための対策をとることを、国や地方公共団体の責務として定めた。

くわしく アイヌ民族への差別

アイヌ民族は、独自の言葉や文化をもち、古くから北海道を中心に先住してきた。しかし、明治政府は北海道開拓で、アイヌの人々の土地を奪い、アイヌ文化を否定した。このため、アイヌ民族への差別が生まれた。

(Issey Hattori/PPS通信社)

❷ 通勤する人に同伴する盲導犬

身の回りのバリアフリー

高齢者や障がいのある人を含む，すべての人が暮らしやすい社会の実現のため，バリアフリーに配慮した町づくりが進められている。バリアフリー化がどのように進んでいるか，身の回りを見てみよう

1 なぜバリアフリーなのか

バリアフリーとは，barrier（障壁・障害）と free（自由・〜がない）を合わせた言葉で，「妨げになるものがない」という意味になる。障がいのある人や高齢者でも，自由に安全に行動できるように，身体的にも精神的にもバリアを取り除いていこうとする考え方である。

少子高齢社会となった現代においては，障がいのある人や高齢者のために「どこでも，誰でも，自由に，利用しやすく」という**ユニバーサルデザイン**の考え方にも基づいて，さまざまな設備が整えられている。

誰もが暮らしやすい社会を実現するために，バリアフリー化は必要なんだ

2 屋外のバリアフリー

右の**点字ブロック**は，視覚障害者誘導用ブロックという正式名称で，目の不自由な人が足の裏の感覚や白杖で道路を認識できるように設置されている。

音響式信号機は，信号機が青になったことを目の不自由な人に知らせるために，スピーカーから音声や音楽などの誘導音を鳴らして知らせる。

階段というバリアに対しては，**スロープ（坂道）**をつけることでバリアフリー化している。車いす利用者にとって，階段などの段差は，誰かに持ち上げてもらわないと通過できない。そのため，階段の横にスロープが設けられていることがある。また，階段では高齢者が転倒するおそれもあるので，スロープは車いすを利用する人や介助する人の役に立つだけでなく，多くの人にとってありがたい設備である。

⬆点字ブロック

⬆音響式信号機　（PIXTA）

⬆スロープ（坂道）　（きんずオフィス）

③ 駅や公共施設でのバリアフリー

　駅でも，多くのバリアフリーの設備がみられるようになった。車いすを利用する人や高齢者などが移動しやすいように，エレベーターやエスカレーター，スロープなどを設ける駅が増えている。

　自動改札の一部では，車いすでも通れるように幅の広い改札も設けられている。目の不自由な人のために，床に点字ブロックが貼られたり，点字運賃表や音声が流れる券売機など，音声と触知で認識できるようにした設備もある。

　また，バスの床を低くして乗り降りしやすいように設計された，「ノンステップバス」も多く運行されるようになった。

　公園などの公共施設でも，多機能トイレなどのバリアフリー設備がみられるようになった。多機能トイレは，一般のトイレを利用することが難しい，車いす利用者などに配慮した設備である。また，シンプルな絵文字を使って，どの国の人にもわかりやすく伝わるようにデザインされた，ピクトグラムの案内板もみられるようになった。

↑エレベーター　　　（PIXTA）

↑幅の広い自動改札　（写真：アフロ）

④ 心の中のバリアフリー

　点字ブロックの上に自転車が放置されてしまうと，自転車がじゃまをして，目の不自由な人が通れない可能性がある。立派な施設や設備ができても，運用する人の配慮がなくては，よい環境が整ったとはいえない。

　そうしたことから，障がいの有無にかかわらず，すべての人が区別されることなく，社会の中で普通に暮らすことができる「ノーマライゼーション」の実現が求められる。

　「バリアフリー」などの言葉の意味を正しく理解したうえで，すべての人の普通に暮らす権利を尊重し，そのために自分がどう行動すべきかを考えなければならない。日常生活の中では，障がいのある人への，状況に応じた配慮（合理的配慮）が必要であり，一人ひとりが困難をかかえた人に対して思いやりと想像力をもつ「心のバリアフリー」を意識する必要がある。

↑多機能トイレ　　　（PIXTA）

↑ピクトグラム　　　（PIXTA）

77

3 自由に生きる権利 自由権

1 自由権
◎ 意味…国から制約を受けず，**自由に行動する権利**

2 憲法が保障する自由権
◎ **身体の自由**…奴隷的拘束および苦役からの自由，法定の手続きの保障
◎ **精神の自由**…思想・良心・信教・学問の自由，集会・結社・表現の自由
◎ **経済活動の自由**…居住・移転・職業選択の自由，財産権の不可侵

1 自由権

　自由権とは，国から制約を受けずに自由に行動する権利のことで，人権発達の歴史の中で最も早く確立された。日本国憲法は，身体の自由，精神の自由，経済活動の自由を保障している。
　　　　└→生命・身体の自由　　└→精神活動の自由

2 憲法が保障する自由権

(1) 身体の自由

　身体の自由とは，正当な理由なく身体を拘束されない自由。

❶**奴隷的拘束および苦役■からの自由**（第18条）…犯罪により処罰される以外，どんな苦役にも服させられない。

❷**法定の手続きの保障**（第31条）…法律の定める手続きによらなければ，生命や自由を奪われたり刑罰を科せられない。

❸**不当な逮捕からの自由**（第33・34条）…現行犯を除き，裁判官の**令状■**がなければ逮捕されず，正当な理由なしに**抑留・拘禁■**されない。

参考 デュー・プロセス・オブ・ロー

　アメリカ合衆国憲法には，「**何人も法律の適正な手続きによらなければ，生命・自由または財産を奪われることはない。**」と定められており，これを法の適正な手続き(due process of law)という。日本国憲法第31条の定めも，これと同じ趣旨であるとされている。

用語解説 苦役

　肉体的，精神的な苦痛を受ける労働のこと。本人の意思に反する強制労働や苛酷な労働は，憲法に定める苦役に当たる。

用語解説 令状

　逮捕令状・差押令状・捜索令状など命令，または許可状のこと。**裁判官が出す。**

用語解説 抑留・拘禁

　抑留も拘禁も，身体の自由を奪って拘束すること。抑留は一時的なものであり，拘禁は比較的長い期間の拘束であると解釈されている。

(2) 精神の自由

精神の自由とは，人間の心の中の自由，それを表現する自由のことで，憲法には，さまざまな自由が認められている。

❶ **思想・良心の自由**（第19条）…個人のどのような考えも，また良心に従ったどのような道徳的判断も自由である。

❷ **信教の自由**（第20条）…どのような宗教を信仰してもよく，また，どの宗教も信仰しなくてもよい自由。国が特定の宗教を保護することは許されない（**政教分離**）。

❸ **学問の自由**（第23条）…学問の研究や，その成果の発表は自由。

❹ **集会・結社の自由**（第21条）…共通の目的をもつ人々が集まったり，団体を結成したりする自由を保障。

❺ **表現の自由**（第21条）…言論や出版のほか，映画・テレビなど，あらゆる手段による表現の自由が保障されている。

(3) 経済活動の自由

安定した生活を送るためには，職業を選び，働いて収入を得なければならない。そのために経済活動の自由が保障されているが，ほかの自由権と比べ，「公共の福祉に反しない限り」という制限を受けやすい自由権である。

重要

❶ **居住・移転・職業選択の自由**（第22条）…好きな場所に住んだり，自由に移動したり，職業を自由に選んだりすることを保障。

❷ **海外移住の自由・国籍離脱の自由**（第22条）…海外に住居を移したり，日本国籍を離れる自由は侵されない。

❸ **財産権の不可侵**（第29条）…自分の財産をもち，それを自由に処分する権利（**財産権**）は侵されない。

❹ **経済活動の自由の制限**…勝手な土地の利用によって，ほかの住民の権利を侵害することもあり，自由な経済活動には，規制が必要になる場合もある。また，一定の職業については，資格が必要だったり届け出が求められたりする。このように経済活動の自由は，法律による制限を受けやすい。

（朝日新聞社/PPS通信社）

❶ **国会前でのデモ活動**

🚩 **発展　政教分離**

政治と宗教の分離を意味することで，**国や地方公共団体がどのような宗教的活動に対しても支援や関与などをしてはならない**という原則。

日本国憲法は，第20・89条で，信教の自由とともに，国およびその機関の宗教団体への財政支出や関与を禁止している。

▎**参考　通信傍受法**

憲法第21条は，手紙，電話，メールなどの通信の秘密を侵してはならないと定めている。しかし，1999年，組織的な犯罪の捜査・予防のために，警察などの**捜査機関が電話などを傍受できる**とした通信傍受法が成立し，通信の秘密やプライバシーの権利（→p.86）が侵害されるのではないかという声がある。

財産権を，初めて公共の福祉の制限下に置かれると規定したのは，ワイマール憲法だよ。

4 人間らしい生活を送る権利　社会権

教科書の要点

1 社会権 ◎ 意味…人間らしい生活の保障を求める権利

2 生存権と教育を受ける権利 ◎ **生存権**…健康で文化的な最低限度の生活を営む権利
◎ **教育を受ける権利**…能力に応じてひとしく教育を受ける権利

3 労働者の権利 ◎ **労働基本権（労働三権）**…**団結権・団体交渉権・団体行動権**
└→（争議権）

1 社会権

社会権❶とは，人間らしい生活の保障を求める権利のこと。資本主義の発達によって生まれ，1919年に制定されたドイツのワイマール憲法(→P.63)で初めて保障された権利である。

2 生存権と教育を受ける権利

（1）**生存権**（第25条）

社会権の基礎となる権利。

❶生存権の保障…日本国憲法は，「**すべて国民は，健康で文化的な最低限度の生活を営む権利を有する。**」(第25条)と定めている。

❷国の対策…生活が困難な人々を援助する，**生活保護法**などの法律を定めたり，年金，保険制度などの**社会保障制度**を整えたりしている。

（2）**教育を受ける権利**(第26条)

憲法は，「能力に応じて，ひとしく教育を受ける権利を有する。」とし，すべての子どもが学校で学習する権利を保障している。この規定を受けて，**教育基本法**は，教育の機会均等を定め，義務教育は無償としている。

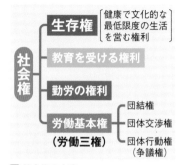

❶ 社会権の内容

くわしく　人間らしい生活の要求

19世紀以降の資本主義社会の発達により，富める者と貧しい者の差が拡大したため，人々の間には，**人間らしい生活の保障を要求**する声が高まり，**生存権（社会権）**が登場することになった。そのため，社会権を20世紀の権利ともいう。

3　労働者の権利

(1) 勤労の権利（第27条）

　　国に対して，労働の機会を求めることができる権利。憲法は，働くことで収入を得て生活を安定させ，仕事を通して精神的に充実した生活を送れるように，**勤労の権利**を保障している。

(2) 労働基本権（労働三権）（第28条）

　　一般的に，労働者は使用者よりも弱い立場にあるため，憲法で**労働基本権（労働三権）**が認められている。

重要

❶**団結権**…労働者が，地位の向上と生活の維持・改善を目指して**労働組合**を結成する権利。

❷**団体交渉権**…労働者が，労働組合などを通して，使用者側と労働条件について交渉する権利。

❸**団体行動権（争議権）**…労働者が，その要求を通すためにストライキなどの**争議行為**を行う権利。

❹労働基本権の規定に基づいて，**労働組合法**，**労働基準法**，**労働関係調整法**（**労働三法**（→p.173））が定められている。

資料 日本国憲法
　　　　第27条・28条

　　第27条　①すべて国民は，勤労の権利を有し，義務を負ふ。
　　第28条　勤労者の団結する権利及び団体交渉その他の団体行動をする権利は，これを保障する。

参考 不当労働行為の禁止

　　使用者が，労働組合の結成や加入を妨げたり，団体交渉を正当な理由がないのに拒否したりすること（不当労働行為）は，労働組合法で禁止されている。

Column 朝日訴訟─生存権をめぐる裁判とその後の影響

　　1956年，結核で国立岡山療養所に入院中の朝日茂さんは，生活保護法による生活扶助と医療扶助を受けていた。この年，朝日さんに実兄がいることがわかり，兄から月々1500円が朝日さんに送られることになった。

　　すると，「仕送りで収入が生じたのだから生活扶助を打ち切り，600円を日用品費として朝日さんに残し，900円を医療費にあてる」という保護変更決定が出された。朝日さんは「せめて1000円残してほしい」と，県と国に不服申し立てを行ったが却下された。

　　そこで朝日さんは，その却下処分の取り消しを求めて，1957年東京地方裁判所に，『国の処分は，**健康で文化的な最低限度の生活**を保障した憲法第25条に違反する』と訴えた。東京地裁は朝日さんの訴えを認めたが，国側が東京高裁に控訴し，勝訴した。朝日さんは最高裁に上告したが，上告中に死亡し，訴えは実らなかった。

　　しかし，この裁判を契機に国の生活保護基準が改善され，朝日さんの訴えは生存権の確立に大きく貢献した。

5　人権を守るための権利

教科書の要点

① 参政権
◎公務員の選定と罷免権…**選挙権と被選挙権，最高裁判所の裁判官に対する国民審査**
◎立法に関する承認権…**憲法の改正の際の国民投票**など

② 請求権
◎**裁判を受ける権利**…裁判所に訴えて裁判を受ける権利
◎**国家賠償請求権**…公務員の不法行為に対して償いを求める権利
◎**刑事補償請求権**…無罪の場合に，損害の補償を求める権利

①　参政権

（1）参政権とは

参政権とは，国民が直接，または，代表者を通じて間接的に政治に参加する権利をいう。

（2）公務員を選定し，罷免する権利（第15条など）
　　　　　　　　↳やめさせる

重要

❶**選挙権**…国民が代表者を選挙する権利。満18歳以上の
　　　　　　↳議員や首長（知事など）
すべての国民に認められた権利（普通選挙）**■**

❷**被選挙権**…選挙に立候補する権利。

❸最高裁判所裁判官に対する**国民審査**…国民は，最高裁判所の裁判官がその職に適格かどうかの信任投票権をもつ。

❹地方公共団体の住民は，首長や議員に対して，解職を求め
　　↳都道府県や市（区）町村　　　　　　　　　↳やめさせること
る権利をもつ（**直接請求権**（→p.136））。

（3）立法に関する承認権（第95・96条）

❶憲法改正の**国民投票**…国民は，憲法改正についての国民投票の権利をもつ（第96条）。

❷**地方自治の特別法■の住民投票**…特別法の制定において，適用される住民は賛否の投票を行う権利をもつ（第95条）。

（朝日新聞社）

■ 投票の様子　選挙権は満18歳以上のすべての国民に認められた権利である。

用語解説 地方自治の特別法

　特定の地方公共団体のみに適用される法律。この法律の制定には，その地方公共団体の住民投票で過半数の同意が必要である（→P.137）。これまでに制定された地方自治の特別法には，**広島平和記念都市建設法**（1949年）や，**首都建設法**（1950年）などがある。

(4) 請願権(第16条)

_{→請求権の一種とする考えもある}

国や地方公共団体の機関に要望を述べる権利。憲法は，請願をしたことでいかなる差別待遇も受けないとしている。

2 請求権

(1) 請求権とは

請求権とは，私たちの基本的人権が侵害された場合に，国にその救済を要求する権利のこと。

(2) 裁判を受ける権利

重要

❶**裁判を受ける権利**…誰でも裁判所において裁判を受ける権利をもっている(第32条)。

❷**公開裁判を受ける権利**…刑事事件の被告人は，公平で迅速

_{→罪を犯したとして裁判所に起訴された人}

な公開裁判を受ける権利をもつ(第37条)。

(3) 損害賠償や刑事補償を求める権利

❶<u>国家賠償請求権</u>…公務員の<u>不法行為</u>で損害を受けたときは，

_{→損害賠償請求権ともいう}

その損害の賠償を国や地方公共団体に請求できる(第17条)。

❷<u>刑事補償請求権</u>…<u>抑留</u>や<u>拘禁</u>を受けたあとに無罪の判決を

_{→一定の期間，身体を拘束すること}

受けた場合には，国に損害の補償を請求できる(第40条)。

参政権	公務員の選定・罷免権	第15条①
	選挙権	第15条③
		第44条
		第93条②
	被選挙権	第44条
	最高裁判所裁判官の国民審査権	第79条②
	地方自治の特別法の住民投票権	第95条
	憲法改正の国民投票権	第96条①
	請願権	第16条
請求権	裁判を受ける権利	第32条
	国家賠償請求権	第17条
	刑事補償請求権	第40条

⬆日本国憲法に定められた参政権と請求権

用語解説 不法行為

法(憲法や法律)などに定める条文に違反し，他人の権利を侵害する行為。

Column 人権を守るためのしくみ

国民に保障された基本的人権が侵害されないように，また，人権が侵害された場合に適切な救済措置がとられるように，法務省に人権擁護局が置かれ，その出先機関として，各都道府県に法務局(人権擁護部)・地方法務局(人権擁護課)が置かれている。また，法務大臣から民間の人々が人権擁護委員に委嘱され，人権に関する相談の受け付け，人権侵犯事件の調査や救済などを行っている。

近年，法務省に「インターネット人権相談受付窓口」が開設されるなど，相談窓口も増え，社会全体で人権を守るためのしくみづくりが進んでいる。

(法務省)

⬆人権相談窓口周知ポスター

インターネットと人権

インターネットの普及によって，誰でも簡単に情報を発信し，入手することができるようになった。その反面，プライバシーの権利の侵害など，人権を無視した行為が増えている。

① インターネットとその問題点

インターネットは，情報の収集や発信，コミュニケーションの手段として，私たちの生活を便利なものにしてきた。

しかし，これまでになかった危険が生じており，インターネットの利用にさまざまな不安を感じている人も多い。

インターネットの掲示板では，個人情報の書き込みや無断での写真掲載などによるプライバシーの権利の侵害，特定の個人に対する誹謗・中傷，人種・民族などへの差別的な表現や，他人の名誉を傷つける発言がみられ，大きな問題となっている。

インターネット上では，顔や名前を知られることなく，匿名で情報を発信できることから，人権を無視した発信がされやすい。発信された情報は一瞬にして拡散し，完全に消すことは難しい。

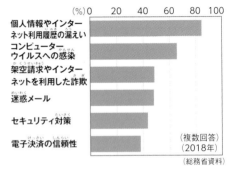

↑インターネット利用時に感じる不安

② 情報モラルを身につけよう

インターネットの掲示板や**SNS**などを利用する場合，私たち自身が誰かの人権を侵害しないように，書き込みの相手や読み手に配慮することが大切である。

SNSへの投稿のときに，好きな音楽やキャラクターを無断で使うことは，他人の**知的財産権**（**著作権**や**商標権**など）を侵害することになる。

インターネットの利用にあたっては，プライバシーや名誉に関わる情報に注意し，情報を正しく利用していく態度（**情報モラル**）を守って，加害者にも被害者にもならないようにしなければならない。

SNSに友だちの悪口を書く。

インターネットの掲示板に友だちの写真，名前，住所などをのせる。

ブログにうその情報をのせる。

他人が描いた絵を自分の絵としてホームページで発表する。

↑情報モラルに反する行為の例

6 新しい人権

社会の変化と新しい人権

◎**新しい人権**…科学技術の発達や情報化といった，社会の変化に伴って主張されるようになった権利

◎**環境権，自己決定権，知る権利，プライバシーの権利**など

(1) 新しい人権の登場

科学技術の発達や情報化が進み，社会が急激に変わったことで人々の意識も変化し，憲法に明確に規定されていない，「**新しい人権**」と呼ばれる権利が主張されるようになった。

◆**新しい人権の種類**…**環境権，自己決定権，知る権利，プライバシーの権利**など。

(2) 環境権

日本では1960年代以降，経済の発展とともに公害が深刻化し，**良好な環境を求める環境権**が主張されるようになった。

❶**意味**…**人間らしい生活ができる環境を求める権利**。

❷**法的根拠**…憲法第25条の「**生存権**」や，憲法第13条の「**幸福追求権**」など。

❸**環境基本法**の制定…環境保全のための基本的な考え方や，国や地方公共団体が負う責任が定められている（→P.190）。

❹**環境アセスメント（環境影響評価）**…大規模な工事による環境破壊を防ぐため，開発事業者が事前に環境への影響を調査し，住民への説明が義務づけられている。

(3) 自己決定権

個人が自分の生き方などについて自由に決定する権利を**自己決定権**という。医療の分野では，インフォームド・コンセント

└→十分な説明を受けたうえでの同意

が，患者の権利として重要視されるようになった。**2**

（時事通信フォト）

1 日照権（環境権の1つ）を考えて建てられたビル　周囲の日あたりを考えて，上にいくほど狭くなっているビル。

（時事）

2 臓器提供意思表示カード　臓器提供者の自己決定権を尊重したものになっている。

(4) 知る権利

　国民が政治に参加するためには，さまざまな情報を入手する必要がある。そこで，**知る権利**が主張されるようになった。

❶意味…国や地方公共団体に対して，**情報の公開**を要求する権利。

❷法的根拠…憲法第21条の**表現の自由**を，思想や情報を発信する権利だけでなく，政府がもつ情報の公開を求める権利も含むととらえたことによる。

❸取り組み…多くの地方公共団体が**情報公開条例**を制定し，国も**情報公開法**を定め，国の行政機関に対し，行政文書の公開を請求できるようにしている。**❸**

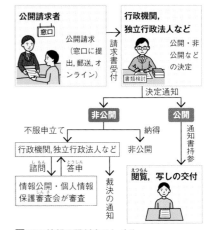

❸ 国の情報公開制度のしくみ

(5) プライバシーの権利

　情報化の進展で，個人の情報が本人の知らないところで公開されるおそれが増えている。そのため，私生活や個人の情報を守る権利として，**プライバシーの権利**が主張されるようになった。また，近年は，インターネットやSNS（ソーシャル・ネットワーキング・サービス）などの普及で，個人情報が流出・悪用される人権侵害も増えており，新たな対応が求められている。

❶意味…**私生活をみだりに公開されない権利**。

❷取り組み…**個人情報保護法**を制定し，国や地方公共団体，民間の情報管理者に，個人情報を厳重に管理することを義務づけた。

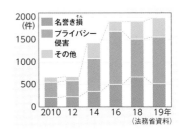

↑インターネットでの人権侵害事件の件数

 表現の自由とプライバシーの権利

　柳美里さんの小説「石に泳ぐ魚」をめぐって，知人で小説のモデルとなった女性が，小説の発表によってプライバシーの権利や名誉などを侵害されたとして，柳さんと出版社を裁判所に訴えた。**表現の自由の保障とプライバシーの権利**が争点となり，小説の発表によって，公的な立場にない女性の名誉やプライバシーが侵害され，さらに小説が単行本として出版されれば，女性の精神的苦痛が増し，重大な損害をこうむるおそれがあるとして，女性側の勝訴となった。そして，芸術性や文学性が高い作品でも，個人の人格的尊厳やプライバシーの権利を侵害してはならないとして，単行本の出版差し止めや慰謝料の支払いを命じた。

国際社会と人権

教科書の要点

国際的な人権保障

◎**世界人権宣言**…基本的人権の**国際的な模範**を示した宣言
　　　　　　　　　→あらゆる国家，国民の模範
◎**国際人権規約**…世界人権宣言を条約化したもの
◎**子どもの権利条約**…子どもの人権の国際的な保障を目指す
◎**人権の保障への取り組み**…国連人権理事会やNGOの活動

(1) 国際的な人権保障

　今日，人権の保障は1国の問題ではなく国際社会全体の問題になっている。そのため，国際連合などが中心となって，国際的な人権保障のための条約や取りきめが結ばれている。❶

	採択年	日本の批准年
世界人権宣言	1948	-
難民の地位に関する条約	1951	1981
人種差別撤廃条約	1965	1995
国際人権規約	1966	1979
アパルトヘイト犯罪（禁止）条約	1973	未批准
女子差別撤廃条約	1979	1985
拷問等禁止条約	1984	1999
子ども（児童）の権利条約	1989	1994
死刑廃止条約	1989	未批准
障害者権利条約	2006	2014
先住民族の権利に関する国連宣言	2007	-

❶ 国際連合を中心とした人権条約など

重要

❶**世界人権宣言**…基本的人権の保障の**国際的模範**を示した宣言。
　→1948年，国連総会で採択

❷**国際人権規約**…世界人権宣言を条約化したもの。
　→1966年，国連総会で採択

❸**女子差別撤廃条約**…男女差別の撤廃を求めた条約。日本は1985年に批准。同年，**男女雇用機会均等法**も制定された。

❹**子ども（児童）の権利条約**…子どもの人権の国際的な保障を目指した条約。1989年，国連総会で採択された。日本は1994年に批准した。

(2) 人権保障への国際的な取り組み

　国際的な人権保障を実現するために，各国の協力のほか，国境を越えて活動する**NGO（非政府組織）**も，条約締結などで重要な役割を果たしている。

❶**国連人権理事会**…加盟国の人権保障の状況を調査し，重大な人権侵害に対して改善を勧告する。

❷**NGOの活動**…**アムネスティ・インターナショナル**や**国境なき医師団**など。

用語解説 国際人権規約

　世界人権宣言を条約化して国際法としての法的拘束力をもたせたもの。経済的，社会的，文化的権利に関する国際規約（A規約）と市民的，政治的権利に関する国際規約（B規約）からなっている。

用語解説 子ども（児童）の権利条約

　18歳未満のすべての子どもに適用される。教育を受ける権利，表現の自由，思想・良心の自由をはじめ，子どもを放置，搾取，虐待から守るための基準を設けた条約。

1　基本的人権と個人の尊重 〜 4　人間らしい生活を送る権利　社会権

□(1)　基本的人権は，〔　　　〕に反しない限り，国政のうえで最大限に尊重される。

(1) 公共の福祉

□(2)　憲法は，納税の義務，子どもに普通〔　　　〕を受けさせる義務，〔　　　〕の義務を国民の義務と定めている。

(2) 教育，勤労

□(3)　性別や人種などで差別を受けない権利を〔　　　〕という。

(3) 平等権

□(4)　憲法は，自由権として，身体の自由，精神の自由，〔　　　〕の自由を保障している。

(4) 経済活動

□(5)　〔　　　〕は，資本主義の発達で生まれ，1919 年に制定されたドイツの〔　　　〕憲法で初めて保障された権利である。

(5) 社会権，
　　ワイマール

□(6)　健康で文化的な最低限度の生活を営む権利を〔　　　〕といい，社会権の基礎となる権利である。

(6) 生存権

□(7)　団結権・〔　　　〕・団体行動権を労働基本権(労働三権)という。

(7) 団体交渉権

5　人権を守るための権利 〜 7　国際社会と人権

□(8)　国民が政治に参加する権利を〔　　　〕という。

(8) 参政権

□(9)　国民は，最高裁判所裁判官に対する〔　　　〕を行う権利をもつ。

(9) 国民審査

□(10)　憲法で認められた基本的人権が侵害された場合に，その救済を求める権利のことを〔　　　〕という。

(10) 請求権

□(11)　人間らしい生活ができる環境を求める権利を〔　　　〕といい，国や地方公共団体に対して情報の公開を要求する権利を〔　　　〕という。

(11) 環境権，
　　知る権利

□(12)　私生活をみだりに公開されない権利を〔　　　〕という。

(12) プライバシーの権利

□(13)　世界人権宣言を条約化して法的拘束力をもたせたものが〔　　　〕である。

(13) 国際人権規約

□(14)　1989 年の国連総会で採択された，子どもの人権の国際的な保障を目指した条約が〔　　　〕である。

(14) 子ども (児童) の
　　権利条約

定期テスト予想問題

時間 60分　**解答** p.244～245　　得点 ／100

1 右の年表を見て，次の各問いに答えなさい。　　　　【3点×6】

(1) 下線部①の革命に最も関係の深いものを，次の**ア～エ**から１つ
選び，記号で答えなさい。　　　　　　　　　　　　　　〔　　　〕

　ア イギリス議会の成立　　　　**イ** 政党の誕生

　ウ 普通選挙法の制定　　　　　**エ** 権利章典の成立

(2) 下線部②の著者は誰ですか。また，この著者が主張した，国家
権力の濫用を防ぐための考え方を，漢字４字で答えなさい。

　　　　　　　　　　　　　著者〔　　　　　　　〕　考え方〔　　　　　　〕

(3) 下線部③を発表した国を答えなさい。　　　　　　　　〔　　　　　　〕

(4) **A** の著者と著書名の正しい組み合わせを，次の**ア～エ**から１つ選び，記号で答えなさい。

　ア レーニン＝『国家と革命』　　　　　　**イ** リンカン＝『社会契約論』　　　〔　　　〕

　ウ ロック＝『統治二論（市民政府二論）』　**エ** ルソー＝『統治二論（市民政府二論）』

(5) **B** は，フランス革命の際に発表され，近代人権思想の基礎となった。これを一般に何と呼
んでいるか。その名称を答えなさい。　　　　　　　　　　　　　　〔　　　　　　〕

年	できごと
1688	①名誉革命が起こる
1690	**A** の出版
1748	②『法の精神』の出版
1776	③独立宣言の発表
1789	**B** の発表

2 次の文を読んで，あとの各問いに答えなさい。　　　　【2点×5】

> 　市民革命後のヨーロッパでは，とくに自由権が重視された。しかし，**A** 主義の
> 発達とともに，国民が国家に対して好ましい環境や生活の保障を要求する，いわゆる
> **B** が重視されるようになり，20世紀になって**C**ドイツの憲法で保障された。
> 　基本的人権の国際的な保障については，1948年の第３回国連総会で〔**D**　〕が採択された。
> その後，〔**D**〕に法的拘束力をもたせるため，1966年の第21回国連総会で〔**E**　〕が採択された。

(1) 文中の**A・B**の　　　　にあてはまる語句を書き入れなさい。

(2) 下線部**C**の憲法は何と呼ばれているか，通称を答えなさい。　〔　　　　　　〕

(3) 文中の**D・E**にあてはまるものを，次の**ア～エ**から選び，それぞれ記号を書き入れなさい。

　ア 世界人権宣言　　**イ** 子どもの権利条約　　**ウ** 国際人権規約　　**エ** 女子差別撤廃条約

3 日本国憲法について，次の各問いに答えなさい。 【2点×10】

(1) 次の①・②の文の 　　　 にあてはまる語句や数字を書き入れなさい。

① 日本国憲法は，1945年8月に日本が受諾した 　　　 宣言をきっかけに制定された。

② 日本国憲法は，帝国議会の慎重な審議を経たうえで成立し， 　　　 年11月3日の公布から6か月を経過した1947年5月3日から施行された。

(2) 日本国憲法について述べた次の文を読んで，あとの各問いに答えなさい。

　日本国憲法は，その前文で「そもそも<u>国政は，国民の厳粛な〔 A 　　　 〕によるものであつて，その〔 B 　　　 〕は国民に由来し，その〔 C 　　　 〕は国民の代表者がこれを行使し，その福利は国民がこれを享受する。</u>」と明記している。

① A〜Cの〔　　　〕にあてはまる語句を，次のア〜オから選び，それぞれ記号を書き入れなさい。

ア 妥協　　　イ 権力　　　ウ 信託　　　エ 権威　　　オ 主権

② 下線部は日本国憲法の基本原理の一つです。この原理を何といいますか。〔　　　　　　〕

③ ②の原理に基づいて，日本国民は正当に選挙された国会における代表者を通じて国政に参加します。このような政治形態を何といいますか。〔　　　　　　〕

(3) 次の文中の①〜③の 　　　 にあてはまる語句を書き入れなさい。

　日本国憲法は平和主義を基本原理とし，第9条で，① 　　　 を永久に放棄し，陸海空軍その他の② 　　　 をもたず，他国と戦う③ 　　　 を否認している。

4 次の文を読んで，あとの各問いに答えなさい。 【2点×5】

> 　日本国憲法の制定に伴い，①<u>天皇の地位</u>は大きく変わった。また，天皇の仕事も，憲法に定める②<u>国事行為</u>のみとなり， 　　　 の助言と承認が必要である。

(1) 下線部①に関して，次の条文中のア・イの 　　　 にあてはまる語句を，それぞれ答えなさい。

　天皇は，日本国の ア であり日本国民統合の ア であつて，この地位は， イ の存する日本国民の総意に基く。（第1条）　　　ア〔　　　　　〕　イ〔　　　　　〕

(2) 下線部②で，天皇が任命するのは内閣総理大臣ともう一つは何ですか。〔　　　　　　〕

(3) 下線部②にあてはまらないものを，次のア〜エから1つ選び，記号で答えなさい。〔　　　〕

ア 法令の公布　　　イ 条約の調印　　　ウ 栄典の授与　　　エ 国会の召集

(4) 文中の 　　　 にあてはまる語句を答えなさい。〔　　　　　　〕

5 次のA〜Fの各文を読んで，あとの各問いに答えなさい。　　　　　【4点×8】

A　今日では憲法が保障する<u>国民の権利</u>を実現するため，疾病・失業・高齢などに対し，国が生活を保障する諸制度が設けられている。　　　　〔　　　　〕

B　選挙における，選挙区間の一票の価値の差が大きな問題となり，憲法が定めている<u>国民の権利</u>に反するものとして，訴訟が起こされた。　　　　〔　　　　〕

C　公務員の不法行為で損害を受けた場合は，国や地方公共団体に対して損害の賠償を求めることができるが，これも憲法が定める<u>国民の権利</u>の1つである。　　　　〔　　　　〕

D　選挙への立候補や投票については，<u>国民の権利</u>として憲法が保障している。　〔　　　　〕

E　自己の意思で職業を選択することは，<u>国民の権利</u>として憲法が規定している。
　　　　〔　　　　〕

F　憲法は，「能力に応じて，ひとしく教育を受ける権利」を<u>国民の権利</u>として明文化している。
　　　　〔　　　　〕

(1)　上のA〜Fの各文が述べている国民の権利は，自由権・平等権・参政権・請求権・社会権のうち，どれにあてはまるか。それぞれ答えなさい。

(2)　AおよびCの権利と同じ権利の内容を，次のア〜エから選び，それぞれ記号で答えなさい。

　ア　労働組合を結成する権利　　イ　裁判を受ける権利　　　A〔　　〕C〔　　〕
　ウ　宗教を強制されない権利　　エ　最高裁判所の裁判官を審査する権利

6 次の文を読んで，あとの各問いに答えなさい。　　　　　【2点×5】

> 日本国憲法は，基本的人権を不可侵の権利であり，　A　　　　の権利として国民に保障するとともに，国民に対して常に　B　　　　のためにこれを利用する責任があることを明らかにしている。また，近年は社会の進展に伴い①<u>国などに対して情報の提供を求める権利</u>のほか，②<u>個人の私生活や情報をみだりに公開されない権利</u>，③<u>人間らしい生活ができる環境を求める権利</u>など，新しい権利が主張されるようになった。

(1)　文中のA・Bの　　　にあてはまる語句を書き入れなさい。

(2)　下線部①・②の権利を何といいますか。　　①〔　　　　〕②〔　　　　〕

(3)　下線部③ととくに関係が深い権利を，次のア〜エから1つ選び，記号で答えなさい。

　ア　自由権　　イ　団結権　　ウ　生存権　　エ　平等権　　　〔　　　　〕

中学生のための 勉強・学校生活アドバイス

目標の高校を決めよう！

「先輩って，もう行きたい高校決まってるんですか？」

「俺は高校でも吹奏楽を続けたいから，吹奏楽部の強い高校に行きたいと思ってるんだ。」

「湊は，部活がんばってるもんね。」

「うん。それと，去年行ったＢ高校の文化祭で聞いた，吹奏楽部の人たちの演奏がすっげぇかっこ良くて…。」

「素敵ですね…！」

「文化祭に行くと，その学校の先生や生徒の雰囲気もわかるから，通ったときのイメージがわきやすいのよね。」

「そうそう！生徒が主体になって文化祭を運営してるのも，楽しそうでよかったんだよね。」

「そういうの，憧れます！その学校の先輩たちが楽しそうだと，私も入りたいって思えますよね。」

「それに，“この学校に行きたい”っていう目標ができると，勉強のやる気もぐっと高まる気がするんだよね。」

「そうね。レベルに合った学校選びも大事だけど，それ以上に行きたい学校を見つけることが，その後の受験勉強にとっても大事よね。」

「そっか。行きたい学校がまだわからなくても，実際に文化祭とか，学校説明会に行ってみるのも，ありなんですね。」

「いくつかの学校を実際に見ると，学校間の違いや特色もわかりやすくなるしね。」

「なるほど。なんか話してたら，やる気になってきた…！俺ももう少し，いろいろ調べてみようっと！」

3章

現代の民主政治と社会

1 民主政治と選挙のしくみ

教科書の要点

1 個人の尊重と民主政治

◎ **民主政治**…民主主義に基づいて行われる**政治**
◎ **間接民主制**…代表者が**議会で話し合って決める**しくみ

2 日本の選挙制度と課題

◎ 選挙の基本原則…**普通・秘密・平等・直接**選挙
◎ 衆議院議員選挙…**小選挙区制と比例代表制**
　　　　　　　　　└→小選挙区比例代表並立制
◎ 参議院議員選挙…**選挙区制と比例代表制**
◎ 選挙の課題…**一票の格差**の問題，**棄権**の増加（投票率の低下）

1 個人の尊重と民主政治

（1）民主政治とその実現

　物事をみんなで話し合って決めようとする考え方を**民主主義**といい，この考え方のもとで行われる政治を**民主政治**という。

（2）民主政治の基本原理

　❶人間尊重の政治…個々の人間の**基本的人権**を認め，すべての人が人間として平等に扱われ差別されない政治。

　❷国民の意思に基づく政治…政治は，国民の意思に基づいて行われ，意見が一致しない場合は，多数の意見に従う（**多数決の原理**）。
　　　　　　　　　　　　　　└→その際には少数意見の尊重が重要

（3）民主政治の形態

> 重要
>
> **❶間接民主制**（**議会制民主主義**，**代議制**）…国民の代表者（議員）を選挙で選び，議会（国会）を通じて行われる政治。
> 　　　　　　　　　　　└→近代議会は18世紀のイギリスで成立した
> 議会（国会）は，**国権の最高機関**としての地位をもつ。
> 　　　　　└→国家権力のことで，立法権，行政権，司法権などがある
> **❷議会のはたらき**…**法律**の制定や**予算**の議決によって，政治の方向を決定する。また，政府（内閣）を抑制・監視する。

くわしく 　**多くの国で間接民主制を採用**

　国民のすべてが，直接政治に参加すること（**直接民主制**）が理想だが，国土の広さ，人口の多さから考えると現実には不可能である。そのため，国民が選んだ代表者（議員）を通じて政治に参加する**間接民主制**がとられている。

直接民主制 国民が直接話し合いに参加する

間接民主制 国民は代表者を選ぶ

選ばれた代表者が話し合って決める

2 日本の選挙制度と課題

(1) 選挙権の拡大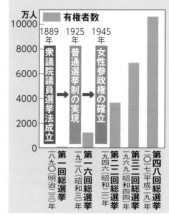

❶**衆議院議員選挙法**の成立…1889（明治22）年，直接国税を15円以上納める満25歳以上の男子に**選挙権**が認められた。

❷**普通選挙**の実現…1925（大正14）年，満25歳以上の男子のみによる普通選挙が実現した。

❸**男女による普通選挙**が実現…1945（昭和20）年，満20歳以上の男女による普通選挙が実現した。

(2) 今日の選挙の原則

現在の選挙は，次の4原則のもとで実施されている。

❶**普通選挙**…満**18歳以上**の男女に選挙権を保障。
　　　　　　　└→すべての国民
❷**秘密選挙**…すべて選挙は，**無記名**で投票。
　　　　　　　　　　　└→投票者の名前を書かない
❸**平等選挙**…**1人1票**で，投票の価値は平等。
❹**直接選挙**…選挙人は，直接に候補者に投票。

(3) 選挙のしくみ

❶**公職選挙法**…1950年に制定され，**選挙権**，**被選挙権**，選挙に関する手続きなどを詳しく規定している。

❷**選挙権**❷…満18歳以上のすべての日本国民に保障。

❸**被選挙権**❷…選挙で立候補できる権利（資格）。

❹選挙管理機関…都道府県と市町村に**選挙管理委員会**を設置。

❶ わが国の選挙権の拡大　第二次世界大戦後に女性参政権が認められ，有権者は大幅に増加した。

	国	会	地方公共団体			
	衆議院議員	参議院議員	都道府県		市(区)町村	
			知事	議員	市(区)町村長	議員
被選挙権	満25歳以上	満30歳以上		満25歳以上		
選挙権	満18歳以上の日本国民	満18歳以上の日本国民（3か月以上，その地域内に住所を有する者）				

❷ 選挙権と被選挙権

Column 民主政治の原理を表現したリンカンの名言

南北戦争中の1863年，アメリカ合衆国第16代大統領リンカンは，ゲティスバーグの戦没者追悼演説で，「兵士たちが命をささげた偉大な目的は，『**人民の，人民による，人民のための政治**』を地上からなくさないためである。」と述べた。これは，民主政治の原理を的確に表現した言葉として有名になった。

日本国憲法の前文にも，「……そもそも国政は，国民の厳粛な信託によるものであつて，その**権威は国民に由来**し，その権力は国民の代表者がこれを行使し，その**福利は国民がこれを享受**する。」と述べている部分がある。この部分は，リンカンの言葉と同じ意味である。

（PPS通信社）

（4）今日の選挙制度 3

❶**小選挙区制**…一つの選挙区から1名の代表者を選ぶ選挙区制。大政党に有利で政権が安定するが，**死票** が多くなる。

❷**大選挙区制**…一つの選挙区から2名以上を選ぶ。

❸**比例代表制**…各政党の得票率（数）に応じて議席を配分。小政党が分立し政権が不安定になりやすい。死票が少ない。

（5）衆議院議員と参議院議員の選挙

重要

❶**衆議院議員**…**小選挙区制**（定数**289**）と**比例代表制**（定数**176**）を組み合わせて選出される（**小選挙区比例代表並立制**）。

❷**参議院議員**…43の都道府県と二つの合区を選挙区とする**選挙区制**（定数**148**）と，全国を一つの単位とした**比例代表制**（定数**100**）で選出される（2022年の参議院議員選挙から）。3年ごとに定数の半分ずつを改選する。

（6）選挙をめぐる問題

今日の選挙では，棄権の増加，選挙区によって一票の価値に格差が生じている問題などがある。

❶**棄権の増加（投票率の低下）**…若年層を中心に選挙を棄権する人が多く，投票率は低下傾向にある。

選挙で棄権が多いと，一部の人によって政治が決められてしまうおそれもある。こうしたことを避けるため，投票時間が延長されたり，**期日前投票**（投票日前に投票できる制度）を実施したりしている。

❷**一票の格差** 4 をめぐる問題…各選挙区間で，有権者数と議員定数との割合に格差があり，一票の価値に不平等が生じている。これは，**法の下の平等**を定めた憲法に違反する現象である。最高裁判所は，違憲状態であるとする判決を何
→合理的期間内に是正されなければ違憲となる状態
度も出しているが，選挙自体が無効になるという判断を下したことはない。

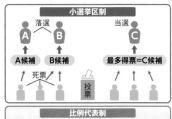

3 小選挙区制と比例代表制

衆議院議員1人あたりの有権者数

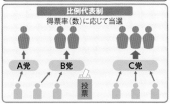

4 衆議院小選挙区における一票の格差

選挙の当選者ってどう決めるの？

選挙制度には，「選挙区制」や「比例代表制」などがある。当選者の決め方を，衆議院議員を選ぶ小選挙区制と比例代表制を例に考えてみよう。

1 小選挙区制での当選者の決め方

衆議院議員の選挙は，小選挙区制と比例代表制を組み合わせた**小選挙区比例代表並立制**で実施される。

小選挙区制は，都道府県を289の選挙区に分けて候補者に投票し，右図**1**のように得票数が最も多い人が当選となり，289名の当選者が確定する。小選挙区制では，各選挙区で1名しか当選しないため，多くの支持者をもつ大政党に有利になりやすい。また，国民の少数意見が反映されにくく，**死票**が多くなる。

●右図**1**の小選挙区選挙で，落選者に投じられた死票が合計何票になるかを計算してみよう。

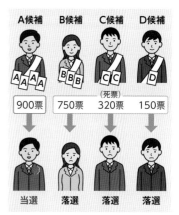

1 小選挙区制の当選者の決め方

2 比例代表制での当選者の決め方

衆議院議員の**比例代表制**で選ばれる議員は176名。各政党は，この議席を獲得するために，選挙前に候補者の当選順位を決めた「候補者名簿」を提出する。

比例代表制の議席配分に用いられる計算方法では，各政党が選挙で得た得票数を整数1，2，3…で割っていき，その数字（値）の大きい順に議席を配分する。この方法は，ベルギーの数学者ドントが考え出したので，「**ドント式**」といわれる。

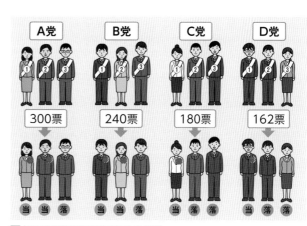

2 比例代表制の当選者の決め方の例

Q1の答え：J党3名，H党・R党・K党，S党1名。
Q2の答え：M党

97

図**2**で，仮に議員定数を6名として，A・B・C・Dの各政党が候補者を立てて選挙が行われたとする。その結果，それぞれの政党の得票数が，図**2**中のようになった。

各政党の得票数を整数で割っていくと，右の表**3**のようになる。議員定数が6名なので，割り算の商（答え）の大きい順に6名の当選者を決めていく。

つまり，A党，B党が各2名，C党，D党が各1名で計6名の当選者が確定する。

政党名	A党	B党	C党	D党
得票数	300票	240票	180票	162票
÷1	①300	②240	③180	④162
÷2	⑤150	⑥120	90	81
÷3	100	80	60	54

3 ドント式の議席配分（**2**の例）

③ 実際に当選者を確定してみよう

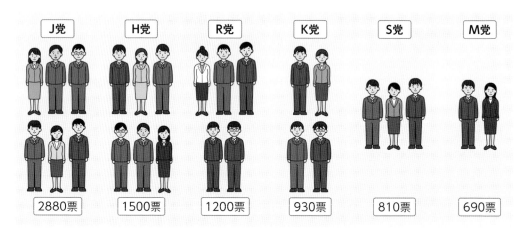

政党名	J党	H党	R党	K党	S党	M党
÷1						
÷2						
÷3						

議員定数が7名の比例区に，6つの政党が候補者を立てて，できるだけ多くの議席を得ようとした。選挙の結果，各政党の得票数は上の図中のようになったとする。

上の表を使って，各政党の得票数を割っていってみよう。議員定数は7名なので，どの党から何名当選者が出るか，考えてみよう（Q1）。

また，この比例区で，政党として得票は得たものの，当選者を出すことができなかったのは何党かも考えてみよう（Q2）。

※Q1とQ2の答えは前ページの下に掲載。

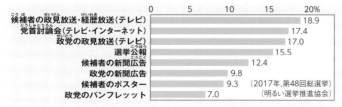

2　世論と政党の役割

教科書の要点

1	国民の政治参加と世論	◎ **政治参加**…さまざまな手段で，**国民の意見を政治に反映させる**
		◎ 世論のはたらき…**世論は政治を動かす力**となる
		◎ マスメディアの役割…**世論はマスメディアを通じて形成**される
2	政党の役割	◎ 政党の役割…**国民の意思を政治に反映させる**
		◎ 政党の分類…**与党**(政権を担当)と**野党**(与党以外の政党)
3	政党政治とその問題点	◎ 政党政治の形態…**二党制**と**多党制**，**単独政権**と**連立政権**
		◎ 問題点…政治献金を制限し，**政党交付金**を各政党に交付

1　国民の政治参加と世論

（1）国民の政治参加

　　国民は，政治に関心をもち，積極的に政治に参加する必要がある。選挙での投票以外にも，**利益団体（圧力団体）**■や地域での住民運動などに参加することも政治参加である。

（2）世論■**とマスメディア**

> **重要**

> ❶ **世論**のはたらき…世論は政治を動かす力となる。

> ❷ 世論の形成…世論は**マスメディアを通じて形成**される。
> 　　　　　　　　→多数の人に大量の情報を伝える新聞，テレビなど

> ❸ 国民の立場…情報をうのみにせず，**メディアリテラシー**■をもって，自分自身で考えて判断する必要がある。

	0	5	10	15	20%
候補者の政見放送・経歴放送(テレビ)					18.9
党首討論会(テレビ・インターネット)				17.4	
政党の政見放送(テレビ)				17.0	
選挙公報				15.5	
候補者の新聞広告			12.4		
政党の新聞広告		9.8			
候補者のポスター		9.3			
政党のパンフレット	7.0				

(2017年，第48回総選挙)
(明るい選挙推進協会)

↑選挙の投票に役立ったもの

用語 解説 利益団体（圧力団体）

　政府などにはたらきかけ，政策決定に影響を与え，要求を実現しようとする団体。日本経済団体連合会(経団連)などの**経営者団体**，日本労働組合総連合会(連合)などの**労働団体**，日本医師会などがこれにあたる。利益団体の要求が，常に国民全体の利益と一致するとは限らない。

用語 解説 世論

　政治や社会の問題についての，国民の多くの意見のまとまり。世論は政治を動かす大きな力となるため，「**民主政治は世論による政治**」，「**世論は見えざる議会**」などともいわれる。

用語 解説 メディアリテラシー

　さまざまな**情報の価値を判断し，情報を正しく活用する能力**や，**情報を取捨選択する能力**のこと。今日の情報社会では，必要不可欠な能力とされる。

2 政党の役割

(1) 政党とは

　政治について同じ考えをもつ人が，政策を実現するために
つくる団体を政党という。
　　　　　→政党は17世紀のイギリスで起こる
❶ 役割…国民の意見や要望をまとめ，政治に反映させるとと
　もに，政治の動きを国民に知らせるはたらきもする。
❷ 活動…政策に世論を取り入れ，より多くの人の支持を得よ
　　　　　　　よろん
　うとする。そのため，選挙では**公約**■をかかげ，議会で
　多くの議席を確保することを目指す。

(2) 政党の分類

　政権を担当しているかどうかで，次のように分類される。

> ❶ **与党**…政権を担当している政党。政府に協力する。
> 　　よとう
> ❷ **野党**…与党以外の政党。政府を監視し政策を批判する。
> 　　やとう　　　　　　　　　　　かんし

3 政党政治とその問題点

(1) 政党政治の形態

　国の政治が政党を中心に運営される政治を**政党政治**という。
❶ **二大政党制**…議会の議席の大部分を二つの政党が占める。
　└→二党制ともいう
❷ **多党制**…議会の議席を三つ以上の政党が占める。
❸ **連立政権**…複数の政党が，政策に関する合意をして組織す
　└→連立内閣ともいう
　る。一つの政党が過半数の議席を確保できなかった場合な
　どにつくられる。

(2) 政党政治の問題点

　政党の活動や選挙には多額の資金が必要であり，この資金
をどのように集めるかによっては，**政治腐敗**を生むことも少な
　　　　　　　　　　　　　　　　　　ふはい
くない。そのため，政治団体の収支の公開を義務づけた**政治
資金規正法**が定められている。また，国から政党へ**政党交付
金**が交付され，政治家個人への資金の流れを規制している。
　きせい　　　　　　　　　　　└→政党助成金

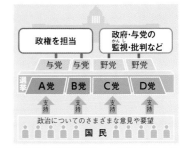

↑**政党と国民の関係**　各政党は政治の動
　きや政策を国民に伝える。

用語解説 公約

　政党や候補者が，選挙のときに国民に
対して行う政策などの約束をいう。
　政党が約束した政策について数値目標
や期限，財源などを明らかにしたものを
政権公約（マニフェスト）として区別する
こともある。

↑**討論をする政党の党首たち**（共同通信社）

くわしく 政治資金規正法

　企業や団体からの，政治家個人への献
金の禁止などを定めた法律。議員や政党
　　きんし
が企業から受け取る資金（**政治資金**）の出
入りを，選挙管理委員会に報告させるな
ど，**政党の腐敗防止**を目的としている。

1 民主政治と選挙のしくみ

☐(1) 国民の代表者（議員）を選挙で選び，議会（国会）を通して
行われる政治を〔　　〕民主制（議会制民主主義，代議制）
という。

(1) 間接

☐(2) 普通選挙・〔　　〕・平等選挙・直接選挙が，今日の選挙の4
原則である。

(2) 秘密選挙

☐(3) 国会議員の被選挙権の年齢は，衆議院議員が満〔　　〕歳
以上，参議院議員が満〔　　〕歳以上である。

(3) 25,
　　30

☐(4) 〔　　〕は，各政党の得票率に応じて議席を配分するしくみ
で，国民のさまざまな意見が反映されるが，政権が不安定に
なりやすい。

(4) 比例代表制

☐(5) 衆議院議員の選挙では，小選挙区制と比例代表制を組み合わ
せて選出される〔　　〕が採用されている。

(5) 小選挙区比例代
　　表並立制

☐(6) 選挙をめぐる問題の一つに，選挙区ごとの議員1人あたりの
有権者数が異なることで生じる〔　　〕の問題がある。

(6) 一票の格差

2 世論と政党の役割

☐(7) 政治や社会の問題についての，国民の多くの意見のまとまりを
〔　　〕といい，政治を動かす大きな力となる。

(7) 世論

☐(8) 世論は，新聞やテレビなどの〔　　〕を通じて形成される。

(8) マスメディア

☐(9) 政権を担当する政党を〔　　〕といい，これを監視・批判
する政党を〔　　〕という。

(9) 与党,
　　野党

☐(10) 政党や候補者が，選挙のときにかかげる約束を〔　　〕という。

(10) 公約

☐(11) 国会が政党を中心に運営される政治の形態を〔　　〕という。

(11) 政党政治

☐(12) 複数の政党が，協力して政権を担当する内閣を〔　　〕と
いう。

(12) 連立政権（連立内
　　閣）

1 国会の地位とその種類

教科書の要点

1 国会の地位と二院制

◎ 国会の地位…**国権の最高機関，国の唯一の立法機関**

◎ **二院制**…国会は**衆議院**と**参議院**の二院からなる

2 国会の種類と緊急集会

◎ **常会**…毎年1回1月中に召集。次年度の**予算の議決**

◎ **特別会**…解散総選挙後に召集。**内閣総理大臣の指名**の議決

◎ **臨時会**…臨時に召集。臨時の議題の議決

1 国会の地位と二院制

(1) 国会の地位と性格

　民主政治は，代表者(議員)による議会を通して，国民の意思を反映させる**議会制民主主義**に基づいて成り立っている。

> **重要**
>
> ❶**国権の最高機関**…国の最高の意思決定機関である。
>
> ❷**唯一の立法機関**…法律を制定する(**立法**)のは国会のみである。
>
> ❸**国民の代表機関**…国会は，国民の直接選挙で選ばれた議員によって構成される。

(2) 二院制(両院制) **1**

　国会は，**衆議院**と**参議院**で構成される。このように議会が二つの議院で成り立っている制度を**二院制(両院制)**という。

❶二院制をとる理由

・**数の政治の抑制**…多数党の強行採決📖などによる数の政治を，ほかの院の「**理の政治**」によって抑制する。
　　　　　　　　　　　↳良識のある政治

・**議案の慎重な審議**…二つの院で繰り返し審議することで，議案を慎重に検討することができる。いっぽうで，審議にかかる時間が長くなるという欠点もある。

くわしく 国会の地位

　憲法第41条に，「国会は，国権の最高機関であって，国の唯一の立法機関である。」と規定されている。これは，国会が国の最高意思決定機関であり，**法律を制定し，廃止できるのは国会だけ**であることを明らかにしている。

用語解説 強行採決

　少数政党の強い反対があるのに，議会の議席の過半数を占める政党が，その反対を数の力で押し切って，委員会や本会議で採決を強行すること。

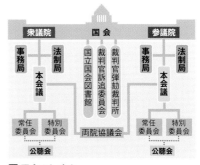

1 国会のしくみ

❷両院の性格と特色

・**衆議院**…解散の制度を採用することで，国民の意思をより的確に反映し，**多数決の原理**による政治を行う。

・**参議院**…衆議院の「数(かず)の政治」を「理(り)の政治」によって抑制し，良識(りょうしき)の府(ふ)としての役割を果(は)たす。

❸両院の違(ちが)い…両院の間には，**議員数，任期，被選挙権，選挙区**などに違いがある。

❹活動上の関係…両院は，独立して議案を審議し，議決する。また，両院は同時に召集され，同時に閉会となる。

衆 議 院	議員数	参 議 院
465名 [比例代表 176名 / 小選挙区 289名]	議員数	※1 248名 [比例代表 100名 / 選挙区 148名]
4年 (解散で身分を失うことがある)	任期	6年 (3年ごとに半数改選)
満25歳(さい)以上の日本国民	被(ひ)選挙権	満30歳以上の日本国民
比例代表選出…全国を11区 / 小選挙区選出…全国を289区	選挙区	比例代表選出…全国を1区 / 選挙区選出※2 都道府県を選挙区
解散により世論(せろん)を的確に反映(よろん)	性格	衆議院の行き過ぎを抑制する

※1 2022年の参議院議員選挙から248名となる。　※2 鳥取・島根，徳島・高知は合区。

↑衆議院と参議院の違い

(3) 国会の召集(しょうしゅう)

　召集とは，期日と場所を指定して国会議員に集合を命じること。国会の召集は**内閣が決定**し，**天皇が行う。**
└→ 天皇の国事行為の1つ (→p.67)

(4) 会　期

　国会は常に開かれているわけではなく，一定の期日を区切って開かれている。国会が開かれている期間を会期という。

❶会期の決定…**常会**(じょうかい)(→p.104)のみ国会法📖によって，会期は**150日間**と決められている。他の国会の会期は，すべて両院一致(いっち)の議決で決定する。

❷会期の延長…両院一致の議決で延長される。

❸会期不継続(ふけいぞく)の原則…原則として，一つの会期で議決にいたらなかった審議(しんぎ)未了(みりょう)の議案は，次の会期で継続審議(けいぞくしんぎ)しない。
└→ 廃案(はいあん)となる

くわしく　**参議院議員の任期と被選挙権**

　政治の空白が生まれないように，憲法は「**良識の府**」とされる参議院に解散を認めず，任期を長くして**継続性と安定性**を与(あた)えている。また，良識の府として，参議院議員には豊かな人生経験や識見が求められるため，被選挙権の年齢も高く設定されている。しかし，参議院と衆議院の違いがあまりないという批判の声もある。

国会の「召集」を「招集」と書かないように注意。

用語解説 国会法

　国会の組織・運営などに関して定めた法律(ほうりつ)。憲法が定める国会の規定をさらに具体化したもの。衆議院，参議院の両院について詳(くわ)しい定めを設けている。

❷ 国会の開会式　天皇が開会を告げる。

(時事)

2 国会の種類と緊急集会

(1) 国会の種類 3

　国会には，毎年1回1月中に開かれる**常会**のほか，**特別会**や必要に応じて開かれる**臨時会**がある。

> **重要**
>
> **❶常会（通常国会）…毎年1回，1月中に召集される。**
> ・会期…国会法によって**150日間**と定められている。
> ・主要議題…次の年度の予算を審議し議決する。
> 　　　　　　　　　←4月から翌年の3月までの1年間
> **❷特別会（特別国会）…**衆議院解散による総選挙後，**30日以内**に召集される。
> ・主要議題…**内閣総理大臣の指名の議決**を行う。

　❸臨時会（臨時国会）…臨時に召集される国会。臨時会は，次のように区別される。

　・法律に基づく臨時会…参議院の**通常選挙**■や衆議院の任期満了による総選挙後，**30日以内**に召集される。
　　　　　→議員としての任期が終わること
　・憲法に基づく臨時会…内閣が必要と認めた場合，またはいずれかの議院の総議員の**4分の1以上**の要求があった場合に召集される。

(2) 参議院の緊急集会 3

　緊急集会は，衆議院の解散中に，国会の議決が必要な緊急事態が生じた場合に，内閣の求めにより参議院で開かれる。

	召集	会期	主要議題
常　会	毎年1回，1月中に召集される	150日間	次年度の予算議決
特別会	解散による総選挙後30日以内に召集される		内閣総理大臣の指名
臨時会	●内閣が必要と認めた場合に召集される ●いずれかの議院の総議員の**4分の1以上**の要求があった場合に召集される ●その他…上の本文を参照	両院一致の議決で決定する	臨時の議題の議決
緊急集会 （参議院のみ）	衆議院の解散中，国会の議決を必要とする場合に，内閣の求めによって召集される	議決後，ただちに閉会	緊急議題の議決

3 国会の種類と参議院の緊急集会

参考　会期の延長

　常会の場合は1回，臨時会や特別会では2回まで延長が認められている。国会の会期は，常会の場合を除き，国会で決めるが，両院の議決が一致しないときは，衆議院の議決に従う。

> 解散・総選挙後に召集される国会は特別会だよ。

用語解説　通常選挙

　参議院議員を選出するために行われる選挙。公職選挙法は，衆議院議員の選挙を**総選挙**，参議院議員の選挙を**通常選挙**と呼んで区別している。

くわしく　緊急集会の議決

　緊急集会は，議会の空白を防ぐための制度である。緊急集会の議決は，次の国会が開かれた後，**10日以内に衆議院の同意が得られなければ，効力を失う。**

　なお，これまでに1952年8月と，1953年3月に開かれたことがある。

国会議員に特権があるのはなぜ？

選挙で選ばれた国会議員は，その責任を果たすために，いくつかの特権が与えられている。

1 国会議員の特権

　国会議員の最も重要な仕事は，国会の審議に参加し，法律案や予算を議決することである。そのため，議員は<u>国会の会期中</u>は逮捕されないことになっている。これを**不逮捕特権**という。会期前に逮捕された議員は，その院の要求があれば，会期中は釈放されなければならない。ただし，院外での現行犯の場合や，その院の許可があれば逮捕される。

→ 国会が開かれている期間中

　また，議員の言論の自由を保障するため，議員はそれぞれの院で行った演説・言論・表決について，院外で法的な責任を問われない。これを**免責特権**という。

　これらの特権は，国民の代表者として，責任を十分に果たすことができるように，国会における自由な言動を保障する目的で，憲法によって認められている。

（時事通信フォト）

↑衆議院議員のバッジ

2 国会議員の職権と待遇

　国会議員はその職務上，次のような権利をもっている。

　議員は一定数の賛成者を集めることができれば，その院の議案を発議することができる。また，議員

→ 提出すること

は審議中の議案と関係なく，質問の趣旨を書いた文書を作成し，院の議長の承認を得て内閣に質問することができる。そのほか，議題となっている案件について，口頭で質疑を行う権利や討論・採決に参加する権利がある。

　ほかに議員には，国会議員としての活動を経済的に保障するために，相当額の歳費（給料）や諸手当を受ける権利が認められている。

歳費（税込み）	月額　129万4千円	
期末手当（税込み）	年間　約635万円	
文書通信交通滞在費（非課税）	月額　100万円	
立法事務費（会派手当）	会派に対して支給，1人あたり月額65万円	
その他	JR無料パス支給あるいは東京と選挙区間の航空券（月に片道8回分）	
	公設秘書3名（ただし1名は政策秘書）の国費支給	
	議員会館，議員宿舎，公用車の利用など	

↑国会議員が受け取る歳費・諸手当　（2019年現在）

105

国会の運営と衆議院の優越

1 議案の審議
◎ 議案の審議過程…**委員会**⇨**(公聴会)**⇨**本会議**
◎ **公聴会**…予算の審議の場合は必ず開かれる

2 会議の原則
◎ **定足数**…本会議は**総議員の3分の1以上**の出席が必要
◎ 会議の原則…会議公開の原則(傍聴や報道の自由)

3 衆議院の優越
◎ 衆議院の議決が重くみられるもの…**法律案の議決，予算の議決，条約の承認，内閣総理大臣の指名**
◎ 衆議院にのみ認められるもの…**予算の先議権，内閣の信任・不信任の決議**

1 議案の審議

（1）議案の審議過程 **1**

❶議案の提出…内閣または議員がどちらかの院の議長に提出。
　　　　　　　　　↳予算案は必ず衆議院の議長に提出する

❷委員会での審議…関係の深い**委員会**で審議される。委員会の審議では**公聴会**が開かれることもある。

❸本会議の議決…**本会議**で議決後，ほかの院に送られる。

（2）委員会

❶制度…国会議員が，各委員会に所属して審議する。常任委員会と特別委員会がある。
　　　　　　↳院の議決で設置。任務が終われば解散する

❷常任委員会…特定の問題を審議する常設の委員会。国会は，実際には常任委員会を中心に運営されている。

（3）公聴会

委員会の審議過程で，重要議案を審議する場合に開かれ，予算審議のときは必ず開かれる。

用語解説 公聴会

委員会が，議案について**利害関係にある人や学識経験者（専門家）から意見を聞くために開く会**。述べられた意見は参考にするだけで，拘束力はない。

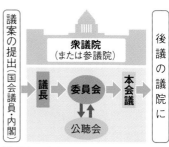

1 議案の審議過程 議案は，委員会の審議を経て本会議にまわされ，議決される。

(4) 本会議

　❶構成…衆・参各議院のすべての議員で構成される。

　❷議決…各議院の最終決定は，その院の本会議で決まり，国
　会としての意思は，原則として両院の一致で決まる。

2 会議の原則

(1) 会議の定足数

　会議を開き，採決するには一定数以上の議員の出席が必要
で，その出席者数を**定足数**という。

　❶**本会議**…総議員の3分の1以上の出席が必要。

　❷**委員会**…その委員会の委員の半数以上の出席が必要。

(2) 採決…**出席議員の過半数**の賛成で決まるのが原則。
　　　　→会議で賛成・反対の意思を表す行為
　賛成の数について，憲法に特別の定めがある採決もある。

(3) 会議公開の原則

　会議の公開とは，傍聴や報道の自由，会議録の公開などの
ことをいう。国会の活動を，国民の監視下におくのが目的。
　　　　　　　　　　　　　　　　→本会議の議事の記録

<くわしく　憲法に定められた特別採決

①出席議員の3分の2以上の賛成が必要
な場合…秘密会の決定，議員の除名，
法律案の衆議院における再可決など。

②各議院の総議員の3分の2以上の賛成
が必要な場合…憲法改正の発議。

参考　**秘密会**

　会議は原則，公開で行われるが，例外
的に院の議決で，秘密会（傍聴者や報道
関係者の立ち入りをいっさい許さない会
議）を開くことができる。秘密会には，
政府関係者でも許可なく立ち入ることは
できない。

Column 本会議での採決のしかた

　本会議の採決は，一般に下の写真のような**起立採決**
で行われる。ただし，議長が必要と認めた場合や，出
席議員の5分の1以上の要求があった場合は，右の写
真のような**記名採決**が行われる。

　記名採決は，各議員の名前が書かれた白票（賛成）と
青票（反対）の木札を各議員が演壇に持参し投票する。

　参議院では，**押しボタン式投票**も採用され，投票総
数，賛成者数，反対者数が場内の電光表示盤に表示さ
れるようになっている。

↑起立採決　　　　　　　　　　　　　　　　　(時事)

↑記名採決　　　　　　　　　　　　　　　(共同通信社)

107

3 衆議院の優越

(1) 衆議院の議決が重くみられるもの

　参議院に比べて，衆議院は任期も4年と短く解散もある。そのため，衆議院は国民の意思をより的確に反映しやすいと考えられているため，いくつかの議決で，参議院よりもその権限を強くしている。

❶法律案の議決

・参議院が異なる議決をした場合…衆議院で出席議員の3分の2以上の賛成で再び可決すれば法律となる。

・参議院の議決が遅れた場合…**60日以内**に議決しないときは，**衆議院の再可決**で成立する。
→衆議院の可決した法律案を受け取ってから

❷予算の議決と条約の承認の議決❸

・参議院が異なる議決をした場合…**両院協議会■**を開いても意見が一致しないときは，衆議院の議決が国会の議決になる。

・参議院の議決が遅れた場合…**30日以内**に議決しないときは，衆議院の議決が国会の議決になる。
→参議院が衆議院から条約や予算を受け取ってから

❸内閣総理大臣の指名の議決❸

・参議院が異なる議決をした場合…**両院協議会**を開いても意見の一致が得られないときは，衆議院の指名の議決が国会の議決となる。

・参議院の議決が遅れた場合…**10日以内**に参議院が指名の議決をしないときは，衆議院の指名の議決が国会の議決となる。

(2) 衆議院のみに認められている権限

> **重要**
>
> ❶**予算の先議権**…予算を国会に提出する場合には，必ず先に衆議院に提出しなければならない。
>
> ❷**内閣信任・不信任の決議権**…内閣の信任・不信任の決議をできるのは**衆議院のみ**である。

衆議院

↓ 可決

参議院

↓ 否決・修正など異なった議決　※60日以内に議決しない場合，否決となる

衆議院で出席議員の3分の2以上の賛成で再可決すれば成立

2 法律案の議決での衆議院の優越

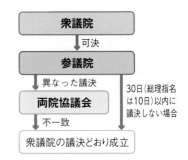

衆議院

↓ 可決

参議院

↓ 異なった議決　／　30日（総理指名は10日）以内に議決しない場合

両院協議会

↓ 不一致

衆議院の議決どおり成立

3 予算の議決・条約の承認・内閣総理大臣の指名での衆議院の優越

用語解説 両院協議会

両院の議決が一致しないときに意見の調整をはかる機関。各院から選出された10名ずつの協議委員で構成される。

テストで注意 内閣総理大臣の指名は両院の権限

内閣の信任・不信任の決議権は衆議院のみの権限だが，**内閣総理大臣の指名権は，衆議院と参議院の両院にある。**

考える Column

衆議院の解散の目的は？

議院内閣制のもとで，国会と内閣は権力の行きすぎを互いに抑制し合い，均衡を保っている。このしくみで行われる，内閣による衆議院の解散にはどのような目的があるか考えてみよう。

① 解散が行われるのはどんなとき？

衆議院が内閣不信任案を可決，または内閣信任案を否決したときは，「内閣は総辞職するか，10日以内に衆議院を解散しなければならない」と憲法に定められている。その際，内閣が総辞職ではなく，衆議院の解散を決定したときに，解散が行われる。ほかにも，国の重要問題で民意を問う場合に，憲法第7条に基づいて，内閣の助言と承認により，天皇の国事行為として，衆議院が解散されることがある。

> **資料　日本国憲法　第69条**
>
> 　内閣は，衆議院で不信任の決議案を可決し，又は信任の決議案を否決したときは，10日以内に衆議院が解散されない限り，総辞職をしなければならない。

② 解散後の流れ

衆議院の解散後40日以内に衆議院議員総選挙が行われ，30日以内に**特別会（特別国会）**が召集される。

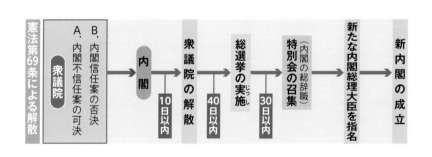

10日以内，40日以内，30日以内という日数に注意しよう。

③ 解散の制度とその目的

解散とは，国民の代表である衆議院議員全員に対して，任期満了前に資格を失わせることである。国会と内閣が対立した場合や国の重要問題で民意を問う手段として，とても重要な意味をもっており，解散後に実施される総選挙で新議員を国会に送り，国会に**世論**をより的確に反映させることを目的にしている。

3 国会の仕事と各議院の権限

教科書の要点

1 国会の仕事

◎ 立法権によるもの…**法律の制定**(立法),**憲法改正の発議**

◎ そのほか…**予算の議決**,**条約の承認**,**内閣総理大臣の指名**,**弾劾裁判所**の設置

2 各議院の権限

◎ 各議院が独立して行使する権限…**国政調査権**

◎ 衆議院だけの権限…**内閣の信任・不信任の決議権**

---

1 国会の仕事

(1) 法律の制定■

法律の制定(立法)は,国会の重要な仕事の一つである。法律のもとになる法律案は,内閣と国会議員のどちらも国会に提出できる。

> **くわしく 法律が公布されるまで**
>
> 法律案は,先にどちらの議院に提出してもよい。提出された法律案は,議長から議案と関係の深い委員会に送られ,審議されたあと,本会議で議決される。

> **重要**
> ❶議決…両院の議決の一致を原則とする。
> ❷公布…成立した法律は,天皇が公布する。
> └→ 内閣の助言と承認のもとで

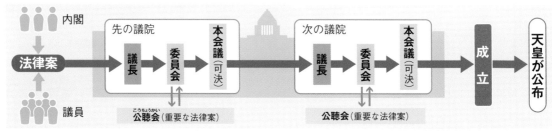

■ 法律が公布されるまで

(2) 憲法改正の発議(→P.67)

❶**発議**…各議院の総議員の3分の2以上の賛成で発議する。

❷**両院は対等**…発議については**両院の議決は対等**で,両院が賛成しなければ発議できない。

成立する法律案の多くは,内閣が提出したものなんだって。

(3) 予算の議決

国会は，内閣が提出した予算(案)を審議し，議決する。

❶**予算**…政府の1年間の収入と支出の見積り。

<table>
<tr><td rowspan="3">重要</td></tr>
</table>

> ❷**衆議院の予算先議権**…予算は先に衆議院に提出される。
>
> ❸**予算の審議と議決**…予算委員会での審議を経て，本会議で議決される。予算審議の場合は，必ず**公聴会**を開かなければならない。(→p.106)

2 予算が成立するまで

各省庁 → 財務大臣 → 内閣(閣議) → 予算の提出 → 国会 → 成立

予算見積書提出 / 予算原案作成 / 政府予算案決定 / 予算の提出 / 衆議院・参議院 予算委員会(公聴会) 本会議(可決) 予算委員会(公聴会) 本会議(可決) / 成立

(4) 国会のその他の仕事

❶**内閣総理大臣の指名**…国会は，原則として両院一致の議決で，国会議員の中から内閣総理大臣を指名する。

❷**条約の承認**…国会は，内閣が調印した条約を承認する。(→P.114)

❸**弾劾裁判所**■の設置…裁判官訴追委員会■から，罷免の訴え(やめさせること)を受けた裁判官について，罷免するかどうかを判断する。

2 各議院の権限

(1) 両院に認められている権限

国の政治がどのように行われているかを調べる権限である**国政調査権**は，両院に認められている。**3**

(2) 一つの議院のみに認められた権限

❶**衆議院のみに認められている権限**…内閣の信任・不信任の決議をする権限(→P.108)。

❷**参議院のみに認められている権限**…衆議院の解散中，緊急事態が生じた場合に，内閣の求めで**緊急集会**を開く。

憲法改正の発議	第96条
法律案の議決	第59条
予算(案)の議決	第60条
内閣総理大臣の指名	第67条
内閣が外国と結ぶ条約の承認	第61条
弾劾裁判所の設置	第64条
衆議院の内閣に対する信任・不信任	第69条
両院による国政の調査	第62条

↑憲法が定める国会の主な仕事

用語解説 弾劾裁判所

裁判官をやめさせるかどうかを判断するために，国会に設置する裁判所。憲法違反や重大な過ちを犯した裁判官が対象。衆参各議院からそれぞれ7名，計14名の議員で構成される。

3分の2以上が罷免に賛成すると，その裁判官は罷免される。

用語解説 裁判官訴追委員会

弾劾裁判所に裁判官の罷免の訴追(やめさせるよう訴えること)を求める委員会。

各議院からそれぞれ10名，計20名の委員で構成される。

くわしく 国政調査権

国の政治を行ううえで，正しい判断と法律を制定するのに必要な資料を得るため，衆議院と参議院は，それぞれ独自に国政調査権をもっている。国会に証人を呼んで質問(証人喚問)したり，記録の提出を求めたりするほか，議員が現地に出向いて調査することもある。

3 国政調査権に基づく証人喚問　(時事)

1 内閣のしくみと議院内閣制

教科書の要点

1 内閣のしくみ

◎ 内閣の地位…**最高の行政機関**として，他の行政機関を指揮・監督

◎ 構成員…最高責任者の**内閣総理大臣**とその他の**国務大臣**

◎ **内閣総理大臣**…**国会議員。国務大臣の任免**などを行う

◎ **国務大臣**…**過半数は国会議員**。各省庁の長となる

2 議院内閣制

◎ しくみ…**内閣は，国会の信任の上に成立し**，連帯して責任を負う

◎ 内閣不信任決議…可決されれば，**衆議院の解散**か，**内閣総辞職**

1 内閣のしくみ

くわしく ▶ 閣議

内閣の仕事の方針を決める会議。非公開で行われる。内閣総理大臣とすべての国務大臣が参加し，議案の決定は全会一致を原則とする。

(1) 内閣の地位と組織

　法律や予算に基づいて政治を行うことを**行政**といい，内閣は最高の行政機関として，他の行政機関を指揮・監督している。内閣は内閣総理大臣とその他の国務大臣で構成される。

(2) 内閣構成員の資格と主な権限

重要

❶内閣総理大臣（首相）

・資格…**国会議員。与党の党首**がなるのが一般的。

・任命…国会の指名に基づいて天皇が任命する。

・権限❶…その他の国務大臣を任命し，罷免する。**閣議**
　　　　　（→やめさせる）
を開いて議長となるほか，内閣を代表して法律案や予算を国会に提出する。

❷国務大臣（内閣総理大臣以外の大臣）

・任命…内閣総理大臣が任命するが，その**過半数は国会議員**でなければならない。

・権限…各省庁の責任者として，省庁内を指揮・監督し，
　　　　　　　　　　　　　（→副大臣と大臣政務官などの補佐のもとに行う）
新しい政策の提案や法律案の作成準備などを行う。

❶ 内閣総理大臣の権限　内閣総理大臣は内閣を代表し，行政機関を指揮・監督する。

2 議院内閣制

アメリカ合衆国の**大統領制**に対して，日本やイギリスは**議院内閣制**を採用している。

(1) 議院内閣制とは

　　議院内閣制とは，内閣が国会の信任の上に成立し，国会
　　└→18世紀のイギリスで確立された。
に対して連帯して責任を負うしくみをいう。

(2) 議院内閣制の特色

　❶政党中心の政治…ふつう，国会の多数党の党首が内閣総理
　　大臣に指名され，内閣を組織する。

　❷協力関係…内閣構成員が所属する政党と，与党が同じであ
　　るため，内閣と国会は協力関係を保ちやすい。

(3) 日本の議院内閣制 2

> ❶**内閣は国会から誕生**…内閣総理大臣は**国会議員**の中から
> 国会の議決で指名される。国務大臣の**過半数は国会議員**
> の中から選ばれる。
>
> ❷**国会への連帯責任**…行政権の行使について，内閣は国会
> に対して**連帯して責任を負う**。
>
> ❸**内閣は国会の信任の上に成立**…衆議院で，**内閣不信任案**
> が可決されれば，内閣は10日以内に衆議院を**解散**するか，
> **総辞職**する。

重要

参考　アメリカ合衆国の大統領制

アメリカの大統領制は，大統領が事実上国民の選挙で選ばれるため，大統領の所属政党が，議会の多数党とは限らない。

また，大統領は議会の信任を必要としないいっぽう，法案を提出する権限がないなど，それぞれが独立した権限をもつため，権力の分立がより厳格であるといわれる（→P.130）。

3章／現代の民主政治と社会

3節／内閣のしくみと仕事

くわしく　内閣が総辞職をする場合

①**内閣不信任案**が衆議院で可決され，内閣が10日以内に衆議院を解散しないとき。内閣信任決議案が否決された場合も同様。

②衆議院議員の**総選挙後，最初の国会（特別会）が召集された**とき。

③内閣総理大臣が死亡，辞職などで欠けたとき（**内閣の一体性**）。

●日本の議院内閣制

●アメリカの大統領制

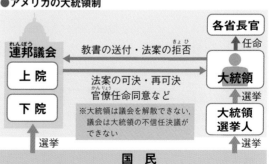

2 日本の議院内閣制とアメリカの大統領制

2 内閣の仕事

教科書の要点

① **憲法第73条に定められた仕事**
◎ **法律の執行**，**予算の作成**
◎ **条約の締結**，**政令の制定**など

② **その他の仕事**
◎ **天皇の国事行為**に対して**助言と承認**を与える
◎ **最高裁判所長官の指名**を行う
◎ その他（最高裁判所長官以外）の裁判官を**任命**する
◎ **国会**（臨時会）**の召集**や**衆議院の解散**の決定を行う

1 憲法第73条に定められた仕事

内閣の仕事は，一般の行政事務のほか，憲法第73条などで，次のようなものが定められている。

重要

(1) **法律の執行**…内閣は法律に従って政治を進め，行政機関を指揮・監督する。

(2) **予算の作成**
❶ **原案**…各省庁の予算見積書をもとに，財務省で予算原案としてまとめる（→p.111）。
❷ **提出**…閣議で政府の予算案として決定され，**国会に提出**する。

(3) **条約の締結**…外国と文書による取り決めを結ぶ。
❶ **条約の調印**…全権委員が条約（合意文書）に署名する。
❷ **条約の承認**…調印後，**国会の承認**を得なければならない。
❸ **条約の批准**…条約は，内閣が作成した**批准書の交換**で効力が生まれる。
❹ **条約の公布**…**天皇**が内閣の助言と承認に基づいて，条約を公布する。

くわしく 内閣が進める政治

今日の内閣が進める政治である行政の活動は，景気を安定させるための経済政策，港湾・道路建設などの公共事業，年金などの社会保障，環境保全，教育など，国民生活のあらゆる分野におよんでいる。

法律案を作成して，国会に提出するのも内閣の仕事だよ。

用語 解説 批准

調印した条約の内容を審査し，国として最終的に確認する行為。批准は内閣が行い，天皇が批准書を認証する（簡略化された手続きの場合，認証は不要）。

(4) **外交関係の処理**…外交使節の派遣や外国との交渉を行うほか，大使の信任状などの外交文書を作成する。また，外国からの外交文書を受理する。

(5) **公務員に関する事務の管理**…法律の定めに従い，国家公務員の給与・試験・任免などの事務を管理する。

(6) **恩赦の決定**…裁判所が言いわたした刑罰などについて変更を加える恩赦は，内閣がこれを決定し，天皇の認証を受けて実施する。

(7) **政令の制定**…政令は，行政機関が定める命令のうち，内閣が制定する法。内閣は，憲法や法律に基づいて制定する。

国会に対して	
予算の作成と提出 衆議院の解散 臨時会の召集	第73条⑤ 第7条・ 第69条 第53条

外国に対して	
外交関係の処理 条約の締結	第73条② 第73条③

天皇に対して	
国事行為への助言と承認	第3，7条

裁判所に対して	
最高裁判所長官の指名と その他の裁判官の任命	第6条② 第79条① 第80条①

国民に対して	
法律の執行 政令の制定	第73条① 第73条⑥

↑日本国憲法に定められた内閣の主な仕事

2 その他の仕事

憲法第73条以外に定められた内閣の仕事。

重要

(1) **助言と承認**…**天皇の国事行為**に対し，助言と承認を与える。

(2) **指名と任命**…最高裁判所長官を**指名**し，その他の裁判官を**任命**する。

(3) その他…**国会**（臨時会）の**召集**や**衆議院の解散**を決定する。

参考 外交関係の処理

大日本帝国憲法のもとでは，天皇が国の元首だったため，外交関係を処理する権限は，内閣ではなく，天皇にあった。

しかし，日本国憲法はこれらの権限をすべて内閣に与え，天皇は外国の大使・公使の接受など形式的・儀礼的な国事行為を行うのみにとどまっている。

Column **政令は内閣が制定する法**

法には，国の基本法である憲法や，国会が制定する**法律**，行政機関などが制定する**命令**などがある。命令のうち，内閣が制定するのが**政令**，内閣のもとにある行政機関（内閣府や各省庁）が制定するのが府令，省令。**政令**は閣議で決定されたあと，法律と同じように天皇が公布する。

「**政令**」とつく言葉に「**政令指定都市**」がある。一定以上の人口などの条件を満たすと指定都市になれる制度で，政令によって指定されるためこう呼ばれる。**政令指定都市**になると，都道府県なみの大きな行政権，財政権がもてるようになる。最も新しいものでは，2011年に「熊本市」を政令指定都市にするための政令が公布された。

政令指定都市（2020年12月現在）

京都市　名古屋市
大阪市　浜松市
神戸市　静岡市　　札幌市
北九州市
福岡市　広島市　　新潟市
　　　　　　　　仙台市
　　　　　　　　さいたま市
岡山市　　　　　千葉市
熊本市　堺市　　川崎市
　　　相模原市　横浜市

3 行政とその課題

 教科書の要点

1 行政と国民生活
- ◎ 行政の仕事…外交, 国の安全保障, 産業の振興, 社会保障など
- ◎ **行政権の拡大**…行政機関が行う仕事が増え, 複雑化した
- ◎ **行政改革**…**規制緩和, 地方分権の推進**など

2 行政機関と公務員
- ◎ 国の行政機関…内閣府と各省庁が行政の各分野を分担
- ◎ 公務員…**国家公務員**と**地方公務員**
- ◎ 公務員の性格…公務員は**国民全体への奉仕者**

---

1 行政と国民生活

(1) 行政の仕事…国の安全保障, 治安の維持, 産業・経済の振興, 公共事業, 社会保障の充実, 教育・文化の向上など国民生活のすみずみにまでおよんでいる。

(2) **行政権の拡大**…近年, 行政の仕事が増え, しくみも複雑になり, 行政の役割が大きくなった(**行政権の拡大**)。政府の役割が大きくなると, 無駄が多く非効率になったり, 民間の活動が妨げられたりするなどの問題が生じる。また, 行政全体よりもそれぞれの行政機関の利益を優先する「縦割り行政」の問題もある。

(3) **行政改革**…簡素で効率的な行政を目指して, さまざまな分野で**行政改革**が進められている。

> **重要**
> ❶**規制緩和❶**…国などが民間企業に対して行っていた規制を緩め, 経済を活性化させる。
> ❷**地方分権の推進**…地方分権一括法の制定。仕事や財源を国から地方公共団体に移す。

❸その他…公務員の数を減らし, 効率的な組織にする。

くわしく 小さな政府と大きな政府

「**小さな政府**」は, 国民の税金などの負担は軽いものの, 国の仕事を安全保障や治安維持など最低限度にとどめた政府のこと。

「**大きな政府**」は, 税金などの国民負担は重くても, 社会保障の拡充など国のはたらきを強めた政府のこと。

発展 縦割り行政

各省庁間の横の連絡や調整が少なく, 縦のつながりが中心の行政。例えば, 幼稚園は文部科学省, 保育園は厚生労働省の管轄で, 横の連携が取りにくかった。しかし近年, 幼保一体型施設の認定こども園の創設など, 幼保一元化の動きがある。

1 規制緩和で薬の販売を始めたコンビニ

(朝日新聞社/PPS通信社)

2 行政機関と公務員

（1）国の主な行政機関

❶**内閣府**…内閣の政策方針の企画立案を助ける仕事をする総合調整機関。複数の担当大臣と特命担当大臣を置ける。

❷**主な省**…**総務省・法務省・外務省・財務省・文部科学省・国土交通省・環境省・防衛省**など。

❸**行政委員会**…専門的な知識や政治的中立が必要とされる分野に，一般の行政機関からある程度**独立**して設置される。

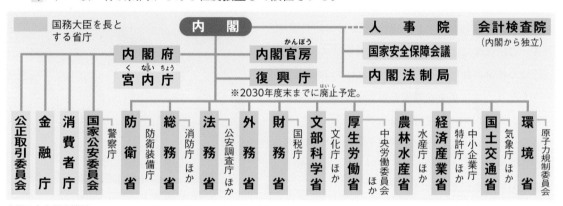

↑国の主な行政機関

（2）公務員

国や地方公共団体の仕事を担当する人々を公務員という。

重要

❶**性格**…憲法第15条は，「すべて公務員は，**全体の奉仕者**であつて，一部の奉仕者ではない。」と定めている。

❷**義務**…公務員は**憲法を尊重し擁護する義務**，公共の利益のために勤務する義務，守秘義務，職務専念義務を負う。

❸**国家公務員**…国の仕事に従事する公務員。一般の公務員と，内閣総理大臣や国務大臣などの特別職がある。

❹**地方公務員**…地方公共団体の仕事に従事する公務員。

❺**待遇や人事**…人事院や人事委員会（公平委員会）が扱う。
国家公務員←　　　└→地方公務員

くわしく 主な省の仕事

● **法務省**…検察や国籍・人権擁護などに関する事務を行う。

● **外務省**…国の外交に関する事務を行う。

● **財務省**…予算原案の作成や，税金のしくみの企画立案など，国の財政に関する事務などを行う。

● **文部科学省**…学術・文化・教育・科学技術に関する事務を行う。

● **防衛省**…自衛隊の管理・運営などの仕事を行う。

● **環境省**…環境政策，公害防止対策などの仕事を行う。

● **国土交通省**…国土の利用，交通政策に関する仕事を行う。

くわしく 国の主な行政委員会

● **人事院**…一般の国家公務員の任免・給与などに関する事務を扱う。

● **公正取引委員会**…独占禁止法を実際に運用する。

● **国家公安委員会**…警察庁の運営・管理などを行う最高機関。

課題に合わせた行政改革

日本では，1980年代から行政改革が進められてきた。行政組織を再編して効率化を図ったり，許認可権を見直して自由な経済活動を促す規制緩和や，事業の無駄をなくす取り組みなどが行われた。

1 行政権の拡大

行政の仕事は，外交や国の安全保障，治安，警察などのほか，産業の振興，医療や年金などの社会保障，教育，環境保全などさまざまな分野におよんでいる。

行政の仕事の範囲が広がるにつれて，行政権の力が大きくなり，さまざまな弊害も起こるようになった。

行政が民間企業に任せられる仕事まで行っているのではないかといった指摘や，現在の行政は，複数の省庁が仕事を分担しているため，各省庁の利益を優先する**縦割り行政**の問題も起こっている。

↑省庁が集中する霞が関とその周辺　　　　(PIXTA)

2 行政改革の推進

そこで日本でも，1980年代ごろから，大きくなりすぎた行政の仕事を整理・縮小し，無駄がない，効率的な行政を目指して行政改革が進められた。

公務員の数を減らし，効率的な組織にするために中央省庁の再編が行われ，1府22省庁から1府12省庁に再編統合され，内閣府を新設するなどして，内閣機能の強化が図られた。

また，独立行政法人制度も導入され，公共の利益確保を目指して設立された特殊法人や，各省庁の研究機関，国立の博物館や美術館などを独立させ，独立行政法人としてその運営を自主性に任せ，行政組織のスリム化を図っている。

各地方公共団体が国と対等な関係で仕事を分担し，地域の実情に合った行政を自主的に行えるように，

年	主なできごと
1985	日本電信電話公社を民営化(現在のNTT)
1987	日本国有鉄道(国鉄)を民営化(現在のJR)
1999	地方分権一括法が成立
2001	中央省庁再編(1府22省庁から1府12省庁へ)
2001	独立行政法人制度導入
2003	日本郵政公社設立，郵政事業庁廃止
2007	郵政公社を民営化(現在のJP)
2008	国家公務員制度改革基本法成立

↑これまでの主な行政改革

地方分権一括法が制定され，国から地方公共団体に多くの権限が移され，地方分権が進んだ。

　また，行政の許認可権を見直して，民間企業にできることは民間企業に任せ，新たな分野に民間企業が参入しやすくして経済の活性化を図るため，行政の**規制緩和**が進められた。さまざまな規制によってこれまで実現できなかった政策を行うため，特定の区域で規制を大幅に緩める構造改革特別区域法（2002年）や国家戦略特別区域法（2013年）を制定し，構造改革特別区域や国家戦略特別区域などの特区が設けられ，民間企業による農業経営などが行われるようになった。

③ 自由な経済活動を促す規制緩和

（朝日新聞社／PPS通信社）

↑解禁された民泊

　幼稚園と保育園は，どちらも小学校入学前の子どものための施設だが，幼稚園は**文部科学省**担当の教育施設，保育園は**厚生労働省**担当の福祉施設として，別々に運営されてきた。そのため，一部の幼稚園では定員割れが起こるいっぽう，保育園では，入所待ちの子ども（**待機児童**）が出るなど，縦割り行政の弊害が指摘されていたが，近年，幼保一体型施設の「**認定こども園**」が創設されるなどしている。

　市民が住宅を活用して，旅行者などに宿泊場所を提供する**民泊**も，規制緩和の一例である。日本では衛生面や安全面から禁止されていたが，外国人観光客の増加を受けて，2018年に民泊新法が施行され，一定のルールのもとで民泊の営業が行えるようになった。

　ライドシェアリングとは，Ride（乗る）をShare（共有）することで，市民が自家用車の空席を利用してほかの人を目的地まで運ぶ（相乗りする）ことをいう。これも規制緩和によって，対価を実費の範囲内に制限した無償のライドシェアリングの利用が広がってきた。

　1998年から規制が緩和されて，自分で給油する**セルフ式ガソリンスタンド**ができたり，2009年から，一定の条件のもとでコンビニエンスストアでも薬を販売できたりするようになった。

（写真：アフロ）

↑セルフ式ガソリンスタンド

（写真：東洋経済／アフロ）

↑コンビニエンスストアで売られる薬

1 国会の地位とその種類 〜 2 国会の運営と衆議院の優越(2節)

□(1) 国会は〔　　　　〕の最高機関で，国の唯一の〔　　　　　　〕機関である。

□(2) 国会は，衆議院と参議院からなる〔　　　　　〕制をとっている

□(3) 国会の召集は，〔　　　　　〕が決定し，〔　　　　〕が行う。

□(4) 次年度の予算の審議を行う国会は〔　　　　〕，衆議院の解散による総選挙後30日以内に召集される国会は〔　　　　〕である。

□(5) 国会に提出された議案は，まず関係の深い〔　　　　〕で審議・採決された後，〔　　　　〕に進み，そこで審議・議決され他院に送られる。

□(6) 法律案について，両議院の議決が異なった場合，〔　　　〕が3分の2以上の多数で再可決すれば，それが国会の議決となる。

□(7) 条約の承認について，両議院の議決が異なった場合，〔　　　　〕を開いても意見が一致しないときは，衆議院の議決が国会の議決になる。

□(8) 予算は，先に〔　　　　〕に提出しなければならない。

□(9) 〔　　　　〕信任・不信任の決議権は，衆議院のみがもつ権限である。

3 国会の仕事と各議院の権限（2節）

□(10) 国会は，〔　　　　〕を制定するほか，各議院の総議員の〔　　　　〕以上の賛成で憲法改正を発議する。

□(11) 国会は，内閣が提出した〔予算　条例〕を審議し，議決する。また，内閣が調印した〔　　　　〕を承認する。

□(12) 国会は，国会議員の中から〔　　　　〕を指名する。

□(13) 国会は，〔　　　　〕を設置して，罷免の訴追を受けた裁判官を罷免するかどうかを決定する。

□(14) 両議院は，法律を制定したり，行政を監督したりするために，国の政治についての調査を行う〔　　　　〕権をもっている。

(1) 国権，立法

(2) 二院（両院）

(3) 内閣，天皇

(4) 常会（通常国会），
　　特別会（特別国会）

(5) 委員会，
　　本会議

(6) 衆議院

(7) 両院協議会

(8) 衆議院

(9) 内閣

(10) 法律，
　　3分の2

(11) 予算，
　　条約

(12) 内閣総理大臣

(13) 弾劾裁判所

(14) 国政調査

1 内閣のしくみと議院内閣制（3節）

□(1) 内閣は最高の〔　　　〕機関として，他の行政機関を指揮・監督する。

(1) 行政

□(2) 内閣総理大臣は，〔　　　〕の中から〔衆議院　参議院　国会〕の指名に基づいて〔　　　〕が任命する。

(2) 国会議員，国会，天皇

□(3) 内閣総理大臣は，〔　　　〕を任命し，罷免する。

(3) 国務大臣

□(4) 内閣の仕事の方針は，すべての内閣構成員が参加する〔　　　〕において決定される。

(4) 閣議

□(5) 内閣が国会の信任の上に成立し，国会に対して責任を負うしくみを〔　　　〕という。

(5) 議院内閣制

□(6) 衆議院で，内閣不信任案が可決されれば，内閣は衆議院を〔　　　〕するか〔　　　〕する。

(6) 解散，総辞職

2 内閣の仕事 ～ 3 行政とその課題（3節）

□(7) 内閣は法律を執行し，予算を作成するほか，外国と〔　　　〕を結んだり，〔　　　〕を制定したりする。

(7) 条約，政令

□(8) 内閣は，天皇の〔　　　〕に対して，助言と承認を与える。

(8) 国事行為

□(9) 内閣は，最高裁判所長官を〔　　　〕し，その他の裁判官はすべて内閣が〔　　　〕する。

(9) 指名，任命

□(10) 近年は，簡素で効率的な行政を目指してさまざまな分野で〔　　　〕が進められてきた。

(10) 行政改革

□(11) (10)の一つに，企業などに対する規制を緩め，経済の活性化を図る〔　　　〕がある。

(11) 規制緩和

□(12) 国の外交に関する事務を担当するのは〔　　　〕省であり，国の財政に関する事務などを行うのは〔　　　〕省である。

(12) 外務，財務

□(13) 憲法は，すべて〔　　　〕は全体の奉仕者と定めている。

(13) 公務員

1 司法権の独立と三審制

教科書の要点

1 司法権の独立

◎ **司法（裁判）**…**法**に基づいて争いごとを解決すること

◎ **司法権**…**最高裁判所**と**下級裁判所**に属する

◎ **司法権の独立**…裁判官は**憲法**と**法律**にのみ拘束される

◎ 裁判官の罷免…**心身の故障**，**公の弾劾**，**国民審査**による場合のみ

2 三審制

◎ **三審制**…原則として**3回**まで裁判が受けられる制度

◎ 目的…裁判の**公正**，**慎重**を目指して，**人権を守る**

1 司法権の独立

(1) 司法権と裁判所

法に基づいて争いごとを解決することを**裁判**，または**司法**という。日本国憲法は，司法権は最高裁判所と下級裁判所に属すると定めている。

❶ **最高裁判所**（東京に一つだけ設けられている）**1**

・地位…**司法権の最高機関**であり，唯一の**終審裁判所**。
　　　　　　　　　　　　　　←最終的な判断を下す裁判所。

・構成…最高裁判所長官と14名の最高裁判所裁判官。

❷ 下級裁判所の種類

1 最高裁判所の大法廷　最高裁判所には一つの大法廷と三つの小法廷がある。

種類	地位	数
高等裁判所	**最上位**の下級裁判所 主に**第二審**を扱う	全国8か所
地方裁判所	主に**第一審**を扱う	全国50か所
家庭裁判所	**家庭事件**や**少年事件**を扱う	
簡易裁判所	**軽い事件**をすみやかに処理	全国438か所

(2) 司法権の独立

裁判が公正に行われるためには，裁判所や裁判官がほかの権力から圧力や干渉を受けないことが必要である。これを**司法権の独立**という。
　　　　　　→司法権の独立のためには，裁判官の独立が認められなければならない

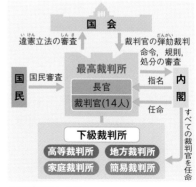

↑裁判所のしくみ

❶**裁判官の独立**…裁判官は，自己の良心に従って独立して裁判を行い，憲法と法律にのみ拘束される（憲法第76条）。裁判にあたっては，いかなる**権力**や**圧力**にも屈してはならない。

❷**裁判官の身分保障**…裁判官は次のような場合のほかは，裁判官の意思に反して罷免されることはない。
└→やめさせられる

・**心身の故障**…病気などのため，仕事が続けられないと裁判によって決定されたとき。

・**公の弾劾**…**弾劾裁判所**で罷免の判決を受けたとき。
└→(p.111)

・**国民審査**…最高裁判所の裁判官に対する信任投票。不信
└→衆議院議員総選挙のとき実施される
任が過半数の場合は罷免される。

(3) 裁判官の任命

❶**最高裁判所長官**…**内閣が指名**し，**天皇が任命**する。

❷**その他の裁判官**…**内閣が任命**する。

2 三審制

(1) 三審制のしくみと目的❷

❶しくみ…判決に不服な場合，**上訴**によって原則として
└→同一の事件について   └→上級の裁判所に裁判のやり直しを求めること
3回まで裁判が受けられるしくみを**三審制**という。

❷目的…裁判を**公正・慎重**に行い，**人権の保障**と裁判の誤りを防ぐこと。

(2) 判決に対する上訴…上訴とは，判決に不服がある場合に，上級の裁判所に訴えることで，**控訴**と**上告**がある。

❶**控訴**…第一審の判決に対する上訴。

・**民事裁判**…上級の裁判所に控訴する。

・**刑事裁判**…控訴はすべて高等裁判所に対して行う。

❷**上告**…第二審（控訴審）の判決に対する上訴。多くの場合，**最高裁判所**への訴えとなる。

📖くわしく その他の裁判官の任命

ここでいうその他の裁判官とは，最高裁判所の長官以外の裁判官と，下級裁判所のすべての裁判官のことである。

最高裁判所の長官以外の裁判官と高等裁判所長官は**内閣が任命**し，**天皇が認証**する。それ以外の下級裁判所の裁判官は，**最高裁判所が指名**し，これに基づいて内閣が任命する。

これまで，国民審査でやめさせられた裁判官はいないんだって。

テストで注意 控訴と上告

控訴とは**第一審の判決に対する上訴**であり，**上告**とは，**第二審の判決に対する上訴**である。混同しないように注意しよう。

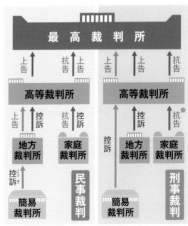

❷ 三審制のしくみ

※「決定・命令」に不服を申し立てること。

裁判の種類と人権の尊重

1 裁判の種類
◎ **民事裁判**…個人や企業間の利害の対立に関する裁判
◎ **刑事裁判**…被告人の犯罪を裁く裁判

2 刑事裁判と
人権の尊重
◎ **令状主義**…令状なしには逮捕されない
◎ **黙秘権**…自分に不利益な供述を強要されない

◎ **公開裁判**の原則…裁判は公開が原則

1 裁判の種類

(1) 民事裁判のしくみ

> **重要**
>
> ❶ **民事裁判**…個人や企業間の利害の対立，または権利・義務に関する争いを裁く裁判。
> ❷ 裁判の内容…**民法**や**商法**などの法律を適用して，どちらの言い分が正しいかの判断を下す。

❸ 裁判の当事者…裁判所に訴えた人を **原告**，訴えられた人を **被告** という。

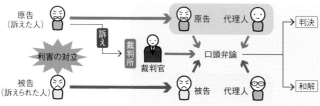

↑民事裁判の進行

❹ **行政裁判**…国や地方公共団体の行政機関の行為で，国民が被害を受けたり権利を侵害されたりした場合に，その行政機関を相手どって起こす裁判。広い意味で民事裁判の一種。

📖くわしく **和解と調停**

民事裁判では，当事者どうしの話し合いによる和解や，裁判官のほかに第三者（調停委員）が間に入って仲裁をする調停などで争いを解決することもある。また，裁判の途中で訴えを取り下げることもできる。

■ **参考** **訴訟代理人**

裁判には法律的な知識が必要であるため，通常，原告も被告も**弁護士を訴訟代理人として依頼**する。

弁護士は，**法律の専門家**で，訴訟の当事者や関係者の依頼によって，事件の法律事務を行うことを職業としている。

> 日本は欧米諸国に比べて弁護士の数が少ないことが問題になっているんだ。

（2）刑事裁判のしくみ

❶刑事裁判…強盗・放火・殺人など，**法律で犯罪と定め**られている事件に関する裁判。

❷裁判の内容…裁判官は**検察官**と**被告人**の言い分を聞き，**刑法**などを適用して，有罪や無罪の判決を下す。
　　　　　└→有罪の場合は刑罰を言いわたす

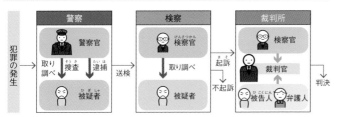

↑刑事裁判の進行

❸捜査と起訴

・**捜査**…犯罪事実の発見や**告訴**などがあると，警察官は犯
　　　　　└→被害者や親族などが犯罪の事実を訴え，捜査を求めること
　罪に関する証拠を集め，捜査し，犯人を発見・逮捕する。

・**起訴**…犯罪容疑が明らかなときは，検察官は被疑者を裁
　判所に起訴する。起訴された被疑者を**被告人**という。
　　　　　　　　　└→罪を犯した疑いのある人

2　刑事裁判と人権の尊重

（1）捜査・逮捕段階での人権の保障

❶令状主義…警察官は，裁判官または裁判所の出す令状がな
　└→（憲法第33，35条）
ければ，逮捕や捜索はできない。現行犯の逮捕は例外。

❷黙秘権の保障…**自分に不利になる供述は強要されない**。
　└→（憲法第38条）

❸拷問の禁止…拷問や強制による自白は証拠とならない。
　└→（憲法第36，38条）└→自白を強要して暴行を加えること

（2）裁判段階での人権の保障

❶迅速な公開裁判を受ける権利…裁判は**公開が原則**。
　└→（憲法第37条）

❷証拠主義…犯罪を証明する証拠がない場合，自白のみで有
　└→（憲法第38条）
罪とされない。「**疑わしきは罰せず**」が原則。
　　　　　　　　　└→

❸弁護人を依頼する権利…私費または国費で**弁護人**を依頼
　└→（憲法第37条）
することができる。

（共同通信社）

↑**刑事裁判の法廷**　座る位置は裁判所によって異なることがある。

テストで注意　被告と被告人

　民事裁判では，訴えられた人を**被告**と呼ぶが，刑事裁判では，訴えられた被疑者を**被告人**と呼ぶ。

参考　検察審査会

　検察官が事件を起訴しなかったことについて，適切だったかどうかを審査する制度。選挙権をもつ国民の中からくじで選ばれた11名の検察審査員で構成され，各地方裁判所内に置かれる。

　検察審査会で，2回続けて「起訴相当」と議決されると，必ず起訴される。

くわしく　国選弁護人の選任

　刑事被告人は，どのような場合でも弁護人を依頼（選任）できる。

　被告人が貧困のため，私費（個人の費用）で選任できないときは，国が弁護人（**国選弁護人**）を選任する。

国民の司法参加

1 司法制度改革

◎**司法制度改革**…身近で利用しやすい司法制度の実現を目指す

◎内容…**法テラス（日本司法支援センター）**，被害者参加制度，法科大学院の設置，取り調べの可視化

2 裁判員制度

◎しくみ…くじで選ばれた**国民が，裁判員として刑事裁判に参加**

◎対象…重大な刑事事件の**第一審**のみ

---

1 司法制度改革

（1）司法制度の課題

日本の司法制度は，時間や費用がかかり，外国と比べて弁護士が少ないため，国民に利用しにくいと考えられてきた。**1**

（2）**司法制度改革**

より身近で利用しやすい司法制度の実現を目指して，時間や費用を抑える施策や，国民の司法参加の機会をつくるなどの，**司法制度改革**が進められた。

❶**日本司法支援センター（法テラス❷）の設置**…法律にまつわる問題を解決するための総合案内所として，無料で法律相談を行うほか，犯罪被害者の支援の業務を行う。

❷**被害者参加制度**…被害者本人や遺族，その代理人が法廷で被告人に直接質問したり，刑罰の重さについて意見を述べたりすることができる。

❸**法科大学院（ロースクール）の設置**…**裁判官・検察官・弁護士**などの法曹人口を増やすために各地に設置した。法律を専門に学んだ人以外からも学生を集め，実務能力や社会常識をもつ司法の専門家の養成を目指している。

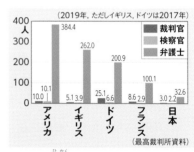

（2019年，ただしイギリス，ドイツは2017年）

	裁判官	検察官	弁護士
アメリカ	10.0	10.1	384.4
イギリス	5.1	3.9	262.0
ドイツ	25.1	6.6	200.9
フランス	8.6	2.9	100.1
日本	3.0	2.2	32.6

（最高裁判所資料）

1 外国と比較した日本の人口10万人あたりの法曹人口　日本は他の先進国に比べて少ない。

参考　法曹資格

裁判官・検察官・弁護士になる資格。司法試験（国家試験）に合格し，研修を終えて取得する。

2 法テラスのコールセンター

（朝日新聞社/PPS通信社）

❹裁判の時間短縮…裁判の迅速化に関する法律を制定。第一審を2年以内のできるだけ短期間で終わらせることとした。

❺取り調べの可視化…強引な取り調べを防ぐため、警察官や検察官の取り調べを録画・録音することが、一部の事件で義務化された。裁判員裁判の対象となる事件などが対象。

❻その他…知的財産に関する訴訟の高度化・複雑化に対応する
→発明や音楽など、知的創造活動により生み出されるもの
ため知的財産高等裁判所を設置。また、捜査に協力した者などの罪を軽くする司法取引の導入など。

参考　知的財産高等裁判所

　知的財産に関する訴訟において、迅速、簡易に紛争の解決をうながすために、東京高等裁判所内に設置された。必要に応じて、専門委員のサポートを受ける場合もある。

2　裁判員制度

(1) 裁判員制度 ❸

❶しくみ…国民が裁判員として刑事裁判に参加し、裁判官と
→満20歳以上の有権者
ともに被告人の有罪・無罪、刑の内容などを決める制度。

❷対象…地方裁判所を第一審とする、殺人などの重大な犯罪についての刑事事件。

❸期待…国民の視点が裁判に反映され、裁判が身近でわかりやすいものになり、司法への信頼が深まること。

(2) 公判前整理手続…審理期間短縮のため、裁判の前にあらかじめ争点や証拠をしぼりこんでおく手続き。裁判員裁判では、ここで整理された争点や証拠をもとに進められる。

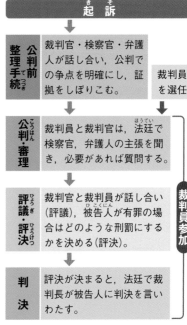

起訴

| 公判前整理手続 | 裁判官・検察官・弁護人が話し合い、公判での争点を明確にし、証拠をしぼりこむ。 | 裁判員を選任 |

| 公判・審理 | 裁判員と裁判官は、法廷で検察官、弁護人の主張を聞き、必要があれば質問する。 |

| 評議・評決 | 裁判官と裁判員が話し合い（評議）、被告人が有罪の場合はどのような刑罰にするかを決める（評決）。 |

| 判決 | 評決が決まると、法廷で裁判長が被告人に判決を言いわたす。 |

裁判員参加

❸ 裁判員制度の手続き

Column　えん罪と再審の請求

　無実の罪で有罪の判決を受けることをえん罪という。無実の人がえん罪で自由を奪われることはあってはならず、裁判において、えん罪をなくすことは、重要な課題である。

　刑事事件で有罪判決を受け、刑が確定したあとに、明らかな事実誤認を証明する新しい証拠が出た場合などは、裁判のやり直しを求めて、再審を請求することができる。取り調べの中で、自白を強要されるなど行き過ぎた捜査によってえん罪が生まれ、死刑の判決を受けた人が、再審によって無罪となった例も少なくない。

事件名・被告	発生	罪名	確定判決	再審の結果
免田事件 免田 栄	1948年	強盗殺人	死刑	1983年 無罪確定
財田川事件 谷口繁義	1950	強盗殺人	死刑	1984年 無罪確定
松山事件 斎藤幸夫	1955	強盗殺人 放火	死刑	1984年 無罪確定
島田事件 赤堀政夫	1954	殺人	死刑	1989年 無罪確定
足利事件 菅家利和	1990	殺人	無期懲役	2010年 無罪確定

↑主な再審裁判の例

考える
Column

裁判員制度を取り入れた目的は？

司法制度改革の一環として，2009年から裁判員制度が実施された。この制度は，裁判が国民にとって身近でわかりやすいものになり，司法への理解が深まることなどを期待して始まった。

① 裁判員制度とは？

裁判員制度とは，国民が裁判員として**刑事裁判**に参加し，被告人が有罪か無罪か，有罪の場合は刑罰の内容を裁判官とともに決める「国民の司法参加」を実現した制度である。

選挙権を有する20歳以上の国民の中から，翌年の裁判員候補者を毎年抽選で選び，裁判所ごとに裁判員候補者名簿が作成され，この名簿から事件ごとに裁判員が選ばれる。裁判所から通知を受けた候補者は，裁判所による選任手続きがとられたのち，正式な裁判員となる。

裁判員が参加する事件は，殺人などの重大な事件で，事件ごとに裁判官3人と裁判員6人が公判に出席し，検察官や弁護人，被告人の言い分を聞き，証人や被告人に質問したり，証拠を調べたりする。このとき裁判員も質問することができる。裁判員の仕事は，裁判長の判決の宣告によって終了する。

（朝日新聞社／PPS通信社）

↑裁判員制度による模擬裁判

裁判員制度は，第一審だけで，控訴審は裁判官のみで行われるよ。

② なぜ国民の裁判への参加が大切なのか？

国民が裁判に参加することで，国民の視点や感覚を反映した，より公平な裁判を目指すとともに，国民の司法に対する理解が深まることが期待されている。また裁判員の経験者も，裁判員に選ばれたことへの不安はあるものの，その経験をよい経験だったと感じている人が多い。

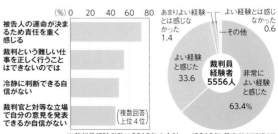

(%) 0　20　40　60　80

被告人の運命が決まるため責任を重く感じる

裁判という難しい仕事を正しく行うことはできないのでは

冷静に判断できる自信がない

裁判官と対等な立場で自分の意見を発表できるか自信がない

（複数回答
上位4位）

あまりよい経験とは感じなかった 1.4
よい経験とは感じなかった 0.6
その他
よい経験と感じた 33.6
裁判員経験者 5556人
非常によい経験と感じた 63.4%

※裁判員経験者数は2019年の合計。（2019年 最高裁判所資料）

↑これから裁判に参加する人の不安感(左)と，裁判員経験者の感想(右)

4 三権の抑制と均衡

教科書の要点

1 三権の分立

◎ しくみ…国家権力を**立法権（国会）・行政権（内閣）・司法権（裁判所）**に分け，三権を**相互に抑制**させる

◎ 目的…**国家権力の濫用（集中）を防ぐ**

2 三権相互の抑制と均衡

◎ 国会…**内閣総理大臣の指名，内閣不信任決議，弾劾裁判の実施**

◎ 内閣…**衆議院の解散，最高裁判所長官の指名**

◎ 裁判所…法律・命令・規則・処分の**違憲審査**

1 三権の分立

三権分立のしくみは，国家権力を**立法権・行政権・司法権**の三つの権力に分散し，それぞれの権力を独立した機関に分担させること。分散した権力を**相互に抑制**させることによって，国家権力の濫用（集中）を防ぎ，国民の権利と自由を守るのが目的。

（1）三権の内容

> 重要
>
> ❶**立法権（法律を制定する権限）**…国会（議会）に属する。
>
> ❷**行政権（法律を執行する権限）**…**内閣**に属する。
> 大統領制では大統領←
>
> ❸**司法権（法律に従って社会秩序を守る権限）**…裁判所に属する。

（2）権力分立の確立

　ロックは，**立法権**と**行政権**の二権分立を唱え，**モンテスキュー**はそれらをさらに発展させ，**立法権・行政権・司法権**を対等に位置づけ，**権力相互の抑制と均衡**を実現して国民の自由を守ることを主張した（→ p.62）。

くわしく — 国家権力の濫用

　国家権力の濫用とは，権力を勝手に行使することをいい，この結果，国民の自由や権利が奪われることが多い。

　立法権と行政権が集中していると，勝手に法律をつくり，執行することも可能である。さらに司法権ももとなれば，その法律で人を裁くこともでき，国民の自由や権利が大きく侵害されかねない。

　こうした事態を防ぐための権力分立の考えは，絶対王政下の国王の専制政治に反対して理論づけられたものである。

参考 ロックの権力分立論

　ロックは，国家権力を**立法権・執行権（行政権）・連合権**（他国と交渉を行う権力など）の三つに区分したが，執行権と連合権は切り離せず，二つを分離して別々の機関にゆだねるのは不可能とした。また，司法権の考えが明らかにされておらず，いわば**二権分立論**の考え方といえる。

2 三権相互の抑制と均衡

(1) 三権分立（権力分立）の二つの形態
- ❶**大統領制**…アメリカが典型的な例である（→P.113）。
  - ・特色…**厳格な三権分立制**，三権は独立・対等。
  - ・組織…大統領は議会に議席をもたず，議会の信任を必要
  - としない。
- ❷**議院内閣制**…日本やイギリスが典型的な例（→P.113）。
  - ・特色…議会優位型の三権分立制。内閣は国会（議会）の信
  - 任により成立する。
  - ・組織…内閣の構成員は国会（議会）の議員であることを原
  - 則に，内閣は国会（議会）に連帯して責任を負う。

(2) 日本の三権分立（権力分立）のしくみ
- ❶日本の三権分立

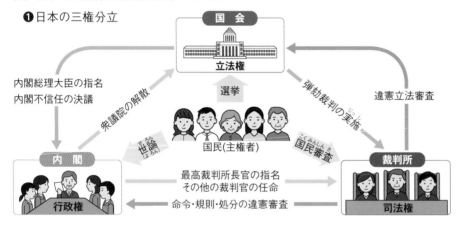

重要

❷**違憲立法審査権**（**違憲審査権**，**法令審査権**）…国会でつ
くられた法律や，内閣が行った命令・処分などが憲法に
違反していないかどうかを判断する権限。
- ・帰属…すべての裁判所がもつが，最高裁判所が最終的
  な決定権をもつ。→「**憲法の番人**」と呼ばれる。
- ・目的…憲法が**最高法規**であることを確保し，**人権を守る**。

参考 モンテスキューの考え

フランスの思想家であるモンテスキュー は，著書『**法の精神**』の中で「政治的自由は，権力の濫用がないときにしか存在しない。……権力の濫用ができないようにするためには，**権力が権力を抑制させるように**……**することが必要である。**」と述べ，三権相互間の抑制と均衡をはかることで，国家権力の濫用を防ぐことができるとした。

くわしく 訴えがあってはじめて発動

違憲立法審査権は，**裁判所への訴え**があってはじめて発動される。
具体的な事件について法令を憲法違反とする訴えがない場合，裁判所に違憲立法審査を行う権限はない。

1 司法権の独立と三審制 〜 2 裁判の種類と人権の尊重

- □(1) 〔　　　〕は，司法権の最高機関で唯一の終審裁判所である。
- □(2) 裁判官は，自己の良心に従い，〔　　　〕と法律にのみ拘束される。
- □(3) 最高裁判所の裁判官に対する国民の信任投票を〔　　　〕という。
- □(4) 日本では，同じ事件について，原則として3回まで裁判を受けることができる。この制度を〔　　　〕という。
- □(5) 民事裁判では，裁判所に訴えた者を〔　　　〕といい，訴えられた者を〔　　　〕という。
- □(6) 被告人の犯罪を裁く裁判は〔　　　〕である。
- □(7) 刑事事件の被疑者は，〔　　　〕によって裁判所に訴えられる。
- □(8) 自分に不利な供述を強要されない権利を〔　　　〕という。
- □(9) 警察官や検察官が，逮捕や証拠品の押収，家宅の捜索などの強制処分を行うためには，裁判官または裁判所が出す〔　　　〕が必要である。
- □(10) 被告人は，裁判において，迅速な〔　　　〕を受ける権利をもつ。

(1) 最高裁判所

(2) 憲法

(3) 国民審査

(4) 三審制

(5) 原告，被告

(6) 刑事裁判

(7) 検察官

(8) 黙秘権

(9) 令状

(10) 公開裁判

3 国民の司法参加 〜 4 三権の抑制と均衡

- □(11) 誰もが司法に関するサービスを受けられるように〔　　　〕が設置され，無料の法律相談のほか，犯罪被害者支援の業務などを行っている。
- □(12) 国民が裁判官とともに刑事裁判に参加し，被告人の有罪・無罪，刑の内容などを決める制度を〔　　　〕制度という。
- □(13) 法律・命令・規則・処分が憲法に適合するかどうかを判断する権限を〔　　　〕という。この権限の最終的な決定権は最高裁判所がもっているため，最高裁判所は「〔　　　〕」とも呼ばれる。

(11) 日本司法支援センター（法テラス）

(12) 裁判員

(13) 違憲立法審査権（違憲審査権・法令審査権），憲法の番人

1 地方自治のしくみ

教科書の要点

1 地方自治の確立
◎ **地方自治**…住民が**自らの意思と責任で地域の政治を行うこと**
◎ **地方公共団体（地方自治体）**…都道府県や市（区）町村

2 地方自治のしくみ
◎ **地方議会**…**条例の制定，予算の議決**を行う
◎ **首長**…都道府県知事・市（区）町村長
◎ **首長と議会**…議会→首長の**不信任決議**。首長→議会の**解散権**

1 地方自治の確立

　住民が自らの意思と責任で地域の政治を行うことを**地方自治**といい，地域の実情に合った政治の実現や住民の意思を尊重した政治の実現が，地方自治のねらいである。

（1）地方自治の保障
　❶**憲法**…第8章で**地方自治**に関する原則を定めている。
　❷**地方自治法**…地方公共団体の組織・運営のほか，直接請求権など住民の権利も定めている。

2 地方自治のしくみ

（1）地方公共団体
　地方自治を行う都道府県や市（区）町村を**地方公共団体（地方自治体）**という。地方公共団体には，主な機関として**地方議会**と**首長**（執行機関）がある。
（2）**地方議会**（一院制）のしくみ
　❶種類…**都道府県議会**と**市（区）町村議会**がある。
　❷構成…住民の**直接選挙**で選ばれた**議員**で構成される。

参考 地方自治は民主主義の学校

　地方自治は，国民の最も身近な政治参加の機会であり，人々は**地方自治を通して政治を知り，政治への関心を高める。**

　つまり，地方自治は，民主主義を経験し，学習するうえで重要な役割を果たしており，この意味で，**地方自治**は「**民主主義の学校**」といわれている。

くわしく 特別区

　東京23区のこと。市とほぼ同じ権限をもつ。

↑地方自治のしくみ

重要 ❸**地方議会の仕事**…**条例の制定・改正・廃止**，**予算の議決**，**決算の承認**，**行政の監視**などの仕事を行う。

(3) 執行機関のしくみ

地方議会で可決された予算や条例に基づいて，地域の行政を担当する機関を執行機関といい，長(**首長**)である**都道府県知事**や**市(区)町村長**，補佐役の副知事，副市(区)町村長のほか，さまざまな行政委員会・委員が置かれている。

❶**首長**…都道府県知事と市(区)町村長。すべて住民の**直接選挙**で選ばれる。**予算**や**条例**を作成し，議会に提出する。また，事務を管理し，規則を制定し，地方公務員(地方公共団体の職員)を監督する。

❷**行政委員会・委員**…**専門分野**や**政治的中立性**を必要とする分野に設置。首長からある程度独立した執行機関で，**教育委員会**や**監査委員**などがある。

(4) 首長と議会の関係

首長と議会の議員は，ともに住民の直接選挙で選ばれている(**二元代表制**)ため，首長と議会は対等の関係にあり，抑制と均衡をはかることが求められている。

重要 ❶**議会による首長の不信任決議**…地方議会が，首長の不信任決議をしたときに，首長は10日以内に地方議会を解散しなければ，その職を失う。

❷**首長の再議要求**…首長は，条例の制定・改廃，予算の議決に異議がある場合，地方議会に再議(すでに議決されたことがらを，再び審議し，議決すること)を要求することができる。

❸**首長の専決処分**…地方議会が議決すべきことがらをいつまでも議決しないときなど，首長には専決処分(首長が議会の決定に基づくことなく，自らの判断で行政を行うこと)が認められている。
議会の決定に基づかないで←┘

	選挙権	被選挙権	任期
議員	満18歳以上 直接選挙	満25歳以上	4年
首長	満18歳以上 直接選挙	市(区)町村長 満25歳以上 都道府県知事 満30歳以上	4年

↑**現在の地方選挙** 首長の被選挙権については，居住の規定はないが，議員の場合，選挙区に3か月以上居住していることが必要である。

くわしく——条例

地方議会が，法律の範囲内で定める法。その地方公共団体にのみ適用され，罰則も設けることができる。

くわしく——主な行政委員会

●**教育委員会**…教職員の任免や社会教育，学術・文化に関する仕事を行う。
●**公安委員会**…警察の仕事を管理する。警察活動の公正中立を保持するために都道府県に設置される。
●**選挙管理委員会**…選挙に関する仕事を行う。市(区)町村選挙管理委員会は，選挙人名簿の作成を行う。
●**監査委員**…地方公共団体の事務(金銭の出し入れなど)の監査を行う。

発展 議会の解散は1度まで

議会の不信任決議によって首長が議会を解散したときは，40日以内に選挙が行われる。選挙後初めて招集された議会で，総議員の3分の2以上が出席し，過半数の同意で再び首長の不信任が議決された場合は，首長はその職を失い，再び議会を解散することはできない。

3章／現代の民主政治と社会

5節／地方の政治と自治

2 地方公共団体の仕事と財政

教科書の要点

1 地方公共団体の仕事

◎ 地方公共団体独自の仕事…**土木・建設**，**教育**や**福祉**など

◎ 国から委託された仕事…国政選挙の事務，戸籍・住民登録など

2 地方財政の歳入と歳出

◎ **地方財政**…地方公共団体の**歳入**（収入）と**歳出**（支出）

◎ **地方税**…地方公共団体が**住民から集める税金**

◎ **地方債**…お金を借りるために発行する債券（**公債**）

◎ 国からの支出…**地方交付税交付金**や**国庫支出金**

3 地方自治の課題

◎ **財政の健全化**の促進，**地方分権の推進**など

1 地方公共団体の仕事

地方公共団体は，住民の生活に密着したさまざまな仕事を行っている。中には国から委託された仕事もある。

(1) 地方公共団体独自の仕事…**土木・建設**，**教育・文化の振興**，**警察・消防**[1]，**福祉**，**産業の振興**，**ごみの収集と処理**[2]など。

(2) 国から委託された仕事…国政選挙の事務，戸籍・住民登録などの事務，パスポートの交付など。[3]

1 消防活動 (朝日新聞社/PPS通信社)

2 ごみの収集と処理 (Alamy/PPS通信社)

2 地方財政の歳入と歳出

(1) 地方財政とは

地方財政とは，地方公共団体が営む経済活動のことで，具体的には，地方公共団体の**歳入**（収入）と**歳出**（支出）をいう。

(2) 歳入の種類[4]

❶**地方税**…地方公共団体が住民から集める税金。**都道府県税**（都道府県民税）と**市町村税**（市町村民税など）がある。

3 窓口業務 (朝日新聞社/PPS通信社)

❷**地方債**…地方公共団体がお金を借りるために発行する公債(**借金の証書**)。主に歳入の不足を補うために発行され，公共事業の財源などにする。

重要

❸国からの支出

　・**地方交付税交付金**…地方財政の格差を是正するために，国が支出するお金。

　・**国庫支出金**…特定の仕事について，国が使いみちを
　　　　　　　　└→義務教育や公共事業など
　　指定して支出するお金。

（3）地方財政の歳出 **4**

❶**民生費**…住民の**社会福祉**にあてるための費用など。

❷**教育費**…学校教育のための費用など。

❸**土木費**…道路・橋の建設，都市計画の費用など。

3　地方自治の課題

（1）財政の健全化

　自主的に徴収できる地方税などの**自主財源**が少なく，地方交付税交付金や，**国庫支出金**，**地方債**などの**依存財源**に頼らざるを得ない地方公共団体も多く，財政の建て直しに取り組んでいる。

❶**自治体財政健全化法**…財政の状態が悪い地方公共団体に，早い段階で改善を求めるため，国が制定。

❷**市町村合併**…地方公共団体の仕事の効率をよくし，財源の安定をはかるために，多くの市町村が合併した。
　　　　　　　　　　└→平成の大合併

（2）**地方分権**の推進

❶従来の性格…地方公共団体が，国の下請けのような仕事をすることが多く，**中央集権**の性格が強かった。

❷**地方分権一括法**…国の仕事の多くが，地方公共団体独自の仕事になった。国と地方公共団体が対等協力の関係になるよう，財源や仕事の地方分権が進められている。

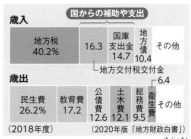

4 地方財政の内訳　歳入では国からの補助金や交付金の占める割合がかなり大きく，歳出では，民生費と教育費の割合が大きい。

↑主な都県の財政収入　地方交付税交付金は財源の乏しいところに多く配分される。

参考 **人口減少による課題**

　地方の多くの地域では，少子化や都市への人口流出で過疎化が進み，病院などの地域サービスを続けられなくなるなど，深刻な問題が生じた。また，働く世代が減ることで，税収が減り財政が悪化したり，地方議員のなり手が減るなどの問題も増えている。

　これらの対策として，若者の働く場所を増やして地方の経済を活性化させる施策，都市に住む人の地方移住の促進など，地方創生を進める取り組みが行われている。

3 地方自治と住民参加

教科書の要点

1 住民の権利

◎ **条例の制定・改廃の請求**…議会で審議するように請求できる

◎ **解職請求（リコール）**…議員，首長などの解職を請求できる

◎ **解散請求**…地方議会の解散を請求できる

2 住民の参加

◎ **住民投票**…地域の問題について，住民の意思を反映させる

◎ **住民運動**…NPOやボランティアが地域の課題に取り組む

◎ **オンブズマン制度**…行政を監視する取り組み

1 住民の権利

(1) 住民の権利

地方自治では住民自身が地域の政治を監視し，直接政治に参加して意思表示できるように，**直接請求権**などの**直接民主制**の制度を取り入れている。

(2) 直接請求権 ■

住民が一定数の署名を集めて行う直接請求は，住民の意思を地方自治に反映させる有力な権利である。

❶条例の制定・改廃の請求…住民は，条例の制定・改正・廃止を地方議会で審議するよう請求できる。

❷監査請求…住民は，地方公共団体の**財政**の仕事が正しく行われているかどうかの監査を，請求できる。

❸解職請求（リコール）…住民は，**地方議会議員**，**首長**，副知事，副市（区）町村長，各種の委員などの**職を解くこと（リコール）**を請求できる。

❹解散請求…**地方議会を解散**し，議員の選び直しをするように請求できる。

（重要）

くわしく 署名数が違う理由

条例の制定・改廃の請求や監査請求に対して，首長・議員などの解職請求と地方議会の解散請求は，**人の地位や職を奪う請求**である。

そのため，請求の手続きはより**慎重・厳重でなければならず**，地方自治法では，原則として有権者の3分の1以上の署名数が必要と厳しい条件になっている。

くわしく 条例の制定・改廃の請求は，国民発案の一種

国民が，有権者の一定数以上の署名などによって立法（法を制定すること）に関する提案を行うことを**国民発案・住民発案（イニシアチブ）**という。

条例の制定または改廃の請求は，この国民発案・住民発案の代表的なものである。

直接請求	法定署名数	請求先	請　求　の　効　果
条例の制定・改廃の請求	有権者の**50分の1**以上	首　長	●首長が地方議会に付議➡地方議会の決議➡結果公表
監査請求		監査委員	●請求事項を監査➡結果を公表・報告
解職請求 首長・議員	有権者の**3分の1**以上	選挙管理委員会	●住民投票➡過半数の同意があれば職を失う
解職請求 その他の役職員		首　長	●首長が地方議会に付議➡3分の2以上出席➡4分の3以上の同意で職を失う
解散請求		選挙管理委員会	●住民投票➡過半数の同意があれば解散

1 直接請求権の種類とその内容

(3) 直接請求権以外の住民の権利

❶**住民投票**…国が**地方自治の特別法**を制定する場合，その地方公共団体の住民投票によって，住民の賛否を問わなければならない(憲法第95条)。

❷**請願**(せいがん)…議員の紹介で，住民が請願書(しょうかい)を地方議会に提出する。住民の意思を地方自治に反映させるしくみの1つ。

2 住民の参加

(1) **条例に基づく住民投票**(もと)(法的拘束力はない)(こうそく)

地域の重要問題に対して，住民の意思を問うために，地方議会が住民投票条例を制定して，住民投票を実施する。(じっし)

(2) 住民運動

新しい地域づくりへの取り組み，**NPO**(エヌピーオー)(非営利組織)などによる自然環境(かんきょう)の保護や社会福祉(ふくし)に関するボランティア活動などへと拡大している。

(3) オンブズマン(オンブズ，オンブズパーソン)制度**2**

国民や市民の立場で行政を監視(かんし)する人(**オンブズマン**)を設置する制度。この制度によって，住民は自治体の機関や職員の行為(こうい)に対して，意見や苦情をオンブズマンを通して伝えられるようになった。

くわしく 署名数の緩和(かんわ)

有権者が40万人を超える大きな地方公共団体でも，署名を集めやすいように，解職・解散請求に必要な署名数が緩和されている。

有権者が40万人を超える場合は，40万人を超える人数の6分の1と，40万人の3分の1を合計した数以上。有権者が80万人を超える場合は，80万人を超える人数の8分の1と，40万人の6分の1と，40万人の3分の1を合計した数以上。

参考 地方自治の特別法の成立

原爆(げんばく)の被災地(ひさいち)である広島の復興は，第二次世界大戦後から広島市民の悲願であったが，最大の難関は財源の確保であった。これを克服しようとしたのが，地方自治の特別法としての「**広島平和記念都市建設法**」(1949年)で，住民投票で圧倒的多数で成立した。

ほかに，「**長崎国際文化都市建設法**」(1949年)，「**首都建設法**」(1950年)などが成立している。

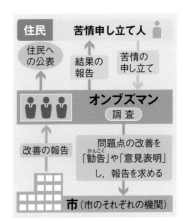

2 オンブズマン制度のしくみ

✓ **チェック** | **基礎用語** 次の〔　　　〕にあてはまる言葉を答えましょう。

1 地方自治のしくみ

解　答

□(1) 地域の実情にあった政治を実現するために，住民が自らの意思と責任で地域の政治を行うことを〔　　　〕という。

(1) 地方自治

□(2) (1)は，民主主義を経験し学習するうえで重要な役割を果たしており，この意味で地方自治は「〔　　　〕の学校」といわれる。

(2) 民主主義

□(3) 地方議会議員は住民の選挙で選ばれ，任期は〔　　　〕年である。

(3) 4

□(4) 地方議会は，〔　　　〕の制定や予算の議決を行う。

(4) 条例

□(5) (1)において，地域の行政を担当する執行機関の長を〔　　　〕という。

(5) 首長

□(6) 地方議会が，(5)の不信任を決議したときに，(5)は〔　　　〕日以内に地方議会を〔　　　〕しなければ，その職を失う。

(6) 10,
　　 解散

2 地方公共団体の仕事と財政 ～ 3 地方自治と住民参加

□(7) 地方財政の自主財源の中心は〔　　　〕である。

(7) 地方税

□(8) 地方財政の格差を是正し，すべての地方公共団体の行政の公平化を図るために，国が支出するお金を〔　　　〕という。

(8) 地方交付税交付
　　 金

□(9) 特定の仕事について，国が使い道を指定して支出するお金を〔　　　〕という。

(9) 国庫支出金

□(10) 〔　　　〕一括法が成立して，国の仕事の多くが，地方公共団体独自の仕事になった。

(10) 地方分権

□(11) 地方公共団体の住民は，条例の制定や議会の解散などを請求する権利をもっている。この権利を〔　　　〕という。

(11) 直接請求権

□(12) 条例の制定や改廃についての請求は，有権者の〔　　　〕以上の署名数をもって行う。

(12) 50分の1

□(13) 首長や議員の解職請求を〔　　　〕といい，原則として有権者の〔　　　〕以上の署名数をもって行う。

(13) リコール, 3分の1

定期テスト予想問題

時間 60分
解答 p.245〜246

得点 ／100

1節／現代の民主政治

1 日本の選挙と政党について，次の各問いに答えなさい。 【2点×8】

(1) 次の①〜④の各文の□□□にあてはまる語句を答えなさい。

① 普通選挙・□□□選挙・直接選挙・秘密選挙は，選挙の4原則である。 〔　　　　〕

② 選挙のしくみについては，□□□法に詳しく定められている。 〔　　　　〕

③ 参議院議員には，都道府県を選挙区として選出される議員と，全国を1選挙区とした□□□
制によって選出される議員とがいる。 〔　　　　〕

④ 被選挙権の年齢が満30歳以上なのは，□□□と知事である。 〔　　　　〕

(2) ①政権を担当している政党と，②それ以外の政党をそれぞれ何といいますか。

①〔　　　　〕 ②〔　　　　〕

(3) 複数の政党が協力して政権を担当している内閣を何といいますか。 〔　　　　〕

(4) 政党活動と選挙の公正を確保するため，政治資金の公開や政党への献金の制限などを目的に制
定された法律は何ですか。 〔　　　　〕

2節／国会のしくみと仕事

2 国会について，次の各問いに答えなさい。 【2点×7】

(1) 次の①・②の文の下線部に誤りが1つずつある。その記号を書き，誤りを訂正しなさい。

① 衆議院議員の任期は㋐4年である。これに対して参議院議員の任期は㋑8年である。

〔　　・　　〕

② 国会には年1回，㋐150日間の会期で召集される常会と，必要に応じて㋑内閣が認めた場合
などに開会される臨時会と，衆議院解散後，㋒40日以内に総選挙を行い，総選挙の日から㋓10
日以内に召集される特別会とがある。 〔　　・　　〕

(2) 次のア〜ウで，出席議員の過半数で議決するものにはA，出席議員の3分の2以上で議決する
ものにはB，総議員の3分の2以上で議決するものにはCの記号を書きなさい。

ア 条約の承認〔　　〕 イ 法律案の再可決〔　　〕 ウ 憲法改正の発議〔　　〕

(3) 次の①・②は，国会の主な仕事です。〔　　〕にあてはまる語句を書き入れなさい。

① 〔　　　　〕の指名 ② 〔　　　　〕裁判所の設置

3 次の文を読んで，あとの各問いに答えなさい。　　　　　　　　　【2点×8】

> 　内閣は①内閣総理大臣とその他の国務大臣で構成され，内閣の仕事の方針は，全構成員の会議である⒜〔　　　　　　〕で決められる。内閣総理大臣と，国務大臣の過半数は，⒝〔　　　　　　〕でなければならない。また，日本の内閣は，②国会の信任の上に成立しており，国会に対して連帯して責任を負うしくみをとっている。
>
> 　内閣は最高の⒞〔　　　　　〕機関として，法律の執行，予算の作成，⒟〔　　　　　〕の制定，外交関係の処理，③条約の締結などのほか，⒠〔　　　　　　　　〕を指名する，天皇の国事行為について助言と承認を与えるなど，さまざまな分野の仕事を行っている。

(1) 文中の⒜〜⒠の〔　　〕にあてはまる語句を書き入れなさい。

(2) 下線部①の権限に属さないものを，次のア〜ウから1つ選び，記号で答えなさい。〔　　　　〕

　　ア　国務大臣の任免　　　イ　行政各部の指揮・監督　　　ウ　予算の議決

(3) 下線部②のようなしくみを何といいますか。　　　　　　　　　　〔　　　　　　　〕

(4) 次の文は，下線部③の手続きを示したものである。□にあてはまる語句を答えなさい。

　　内閣が□→国会の承認→内閣の批准→天皇の公布　　　　　　〔　　　　　　　〕

4 裁判所について，次の各問いに答えなさい。　　　　　　　　　【2点×10】

(1) 次のA〜Dの各文の〔　　〕にあてはまる語句を書き入れなさい。

　　A　裁判官は，自己の①〔　　　　　〕に従って独立して裁判を行い，②〔　　　　　〕と法律にのみ拘束される。

　　B　日本では，裁判の慎重を期するために①〔　　　　　〕制をとっており，原則として第二審は高等裁判所で，第三審は②〔　　　　　〕で行われる。

　　C　犯罪の被告人を裁く裁判は①〔　　　　　〕裁判であり，②〔　　　　　〕は，犯罪容疑が明らかと判断した場合，被疑者を裁判所に起訴する。

　　D　民事裁判で，訴えた側を①〔　　　　　〕といい，訴えられた側を②〔　　　　　〕という。

(2) 次の①・②の各問いに答えなさい。

　　①　法律などが憲法に違反していないかを審査する裁判所の権限は何か。〔　　　　　　〕

　　②　刑事事件の被疑者は，取り調べに際し，自分に不利となる供述は強要されない。この権利を何というか。　　　　　　　　　　〔　　　　　　　〕

140

5 次の文を読んで，あとの各問いに答えなさい。 【3点×6】

---

①地方自治は，住民の意思を反映し，その地域の実情に合った政治を行うことで，憲法や法律によって保障されている。都道府県や市（区）町村などの議決機関である **A** ☐☐☐ は，それぞれの②地域内だけに適用される独自の法を，法律の範囲内で定めることができ，執行機関には，首長である知事や市（区）町村長のほか，多くの③行政委員会が設けられている。

首長と議会が対立したときは，議会は首長の **B** ☐☐☐ を議決することができるが，可決された場合，首長は④一定期間内に議会を解散しなければ，その職を失うことになる。

---

(1) 下線部①を行う都道府県や市（区）町村を何というか。 〔　　　　　　　　〕

(2) 下線部②を何というか。 〔　　　　　　　　〕

(3) 下線部③にあてはまらないものを，次のア〜エから1つ選び，記号で答えなさい。 〔　　　　　　〕

　　ア　教育委員会　　　　イ　予算委員会　　　　ウ　公安委員会　　　　エ　選挙管理委員会

(4) 下線部④の期間は，法律で何日以内と定められていますか。 〔　　　　　　　　〕

(5) 文中の ☐☐☐ A・Bにあてはまる語句を，漢字で答えなさい。

　　　　　　　　　　　　　　　　A〔　　　　　　　〕　B〔　　　　　　　〕

6 次の各問いに答えなさい。 【2点×8】

(1) 次の各文の下線部が正しければ〔　　　〕に○で答え，誤りがあれば正しなさい。

　　ア　条例の制定・改廃の請求…その地域の有権者の①50分の1〔　　　　　〕以上の署名をもって②首長〔　　　　　〕に対して請求する。

　　イ　首長および議員の解職請求…原則としてその地域の有権者の①50分の1〔　　　　　〕以上の署名をもって②監査委員〔　　　　　〕に対して請求する。

(2) 右のグラフは，地方財政の歳入の内訳を示したものである。次の各問いに答えなさい。

　　① 地方公共団体の自主財源であるAは何か。〔　　　　　　　　〕

　　② Bは，地方財政の格差を減らすため，Cは特定の仕事について使い道を指定して国が支出している。それぞれの名称を答えなさい。
　　　　　　B〔　　　　　　　〕　C〔　　　　　　　〕

　　③ 地方財政圧迫の原因でもあるDは何か。〔　　　　　　　　〕

その他

D
10.1

C
17.1

2020年度
91.7兆円

A
44.7%

B
18.5

（2020/21年版「日本国勢図会」）

3章／現代の民主政治と社会

中学生のための
勉強・学校生活アドバイス

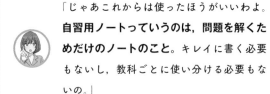

自習用ノートを消費して自信をつけよう！

「湊，学校の授業ノートとは別に，自習用ノートって使ってる？」

「自習用ノート？　使ってないよ。」

「じゃあこれからは使ったほうがいいわよ。**自習用ノートっていうのは，問題を解くためだけのノートのこと。**キレイに書く必要もないし，教科ごとに使い分ける必要もないの。」

「あとで見るためのノートじゃないってことですね。」

「そう。問題集って，直接答えを書き込むと2回目に使えないでしょ？　だから自習用ノートに答えを書き込むの。」

「俺，問題集に直接書き込んでたよ。」

「**問題集にはその問題が解けたかどうかの印をつけるようにするといいわよ。**あとでもう一度その問題集で勉強するときには，解けなかった問題を中心にやればいいからね。」

「ルーズリーフに書くのじゃだめですか？」

「ルーズリーフでもいいんだけど，ノートのほうがおすすめ。1冊のノートを使い切ると『勉強したなぁ』って達成感を得られるから。」

「その気持ちわかるかも！！」

「ちゃんと勉強すると1か月に1冊はノートを使い切れる。たまった自習用ノートは自分のがんばった証拠だから自信になるの。」

「私も自習用ノート使ってみようっと！」

4章

私たちの暮らしと経済

1 経済と家計

> ## 教科書の要点
>
> **1** **経済（経済活動）** ◎**経済（経済活動）**…**財・サービス**の**生産・流通・消費**のしくみ→**家計・企業**・政府が経済主体
>
> **2** **家計の収入と支出** ◎**家計**…それぞれの家庭や個人の収入と支出の経済活動
> ◎**家計の収入（所得）**…給与収入，事業収入，財産収入
> ◎**家計の支出**…**消費支出**，非消費支出，**貯蓄**

1 経済（経済活動）

（1）経済（経済活動）とは？

　私たちの生活は，**財（もの）**や**サービス**などの商品を**生産**し，それを必要なところに移動し（流通），それらにお金を支払って購入する（消費）ことで成り立っている。このような，**生産・流通・消費**を中心とする活動を**経済（経済活動）**という。

❶財 1…生活に必要な，形のあるもの。食料品や衣類，自動車など。
❷サービス 1…生活に必要な，形のないもの。医療や運輸，教育，美容室でのカットなど。

（2）経済の循環（経済の流れ）**2**

　家計・企業・政府の三つの経済主体の間で，お金と商品が流れる様子を**経済の循環**という。

❶家計…消費の主体。労働力を提供する。

❷企業…生産の主体。財やサービスを提供する。流通も担っている。

❸政府…財政を通じて経済活動を行う。

財を買う▶

◀サービスを買う

1 財（もの）とサービス

■参考 希少性

　人の欲求に対して財やサービスなどの商品（資源）が不足した状態を希少性があるという。商品の量が少なく，多くの人が欲しいものは，希少性が高くなる。

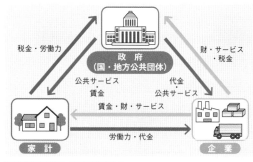

税金・労働力
公共サービス

政 府
（国・地方公共団体）

財・サービス・税金
公共サービス

賃金
賃金・財・サービス

代金

労働力・代金

家 計　　　　　　　**企 業**

2 経済の循環（経済の流れ）

② 家計の収入と支出

(1) 家計とは？

家庭や個人は，収入を得て，それをさまざまな目的のために支出する。それぞれの家庭や個人の収入と支出で成り立つ経済活動を**家計**という。❸

(2) 家計の収入（**所得**）

❶給与収入（給与所得）	❷事業収入（事業所得）	❸財産収入（財産所得）
会社や役所などで働いて得る収入。	農業や商店，工場などの経営で得る収入。	財産から得る所得。預金の利子や家賃など。

⇒日本の家計の収入では，給与収入が最大の割合を占める。

(3) 家計の支出

家計の支出の中心は，食料費などの**消費支出**❹である。

❶**消費支出**…財やサービスなどの消費のために支出される費用。食料品，住居費（家賃など），光熱費（電気・ガス代など），水道費，被服費（衣類など），医療費，教育費，交通・通信費，教養・娯楽費など。

❷**非消費支出**…税金や社会保険料など。収入から税金や社会保険料などを差し引いた額を可処分所得■■といい，実際に使えるお金になる。

❸**貯蓄**…将来の支出に備えるためのもので，銀行預金，株式や国債などの購入，生命保険料の支払いなど。

⇒貯蓄した資金は，さまざまな企業や政府に貸し出され，企業や政府の活動のための資金となる。

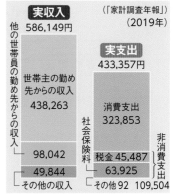

「家計調査年報」（2019年）

実収入 586,149円
他の世帯員の勤め先からの収入
世帯主の勤め先からの収入 438,263
98,042
49,844
その他の収入

実支出 433,357円
消費支出 323,853
社会保険料
税金 45,487
63,925
非消費支出
その他92 109,504

❸ 家計の収入と支出の関係（二人以上の勤労者世帯，1か月平均）

くわしく ▶ **その他の収入**

その他の収入には，財産を相続して得た収入や，社会保障制度の，主に老後の生活を保障する年金保険の給付金による収入がある。

用語解説 可処分所得

家庭や個人の収入から，所得税などの税金や社会保険料などを差し引いた，自由に使えるお金のこと。手取り収入ともいう。可処分所得を何に使うかを考えて，適切な選択をすることが大切。

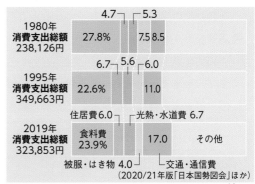

	食料費	住居費	被服・はき物	光熱・水道費	交通・通信費	その他
1980年 消費支出総額 238,126円	27.8%	4.7	5.3	7.5	8.5	
1995年 消費支出総額 349,663円	22.6%	6.7	5.6	6.0	11.0	
2019年 消費支出総額 323,853円	23.9%	住居費6.0	被服・はき物 4.0	光熱・水道費 6.7	交通・通信費 17.0	その他

（2020/21年版「日本国勢図会」ほか）

❹ **全国勤労者世帯の消費の内訳（1か月平均）** 交通網の発達やインターネットの普及などにより，交通・通信費の割合が増加している。

2 消費者の権利と責任

教科書の要点

1 契約と消費者の権利
◎ **契約**…買い手と売り手による商品の売買の合意

◎ **消費者主権**…消費者の意思と判断で，商品や生産量が決まるという考え方

2 消費者問題と消費者の保護
◎ 消費者の保護…**クーリング・オフ**制度，**製造物責任法（PL法）**や**消費者基本法**の施行など

1 契約と消費者の権利

(1) 契約と消費生活

❶ **契約**…買い手（消費者）と売り手（販売者，生産者）が
└→ ここでは，売買契約のことを指す
互いに商品の売買について合意すること。契約書を交わすものだけではなく，お店での買い物なども契約となる。

❷ **契約自由の原則**…誰とどのような内容の契約を，どのような方法で結ぶかは，基本的に自由であるという原則。

(2) 消費者の権利

❶ **消費者主権**…消費者の意思と判断によって，生産される商品やその生産量が決まるという考え方。

❷ 消費者の４つの権利

1960年代にアメリカで消費者の権利を求める運動が高まり，ケネディ大統領が消費者の４つの権利を示した。以後，消費者の権利に対する考え方が世界中に広まった。

2 消費者問題と消費者の保護

(1) 消費者問題

有害食品や欠陥商品のトラブルや詐欺など，消費者の利益

発展 消費者の4つの権利

①安全を求める権利

②知らされる権利

③選ぶ権利

④意見を反映させる権利

くわしく 消費生活におけるトラブル

一般的に，売り手と比べて買い手である消費者は，商品の知識や情報が乏しく不利な立場にあることから，さまざまな悪質商法による被害が起こっている。

● マルチ商法…「友だちを紹介するだけで多額の報奨金がもらえます」などと言って組織に加入させ，新たな会員の加入活動をさせる商法。

● 無料商法…街頭で「無料キャンペーンです」などと言って誘い，化粧品や健康食品，エステなどの契約をさせる商法。

消費者問題の約4割は，契約に関する内容なんだって。

を損なう**消費者問題**が起こっている。

┗→インターネットを使った通信販売のトラブルが増加している

(2) 消費者の保護

消費者の権利を守り，欠陥商品や悪質商法などによる被害を防ぐため，政府はさまざまな対策を実施している。

❶**消費者保護基本法**（1968年施行）…消費者保護の基本的な理念を定めた。この法律の制定をきっかけに，消費者の苦情を処理するため，国民生活センターと消費生活センター📖が設置されるようになった。

❷**クーリング・オフ**制度❶…訪問販売や電話勧誘などで商品を購入したあと，一定期間内であれば，その契約を無条件で解除できる制度。

❸**製造物責任法（PL法）**（1995年施行）…製品の欠陥によって消費者が被害を受けた場合に，企業に過失がなくても，企業に被害の救済を求めることができる。

❹**消費者契約法**（2001年施行）…訪問販売などで，業者が事実と異なる説明をした場合などに，一定期間内であれば契約を取り消すことができる。

❺**消費者基本法**（2004年施行）…消費者保護基本法を改正した法律。消費者の権利が明示され，国や地方公共団体の責任・義務として消費者の被害を防ぐとともに，消費者の自立を支援することなどを規定。

❻**消費者庁の設置**（2009年）…各省庁に分かれていた消費者行政を，統合して扱うために設置された，国の行政機関。

(3) 消費者の責任と消費のあり方

消費者保護のためにさまざまな対策がとられているが，消費者側も果たすべき責任がある。自立した消費者になるために，自ら商品や契約についての知識を深めることで判断力を身につけ，消費生活を送ることが求められる。

用語解説 消費生活センター

情報提供，苦情の処理，商品テストなどを行う地方公共団体の機関。独立行政法人の国民生活センターと連携している。

取引内容	期間
訪問販売 電話勧誘販売	法定書面を受領後，8日間
マルチ商法	法定書面を受領後，20日間

❶ 主なクーリング・オフ制度

通知書

次の契約を解除します。

契約年月日　○○年○月○日
商品名　　○○○○○
契約金額　○○○○円
販売会社　株式会社○○
　　　　　○○営業所
　　　　　担当者○○○○
支払った代金○○○○円を返金し，商品を引き取ってください。
　　　　　　　○○年○月○日
　　　　　　　　　○○○○

↑クーリング・オフ制度の通知書の例

くわしく　製造物責任法（PL法）制定前後の消費者保護

製造物責任法（PL法）の制定前は，製品の欠陥で消費者が被害を受けた場合，被害者自身で企業の過失を証明する必要があった。制定後は，製品の欠陥で被害を受けたことだけを証明すれば，企業に損害賠償を請求することができるようになった。

3 流通と貨幣

教科書の要点

1 流通のしくみと商業
◎ **流通**…生産された商品が消費者に届くまでの流れ
◎ **商業**…**卸売業**，**小売業**，流通を支える産業
◎ **流通の合理化**…流通のしくみを簡略化し，費用を削減すること

2 貨幣のはたらき
◎ 貨幣のはたらき…**価値の尺度**，**交換の手段**，**価値の貯蔵**
◎ 通貨の種類…現金通貨（現金）と預金通貨（預金）

1 流通のしくみと商業

（1）流通とは？

> **重要** **流通**…財（もの）やサービスの商品が，生産者からさまざまな人の手を経て，消費者に届くまでの流れ。

（2）商品が消費者に届くまで

❶ 一般的な流通経路

（大塚知則／PPS通信社）

生産者 → 卸売業（者）（卸売商）→ 小売業（者）（小売商）→ 消費者

❷ 野菜・魚などの流通経路 ■

生産者 → 産地問屋や農業（漁業）協同組合 → 卸売業者・問屋 → 小売業者 → 消費者

↑市場でのせり

（3）商品の流通を担う商業

　商品の流通に携わる仕事を**商業**という。商業は，商品を生産者から消費者に販売することで，生産活動と消費活動を円滑にする役割がある。

❶ **卸売業**（問屋）…生産者から商品を仕入れて，小売業に販売する。

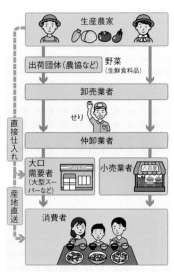

■ 野菜などが消費者に届くまで

思考 もし商業がなかったら…？

　直接，自分で生産者のもとに商品を買いに行かなくてはならず，それを輸送する費用も自分で負担しなければならないため，時間や労力，費用が多くかかる。

❷**小売業**…消費者に直接商品を売る。大型小売店のデパート（百貨店），スーパーマーケットなどもある。

❸**流通を支える産業**…倉庫業，運送業，保険業，広告業など。

(4) 流通の合理化

> ⚠重要
> 　複数の卸売業者を経由するなど，流通のしくみが複雑化すると，効率が悪く費用もその分多くかかる。そのため，近年，流通のしくみを簡略化し流通費用を削減する**流通の合理化**が図られている。
> 　　└→コスト　　　　　　　　　　　　　　　　　　　　　　　└→さくげん

❶**直接仕入れ**…大型小売店は，商品を生産者から直接仕入れて，流通費用の節約を図っている。

❷**インターネット・ショッピング**…売り手と買い手をインターネットで直接結ぶことで，流通経路の短縮や在庫費用の節約が可能になった。
└→オンライン・ショッピング，インターネットの通信販売

❸**情報通信技術の活用**…売上や在庫などの情報を，コンピューターで効率的に管理できるようになった。
└→POSシステムなど

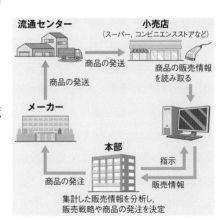

2　貨幣のはたらき

　現在，市場での売買には一般的に貨幣が使われているが，かつては物々交換が行われていた。貨幣を使うことで，時間や場所の制約を受けずに，スムーズな売買が可能になった。

(1) 貨幣のはたらき
❶**価値の尺度**…商品の価値を測る尺度のはたらきをもつ。
　　　　　　　　　　　　　　　　　　└→ものさし
❷**交換の手段**…商品の交換の仲立ちをする。
❸**価値の貯蔵（保存）**…銀行に預金するなどして価値を貯蔵できる。

(2) 通貨の種類
　　└→社会で実際に流通している貨幣
❶**現金通貨（現金）**…紙幣（日本銀行券）と硬貨（金属貨幣）をあわせたもの。
❷**預金通貨（預金）**…銀行などに預けてあるもの。

> 🔍くわしく　**運送業，保険業，広告業の役割**
> ●**運送業**…トラックを中心に，鉄道・船舶・航空機などを利用し，商品を輸送する。
> ●**保険業**…商品の輸送・保管の際の被害を補償する，損害保険などを扱う。
> ●**広告業**…テレビコマーシャル（CM）やポスター，ちらしなどを制作し，生産や流通を補っている。

> 🔍くわしく　**流通の合理化**
> 　流通の合理化の例として，プライベートブランド（PB，自社ブランド）の開発が挙げられる。プライベートブランドとは，小売業者などが企画し，独自のブランドとして販売する商品のことで，生産と流通を一体化することで，仕入れ費用を削減できる。

> ■参考　**POS（販売時点情報管理）システム**
> 　商品の価格や販売数，買い手の性別や年齢などの情報を，レジやバーコードを使って集計・分析するしくみ。集計した膨大な情報（ビッグデータ）を分析することで売れ筋の商品がわかり，販売戦略や商品の発注，在庫管理などを効率的に行うことができる。

↑**POS（販売時点情報管理）システムのしくみ**

見る
Column

さまざまな支払い方法とそのしくみ

私たちは，日々さまざまな商品を買い，その代金を支払っている。近年，電子マネーやクレジットカードなど，現金を使わない支払い方法が増えており，これらをキャッシュレス決済という。

1 キャッシュレス決済：クレジットカード編

代表的な**キャッシュレス決済**の一つに，**クレジットカード**がある。

クレジットカードは，その場で現金を持っていなくても，代金を後払いすることで商品を購入することができる。その支払いのしくみは，カード発行会社が一時的に店に代金を支払い（立て替え），後日カード利用者の銀行口座からその代金が引き落とされるというものである。

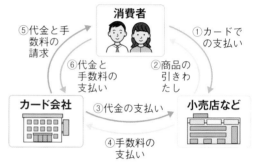
⑤代金と手数料の請求
①カードでの支払い
⑥代金と手数料の支払い
②商品の引きわたし
消費者
③代金の支払い
カード会社
小売店など
④手数料の支払い
↑クレジットカードの支払いのしくみ

2 キャッシュレス決済：電子マネー編

電子マネーも代表的なキャッシュレス決済の一つで，**ICカード**，**スマートフォンのアプリケーション（アプリ）**などを使って代金を支払うことをいう。クレジットカードのように後払いのしくみのものや，現金をチャージして支払う前払いのもの，銀行口座と連携して，その場で支払うものなどがある。

日本のキャッシュレス決済の比率は，2016年現在で約20％と，アメリカ合衆国の46％，中国の66％，韓国の96％などと比べて低くなっている。

（朝日新聞社／PPS通信社）

↑電子マネー決済のできるICカードやアプリ
小売店が発行するICカードで買い物をする人（左），QRコードやバーコードを使った決済アプリの例（右）

③ キャッシュレス決済のメリット

キャッシュレス決済には，主に次のようなメリットが挙げられる。

●**素早い会計の実現**

おつりのやり取りをする必要がないため，会計をスムーズに済ませることができる。

●**外国人観光客にとって買い物が便利**

クレジットカードや電子マネーを使えば，通貨を交換する手間を省ける。

●**労働力不足の解消**

例えば，キャッシュレス決済を導入すれば，店員の数を減らしたり，無人店舗を増やせる可能性がある。このように，キャッシュレス決済によって，少子高齢社会の課題である労働力不足の解消も期待できる。

（朝日新聞社／PPS通信社）

↑キャッシュレス決済を導入した店

④ キャッシュレス決済のデメリット

いっぽうで，キャッシュレス決済には，主に次のようなデメリットが挙げられる。

●**不正利用の危険性**

置き忘れなどによってスマートフォンを紛失した場合，他人に不正利用されるおそれがある。

●**利用可能な店が少ない**

以前よりも利用できる店は増えているが，とくに電子マネーに関しては，まだまだ取り扱いのある店が少ない。

●**災害時に弱い**

電子マネーは，地震などで停電になったり，インターネット回線で障害が発生したりしたときには，利用することができない。

> メリットとデメリットを踏まえたうえで，一人ひとりがキャッシュレス決済をどう利用していくか，考えることが必要だね。

4 市場経済と価格のはたらき

教科書の要点

1 **市場経済**

◎ **市場経済**…**市場**で自由に商品を売買し，価格を決定するしくみ

◎ 価格の決定…**需要量**と**供給量**の関係で決定（**市場価格**）

①需要量が供給量を上回る⇒価格は**上昇する**

②需要量が供給量を下回る⇒価格は**下落する**

2 **価格のはたらき**

◎ 価格のはたらき…需要と供給を調整する

◎ 価格の内訳…価格＝生産費＋企業の利潤

1 市場経済

市場とは，売り手と買い手が価格を目安にして商品の取り
引きが行われる場のことである。さまざまな市場が社会のす
みずみまで張りめぐらされ，市場で自由に商品の売り買いが
行われる経済のしくみを**市場経済**という。

→供給者 →需要者

参考 **市場の種類**

●**卸売市場**…野菜や魚の価格をせりなど
で決める。
●**株式市場**…株式を売買する。
●**労働市場**…労働力を売買する。
卸売市場のように，売り手と買い手
が直接会って，目に見える取り引きを
する場だけではなく，目に見えなくて
も，売り手や買い手がいて，価格を決
定している場を市場という。

2 価格のはたらき

（1）価格の決まり方

市場経済のもとでは，商品の価格は，市場で消費者が買お
うとする量（**需要量**）と，生産者が売ろうとする量（**供給
量**）の関係で決まる。これを**市場価格**という。

重要

❶価格の決定**1** 需要量＞供給量⇒価格は**上昇**する↗
需要量＜供給量⇒価格は**下落**する↘

❷需要と供給のつり合い…価格は需要量と供給量の関係で変
動するが，最終的には**需要量**と**供給量**はつり合いが取れた
状態になる。このときの価格を**均衡価格**という。

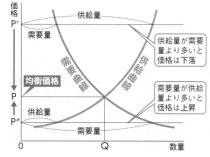

1 需要量と供給量と価格の関係　需要曲線と供
給曲線が交わるときの価格を均衡価格という。

152

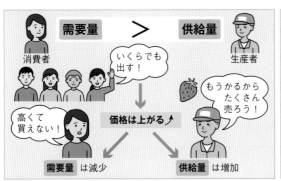

2 需要量と供給量，価格の関係（いちごの場合）

（2）価格のはたらき

　商品の価格が高くなると，消費者は買う量（需要量）を減らし，企業は利益が増えるので，つくる量（供給量）を増やす。**2**このように，価格には需要量と供給量を調整するはたらきがあり，これにより市場価格が均衡価格に近づくしくみを，市場メカニズムという。

> **重要**
>
> ❶価格が上昇する↗ ⇒ 需要量は減少↘
> 　　　　　　　　　　　供給量は増加↗
> ❷価格が下落する↘ ⇒ 需要量は増加↗
> 　　　　　　　　　　　供給量は減少↘

（3）価格の内訳 **3**

　商品は，生産にかかった費用（生産費）や卸売，小売にかかった費用に，生産者・卸売業者・小売業者の利潤（もうけ）を加えた価格で市場に売り出される。

$$ 価格（生産者価格） ＝ 生産費 ＋ 企業の利潤 $$

❶生産費…原材料費・賃金・減価償却費（生産で消耗する機械などを費用として見積もった額）・地代など。
　　　　　　　　　　　　　　　└→借りている土地の代金
❷流通経費…流通の過程での費用。
　　　　　　└→卸売・小売・運送業者など
❸利潤（もうけ）…生産者や流通業者の利益（もうけ）。

参考 きゅうりの入荷量と価格の動き

　入荷量が多い月は価格が下がり，少ない月は価格が上がる。

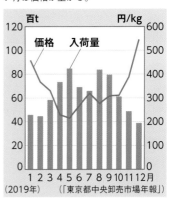

（2019年）（「東京都中央卸売市場年報」）

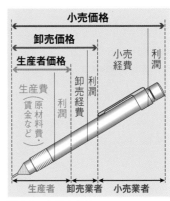

3 商品の価格の内訳

5 特別な価格，物価とインフレ

教科書の要点

1 特別な価格

◎ **独占**と**寡占**…少数の企業が市場への商品の供給を支配

◎ **独占価格**（寡占価格）…少数の企業が一方的に決める価格

◎ **公共料金**…国などが決めたり認可したりする料金

2 物価とインフレ

◎ **物価**…商品の価格やサービスの料金をまとめて平均したもの

◎ **インフレーション**…物価が継続的に上昇する現象

◎ **デフレーション**…物価が継続的に下落する現象

1 特別な価格

（1）独占と寡占…自由な競争が確保されておらず，価格のはた
らき（→p.153）が機能しなくなる状態として**独占**と**寡占**
がある。■

> 重要
>
> ❶**独占**…1つの企業が市場への商品の供給を支配している
> 状態。
> ❷**寡占**…少数の企業が市場への商品の供給を支配している
> 状態。寡占も含めて独占ということもある。

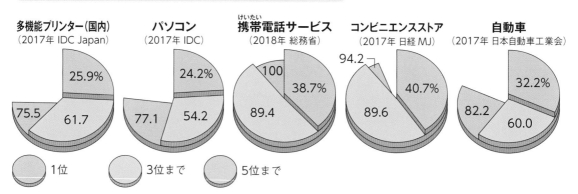

多機能プリンター（国内）
（2017年 IDC Japan）
25.9%
75.5
61.7

パソコン
（2017年 IDC）
24.2%
77.1
54.2

携帯電話サービス
（2018年 総務省）
100
38.7%
89.4

コンビニエンスストア
（2017年 日経 MJ）
94.2
40.7%
89.6

自動車
（2017年 日本自動車工業会）
32.2%
82.2
60.0

○ 1位　○ 3位まで　○ 5位まで

■ 少数の企業に集中している商品・サービスの例（日本）

(2) 競争のない価格

　独占や寡占状態となっている場合，価格競争が弱いため，企業は利潤をなるべく大きくするような価格（独占価格）を決めることになりがちである。

❶**独占価格（寡占価格）**…一つの企業が一方的に決める価格。また，少数の企業が相談して決める価格を，**寡占価格**という。

❷**独占価格の問題点**…企業に有利な高い価格に決定されるため，消費者の不利益になることが多い。

　⇒企業の競争を促す**独占禁止法**が制定され，これに基づいて，**公正取引委員会**が監視や指導にあたっている。

(3) 国民生活に関わりの深い価格

　鉄道やバスの運賃，電気，ガス，水道などの価格（料金）は，大きく上下すると，国民の生活に大きな影響をおよぼすことになる。そこで，これらの価格は**公共料金**❷として，国会や政府，地方公共団体がその価格を決めたり認可したりしている。

決定方法	例
国が決定するもの	社会保険診療報酬，介護報酬など
国が認可・上限認可するもの	電気料金，鉄道運賃，都市ガス料金，高速自動車国道料金，タクシー運賃など
国に届け出るもの	電気通信料金（固定電話の通話料金など），郵便料金など
地方公共団体が決定するもの	公営水道料金，公立学校授業料，公衆浴場入浴料など

❷ 主な公共料金

2 物価とインフレ

(1) 物価とは？

　商品の一つひとつの値段を価格というが，いろいろな商品の価格やサービスの料金を総合して平均したものを**物価**という。消費者が購入する商品のうち，日常生活に関係の深い商品の物価を消費者物価といい，消費者物価指数❸で示される。

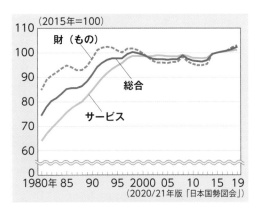

❸ 日本の消費者物価指数の推移　物価指数とは，基準となる時期の物価を100として，物価の変動を表したもののこと。

(2) インフレーション（インフレ）

❶意味…物価が継続的に上昇↗して，貨幣の価値が下がること。

❷影響…物価が上昇すれば貨幣価値は下がるので，実質的に賃金が下がったことになり生活が苦しくなる。年金生活者など，一定の収入しか得られない人々の生活を圧迫する。

4 100兆ジンバブエ・ドル紙幣 アフリカのジンバブエで，急激にインフレが進行するハイパーインフレが起き，貨幣価値が下がったため発行された。2015年にジンバブエ政府が自国通貨を廃止したため，現在は使用されていない。

(3) デフレーション（デフレ）

❶意味…インフレーションとは反対に，物価が継続的に下落↘して，貨幣の価値が上がること。

❷影響…商品の価格が下がるので，企業の利益が減少する。そのため企業の倒産が増え，失業者が増加し，経済活動は停滞する。

Column　デフレスパイラルってなに?

景気が悪くなって，商品が売れなくて困っている店があるとする…。

①しかたなく商品の価格を大幅に値下げして，売り上げを伸ばそうとする。

②しかし，安く売った分，店の利益は減ってしまうので，店員の給料を減らしたり，辞めさせたりしなければならない。

③そのせいで，店員の家計は苦しくなって，消費を抑えるため，商品が売れなくなる。

そして，また商品の価格を下げる…。といった具合に①〜③は繰り返される。
この状態が社会全体におよんで，ぐるぐるとデフレの状態が繰り返されることを**デフレスパイラル**という。

※スパイラルとは「らせん」という意味。

1 経済と家計 ～ 3 流通と貨幣

□(1) 食料品などの形のある商品を〔　　　〕といい，医療などの形のない商品を〔　　　〕という。

(1)財（もの），サービス

□(2) 消費を中心とした家庭や個人の経済活動を〔　　　〕という。

(2)家計

□(3) 消費者自身の意思と判断によって，商品やその生産量が決まるという考え方を〔　　　〕という。

(3)消費者主権

□(4) 訪問販売などで商品を購入したあと，一定期間内であれば，その契約を取り消すことができる制度を〔　　　〕という。

(4)クーリング・オフ（制度）

□(5) 製品の欠陥によって消費者が被害を受けた場合に，企業に過失がなくても，被害の救済を求めることができると定めた法律を〔　　　〕という。

(5)製造物責任法（PL法）

□(6) 商品が生産者から消費者に届くまでの流れを〔　　　〕という。

(6)流通

□(7) 商品の(6)に携わる仕事を〔　　　〕という。

(7)商業

4 市場経済と価格のはたらき ～ 5 特別な価格，物価とインフレ

□(8) 市場で自由に商品の売り買いが行われる経済のしくみを〔　　　〕という。

(8)市場経済

□(9) 消費者が買おうとする量を〔　　　〕といい，生産者が売ろうとする量を〔　　　〕という。

(9)需要量，供給量

□(10) 需要量が供給量を上回ると，価格は〔　上昇　下落　〕し，供給量が需要量を上回ると，価格は〔　上昇　下落　〕する。

(10)上昇，下落

□(11) 需要量と供給量がつり合ったときの価格を〔　　　〕という。

(11)均衡価格

□(12) 国や地方公共団体が決定や認可する料金を〔　　　〕という。

(12)公共料金

□(13) 物価が継続的に上昇していく現象を〔　　　〕といい，物価が継続的に下落していく現象を〔　　　〕という。

(13)インフレーション（インフレ），デフレーション（デフレ）

1 生産のしくみ

```
教科書の要点
```

1 商品の分業と交換　◎ 私たちの生活…**企業**が**分業**で商品を生産し，その商品を**貨幣**と**交換**することにより成立

2 企業の生産活動と資本主義経済
◎ 生産要素…**土地**（自然），**資本**（設備），**労働力**
◎ **技術革新**…優れた機械や技術などを取り入れること
◎ **資本主義経済**…資本で商品を生産し，**利潤**を生み出す経済

1 商品の分業と交換

　現代における生産は，多くの場合，経済の三つの主体（→ p.144）の一つである**企業**が，分担して財（もの）やサービスを生産する**分業❶**によって行われている。そして，分業で生産された商品を**貨幣**と**交換**することで（→ p.149），私たちの生活は成り立っている。

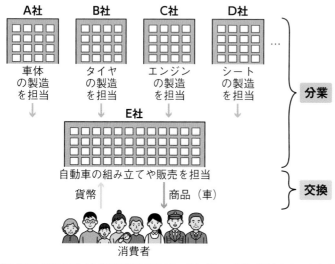

❶ 分業と交換の例（自動車の製造の場合）　それぞれの企業が得意なものを生産し，それによってできた商品と貨幣を，消費者は交換している。

参考｜自給自足から分業へ

　かつて，必要なものをすべて一つの社会集団で生産する，**自給自足**の生活が主流だった時代もあった。しかし，このような生活は莫大な時間や労力がかかり，容易ではない。その後，18世紀ごろに**分業**の生産方式が生まれたことで，効率よく生産することが可能になった。

一つの企業内でも，営業部や製造部，経理部など，いくつかの部門に分かれて分業が行われているよ！

❷ 企業の生産活動と資本主義経済

(1) 生産するために必要な要素

例えばTシャツを生産する場合，Tシャツをつくる工場と
その工場を建てる**土地**（自然），綿布などの原材料とそれを
ぬいあげるための**資本**（設備），さらに働く人たちの**労働力**
が必要である。生産に必要なこれらの要素を**生産要素**という。

❶土地（自然）	❷資本（設備）	❸労働力
工場や店を建てる土地。	原材料や工場の設備・機械など。	生産のために働く人たち。

(2) 生産の拡大 ❷

企業が商品を売って得た売上金から，土地や設備，
労働者への賃金などの費用を差し引いた残りが企業
の**利潤**（→p.153）となる。企業はこの利潤をもと
└→経費（コスト）
└→利益，もうけ
に，資本を増やし生産規模を拡大していく。

(3) 技術革新とは？

企業が**競争**に勝つためには，よりよい製品をより
安くつくる必要がある。そのため
に，優れた機械や進んだ生産技術
を発明したり改善したりして，そ
れを取り入れることを**技術革新
（イノベーション）**という。

> 最近は，人工知能（AI）やビッグデータなどを活用した技術革新が進んでいるよ。

(4) 資本主義経済

企業や個人が利潤を目的に，**生産要素**を使って商品を生
産・販売する経済のしくみを**資本主義経済**という。日本を
はじめ，世界の多くの国々では，資本主義経済のしくみをと
っている。

📖くわしく **もう1つの生産要素，知的資源**

近年では，生産要素に**知的資源（知的財産）**を加える考え方もある。これは，生産を効率的に行うための**製法の特許や
ノウハウ**（知識や知恵），それに**労働者の熟練の技能**といった形のないものが，重要視されるようになったためである。

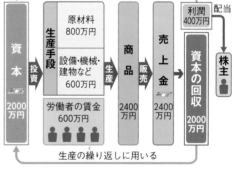

❷ **生産の拡大の例** 利潤の一部は株主の配当などにあてられ（→p.161），残りは生産の拡大などに用いられる。

発展 資本主義経済の特色と問題点

●特色
　①**私有財産制**…工場や機械などの生産
　手段の私的所有（個人所有）が認め
　られている。
　②**経済活動の自由**…すべての経済活動
　は企業や個人の自由で，利潤を求め
　て互いに競い合う（**自由競争**）。
●問題点…資本主義経済は好景気や不景
　気などの**景気変動**（→p.182）を繰り
　返し，不景気になると，企業が倒産し
　たり失業者が増えたりする。

2 企業の種類と株式会社

教科書の要点

1 企業の種類
◎ **公企業**…利潤を追求せず，国や地方公共団体などが経営する企業
◎ **私企業**…利潤を追求することを目的に民間が経営する企業

2 株式会社
◎ 特色…**株式**を発行して，多額の資金を集めることができる
◎ **株主**…出資者。**配当**を受け取る。株主総会の議決権をもつ
◎ **株主総会**…株式会社の最高の議決機関

1 企業の種類

　企業は，財（もの）やサービスの生産，流通，販売などを継続して行う組織である。会社のことだけでなく，農家や個人商店も企業に含まれる。企業はおおまかに，**公企業と私企業**に分けられる。

重要

(1) **公企業**…国や地方公共団体などが経営する企業。利潤の追求を目的とせず，公共の利益を目的とする。

(2) **私企業**…会社（法人）や個人など，民間が経営する企業。利潤の追求を最大の目的として生産を行う。一般的に企業という場合は，私企業のことを指す。

公企業
都営バス
水道局

私企業
ものを売る企業
サービスを売る企業
美容院
コンビニ
工場
ものをつくる企業

❶個人企業…農家や個人商店など。

❷法人企業…組合員の利益を目的とする組合企業と，多くの人から資金を集めるために考え出された**会社企業**がある。
　　　　　→ 株式会社が代表的

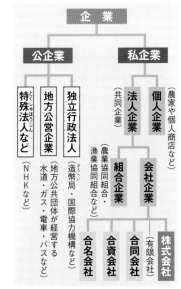

企業
　公企業
　　特殊法人など（NHKなど）
　　地方公営企業（地方公共団体が経営する水道・ガス・電車・バスなど）
　　独立行政法人（造幣局・国際協力機構など）
　私企業
　　法人企業（共同企業）
　　　組合企業（農業協同組合・漁業協同組合など）
　　　会社企業
　　　　合名会社
　　　　合資会社
　　　　合同会社
　　　　（有限会社）
　　　　株式会社
　　個人企業（農家や個人商店など）

❶ 企業の種類　この図に示した会社企業には，それぞれ下記の特徴がある。
●**合同会社**…債務に対して出資額までしか責任を負わないという形で設立される。
●**合資会社**…債務に対して，無制限の責任を負う出資者と，限られた責任を負う出資者とで構成される。
●**合名会社**…債務に対して，互いに無制限の責任を負う少数の出資者で構成される。親族による経営が多い。
　また，有限会社は，2006年の法改正で新たに設立できなくなった。

2 株式会社

(1) 株式会社の特色

　企業は利潤をあげるために常に競争していて，勝ち残るためには多くの資金が必要になる。そこで，多くの人から多額の資金を集めるために考え出されたのが**株式会社**である。日本の大企業の多くがこの形態をとっている。

(2) 株式会社のしくみ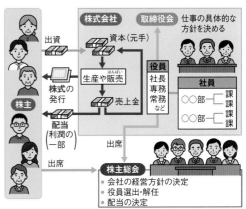

2 株式会社のしくみ　株主総会で選出される役員には，取締役のほかに，会社の業務・会計を監督する監査役がいる。

重要

❶株式の発行…少額の株式に分けて広く出資者を募り，大勢の人々から資金を集める。

❷株主…株式を購入した個人や法人。

　株主には，会社が利益をあげたとき，所有する株式数に応じて**配当**（配当金）を受けたり，株主総会に出席したり，株式を自由に売買したりする権利がある。いっぽう，会社が倒産した場合は，出資額の範囲内で損失を負担する有限責任（制）がとられている。
　→利潤の分配
　→出資額以上の責任を負わない

❸株価…株式は，**証券取引所**などで売買され，その際の値段を**株価**という。株式を売買しようとする人々の需要と供給の関係で，株価は変動する。

(3) 会社経営のしくみ

重要

❶株主総会 **3**…株主で組織する会議。事業の基本的な方針や，取締役の**任免**などを決める最高の議決機関。
　→任命したり，やめさせたりすること

株主総会での議決権は，普通，1単元株1票だから，株式を多くもつ大株主は，会社の経営に大きな影響力をもつよ！

❷取締役会…会社の事業全般について，具体的な方針を決める機関。株主総会で選出された取締役で構成される。

くわしく　**株式とは？**

　もともとは，株主が会社に対してもつ権利の持ち分のことだが，一般的には株券（株主がその会社の株式を所有していることを示す証書。現在は電子的に管理されている）を指していう場合が多い。

参考　**代表取締役とは？**

　取締役とは会社の経営者のことで，代表取締役とはその中から選ばれた，会社を代表する人をいう。一般的には社長・副社長などと呼ばれる。

3 株主総会の様子

株ってなに？

新聞や雑誌，テレビのニュースで「株価，大暴落」「株で月〇万円もうかる」などのフレーズを耳にすることがあるが，「株」とはどんなものなのだろうか。

1 株ってなに？

　株式会社が，多額の資金を集めるために発行する証書を**「株式」**という。かつては，資金を出してくれた人に，それを証明する紙の**「株券」**を発行していたが，2009年から廃止され，電子的な管理に統一された。この「株式」や「株券」を，一般的に**「株」**という。

（朝日新聞社／PPS通信社）

⬆インターネットを使った株式の取り引き

2 株主にはどんなメリットがあるの？

　株を買って株主になることで得られるメリットには，次のようなものが挙げられる

①企業が利潤を上げた場合に，配当（配当金）が得られる。

②株価（株の価格）が安いときに株を買い，株価が上がったときに株を売れば利益を得られる。

③株主総会に出席して，意見を述べることができる。

④株主優待制度で，その企業の製品の割引券などをもらうことができる。

「株でもうかる」というのは，②の株の売買によって利益を得ることをいうんだね。

③ 株価が変動するのはなぜ？

いっぽう，株主が損をする場合もある。株を買った企業が赤字になって配当がもらえなかったり，株価が下がったりする場合だ。

株は市場で日々売買されているため，株価も日々変化する。株価は市場価格の原理で，**需要量**と**供給量**の関係によって決まる。買いたい人（需要量）が多ければ株価は上がり，売りたい人（供給量）が多ければ株価は下がる。そのため，企業の業績や新製品の開発状況，国内や海外の政治情勢，金利や経済状況など，さまざまな事柄の影響を受けて株価は変動している。

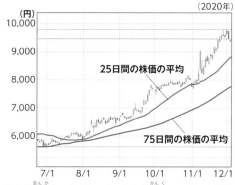

↑人気漫画とコラボレーションした玩具メーカーの株価
人気漫画のキャラクター商品が発売された9月ごろに，株価が大幅に上昇した。　　（日本経済新聞資料）

④ 株を買うにはどうすればいい？

株は，買いたい会社に直接買いに行っても，買うことはできない。株の購入は**「証券会社」**を通さなければならないためである。証券会社は，客の注文に応じて**「証券取引所」**で株の売買をする。最近では，客と証券会社の間で，インターネットを使った取り引きも増えてきている。

証券取引所で株を扱ってもらうためには，その会社の資本金額や設立されてからの年数など，証券取引所が決めた厳しい条件を満たさなければならない。これを**上場**という。上場には，会社に対する世間の信用が上がり，低コストで資金を集めやすくなるなどのメリットがある。

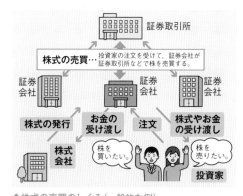

↑株式の売買のしくみ（一般的な例）

ニュースなどで株価の動きが話題になるのは，株価が景気をはかるものさしの一つになるためである。株価の動きに関心をもって追いかけると，日本経済の様子もみえてくるはずだ。

3 生産の集中と中小企業

教科書の要点

1 生産の集中と独占

◎ **独占**…一つの企業による生産や市場の支配

◎ **カルテル**…価格や生産量について協定を結ぶ

◎ 独占への対策…**独占禁止法**の制定，**公正取引委員会**の設置

2 中小企業の役割と課題

◎ **中小企業**…**大企業**の下請けが多いが，高い技術力をもつ企業も多い

◎ **ベンチャー企業**…独自の技術などをいかした中小企業

1 生産の集中と独占

（1）生産の集中…企業どうしの自由競争の中で，競争力の強い企業が弱い企業を合併するなどして，しだいに生産の大部分を支配するようになること。この傾向は独占へと発展していく。

（2）独占

　❶**独占**…一つの企業が市場への商品の供給を支配する状態。

　❷**寡占**…少数の企業が市場への商品の供給を支配する状態。**寡占**を含めて**独占**ということもある。

（3）**カルテル**❶…同じ業種の少数の企業が協定を結び，価格をつり上げたり生産量を制限したりすること。

（4）独占の問題点とその対策

　　自由な競争が確保されていないと，消費者に不利益な価格に決められるおそれがある。そのため，このような弊害をなくす目的で，**独占禁止法**（→p.155）が定められている。

重要

❶**独占禁止法**…企業間の自由な競争を促す。

❷**公正取引委員会**…国の行政機関（→行政委員会）で，独占禁止法に基づいて，企業を監視，指導する。

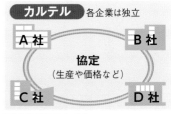

カルテル 各企業は独立

A社　B社

協定
（生産や価格など）

C社　D社

■ カルテルのしくみ

くわしく 独占の形態

独占には，下記の2つの形態もある。

● トラスト…同じ業種の企業が合併し，新しい巨大企業になる。

● コンツェルン…1つの巨大企業が異なる業種の企業の株式を所有し，支配する。

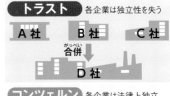

トラスト 各企業は独立性を失う

A社　B社　C社

合併

D社

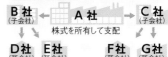

コンツェルン 各企業は法律上独立

B社（子会社）　A社　C社（子会社）

株式を所有して支配

D社（孫会社）　E社（孫会社）　F社（孫会社）　G社（孫会社）

2 中小企業の役割と課題

　企業は，資本金や従業員数などによって，**大企業**と**中小企業**に分けられる。

(1) 中小企業の役割

　❶大企業の下請け…製造業では，大企業の下請けとして，部品などを生産している場合が多い。

　❷独自の役割…優れた技術をもつ企業もあり，世界に誇る日本の技術が生み出されている。❸また，日本の企業のほとんどは中小企業で，勤労者の多くはここで働いている。そのため，中小企業は日本の経済を支える存在となっている。

(2) 中小企業の問題点と対策

問題点	❶不景気になると大企業からの注文が減り，経営が不安定になりやすい。
	❷大企業に比べて賃金が安く，福利厚生が整っていないことが多い。　→社会保険のほか，各種手当
	❸資金力に余裕がある企業が少なく，後継者不足も深刻である。
対策	中小企業基本法で，中小企業の振興と保護育成を図っている。

(3) 起業とベンチャー企業の課題

　❶起業…新しく会社を起こすこと。

　❷ベンチャー企業…独自の技術やアイデアをいかして生まれた中小企業。情報通信技術産業（ICT）や先端技術（ハイテク）産業などの分野で起業するベンチャー企業もみられる。ベンチャー企業の活動は，新たな雇用や産業を生みだす可能性があり，日本経済の発展にとっても大いに期待できる。

　❸課題…日本は，ほかの先進国と比べて，若手の起業家やベンチャー企業の数が少ない傾向にある。そのため，ベンチャーキャピタルによる支援の拡充が望まれている。
　→今後成長が見込めるベンチャー企業に投資する会社

	大企業 1.0%	
事業所数 (2018年)	中小企業 99.0%	
従業者数 (2018年)	32.1%	67.9%
出荷額 (2017年)	52.5%	47.5%

従業者数300人以上　従業者数1～299人
(2020/21年版「日本国勢図会」)

2 大企業と中小企業の割合（製造業の場合）

3 優れた中小企業の製品の例　東京都大田区の中小企業が商品化を目指す医療用はさみ。　（朝日新聞社/PPS通信社）

	0　0.1　0.2　0.3　0.4%
イスラエル	0.38%
アメリカ	0.36
韓国	0.09
フランス	0.04
ドイツ	0.03
イギリス	0.03
日本	0.02　(2016年)

(OECD資料)

4 ベンチャーキャピタルの投資額の国内総生産（GDP）に対する比率　日本はイスラエルやアメリカの約20分の1となっている。

深掘り
Column

活躍するベンチャー企業

人工知能(ＡＩ)をはじめとする新しい技術の開発により,現在,ベンチャー企業がさまざまな分野で活躍している。日本のベンチャー企業について詳しくみてみよう。

1 ベンチャー企業とは？

ベンチャー企業とは,独自の優れた技術やアイデアをいかして,革新的な事業をしている中小企業のことである。なかには,高校生や大学生などの学生が起業したベンチャー企業もある。近年,事業規模の大きいベンチャー企業の株式上場もあいつぎ,日本経済に大きな影響力をもち始めている。

←第4回日本ベンチャー大賞を受賞した会社のアプリ

使わなくなったものをスマートフォンなどで手軽に販売できるフリーマーケットアプリを展開している。

2 どんな企業があるの？

ベンチャー企業にはさまざまな業種があり,栄養価の高いミドリムシ(ユーグレナ)を使った製品を開発する企業や,インターネットを活用した転職サービスを提供する企業などがある。また,ＡＩが作成した生徒一人ひとりに合った学習カリキュラムを活用して,中高生向けの学習システムを全国の塾などに提供しているベンチャー企業もある。

↑atama plus株式会社が提供するAI教材

③ 日本のベンチャー企業が集まっている場所はどこ？

　ベンチャー企業は，消費者向けよりも法人向けの商品を扱う企業が多く，企業の数が多い東京や大阪などの都心に多く集まっている。1990年代後半には東京都・渋谷で，「アメリカの**シリコンバレー**のように，渋谷をＩＴ関連のベンチャー企業が集まる場所にしよう」という構想が唱えられ，これまで数多くのベンチャー企業が渋谷で生まれた。

　最近では，渋谷から少し離れた五反田にもベンチャー企業が集まる傾向がみられ，「五反田バレー」という一般社団法人が設立された。

> シリコンバレーにちなんで，渋谷は「Bit Valley（「渋い」を意味する Bitter と「谷」を意味する Valley を合わせた造語）」と呼ばれているよ。

④ ベンチャー企業のメリット・デメリット

　ベンチャー企業のメリット・デメリットには，主に次のようなものが挙げられる。

【メリット】
- やりがいがある。
- 企業の成長を実感しながら働くことができる。
- 同じような価値観の社員が多く，経営に関する重要な意思決定が早い。

【デメリット】
- 比較的，給与（固定給）が低い。
- 創業時は長時間労働になることが多い。
- 大企業に比べ，退職金制度や住宅手当など福利厚生が整備されていないことがある。

　メリット・デメリットはあるが，ベンチャー企業には新しい産業の創出や，ＩＴに強い人材の育成などが期待されている。

項目	%
仕事内容	50.0 %
自身の成長	36.0
社風	17.3
企業の成長性	17.0
給与	14.0
福利厚生	12.7
働き方	12.0
経営者の人柄や理念	9.3
社会への貢献度	7.3
その他	11.7

（複数回答）（リクナビ資料）

↑ベンチャー企業に入社後，働いてみて感じる魅力度の調査

4 金融のはたらきと日本銀行

教科書の要点

1 金融のしくみ
とはたらき

◎ **金融**…個人（家計）や企業の間で資金を貸し借り（融通）する
こと。大きく分けて**直接金融**と**間接金融**がある

◎ **金融機関**…資金の融通を行う機関。銀行が代表的

2 日本銀行の役割

◎ **日本銀行**…日本の**中央銀行**

◎ 日本銀行の役割…**発券銀行，政府の銀行，銀行の銀行**

◎ **金融政策**…主に**公開市場操作**で景気の調整を行う

1 金融のしくみとはたらき

(1) 金融とは…資金（お金）の余っているところが，資金の足
りないところに一時的にお金を貸すこと。金融には**直接金融**
と**間接金融**の二つがある。金融は銀行などの**金融機関**を通し
て行われる。**1**

❶直接金融…企業などが株式や債券を発行し，家計や企業
から直接お金を借りること。
└→ 社債，国債，地方債

❷間接金融…銀行などの金融機関が借り手と貸し手の間に
入り，間接的にお金をやり取りすること。

中央銀行	日本銀行
普通銀行	都市銀行，地方銀行信託銀行など
中小企業金融機関	商工組合中央金庫，信用金庫
農林水産金融機関	農業協同組合，漁業協同組合など
公的金融機関	日本政策投資銀行など
保険会社	生命保険会社など
証券関係金融機関	証券会社など

1 日本の主な金融機関

↑**直接金融と間接金融のしくみ**　利子Aと利子Bの差額が銀行の利益となる。

発展　フィンテック（Fintech）

金融（Finance）と技術（Technology）
を組み合わせた造語で，情報通信技術
（ICT）を活用したお金のやり取りのこ
と。

例 スマートフォンでの代金の支払い，
自らインターネット上で資金を調達する
クラウドファンディングなど。

(2) 銀行の仕事

❶ 預金業務…家計や企業からお金を預かり，**利子**（利息）を支払う。

❷ 貸し出し業務…資金を必要とする家計や企業にお金を貸し出し（**融資**），**利子**（利息）を受け取る。

❸ 為替業務…離れた人どうしの資金のやり取りの仲立ちをする。送金や振込み，公共料金の支払いなど。

2　日本銀行の役割

(1) 日本銀行とは

　日本銀行❷は日本の**中央銀行**である。個人や一般企業とは取り引きせず，政府（国）や銀行とだけ取り引きをする。

(2) 日本銀行の役割

> [重要]
> ❶ **発券銀行**…紙幣（日本銀行券）を唯一発行している。
> 　　→千円札，五千円札，一万円札など
> ❷ **政府の銀行**…政府（国）の資金の出し入れを行う。政府への貸し出しも行う。
> ❸ **銀行の銀行**…一般の銀行に資金を貸し出す。また，一般の銀行の資金を預かる。
> 　　→普通銀行

(3) 金融政策❸…通貨が市場に出まわる量は，物価や景気に大きな影響を与える。そのため日本銀行は，通貨量を調整し，物価や景気の安定を図っている（**金融政策**）。なかでも，一般の銀行との間で，国債や手形を売買して通貨量を調整することを**公開市場操作**という。
　　→オープンマーケットオペレーション

| 不景気（不況）のとき | → | 一般の銀行から**国債**などを**買う** | → | 銀行の資金量が増え，金利が下がるので**お金が借りやすくなる** | → | **通貨量が増加**し，景気がよくなる |
| 好景気（好況）のとき | → | 一般の銀行に国債などを**売る** | → | 銀行の資金量が減り，金利が上がるので**お金が借りにくくなる** | → | **通貨量が減少**し，景気が落ちつく |

❸ 金融政策（公開市場操作）

📖くわしく　**預金の種類**

預金には次のようなものがある。

● **普通預金**…いつでも好きなときに引き出しができる預金。

● **定期預金**…定められた期間は原則として引き出せない預金。

● **当座預金**…企業が代金の受け取りや支払いなどに利用する預金。

> 銀行はそのほかに，円と外国通貨との交換，お金の両替などの業務も行っているよ！

❷ 日本銀行　　（写真提供：日本銀行）

| 参考 | **預金準備率操作**

　日本銀行が行う金融政策の一つ。一般の銀行が日本銀行に預ける預金の割合である預金準備率を調節する（不景気→準備率を下げる。好景気→準備率を上げる）こと。現在の金融政策の中心は，公開市場操作に移っている。

5 企業の社会的責任，円高と円安

〔教科書の要点〕

1 企業の社会的責任
◎ **企業の社会的責任（CSR）**…利潤（利益）の追求だけでなく，法令を守り，情報を公開し，雇用を確保することなども必要

2 為替相場と円高・円安
◎ **為替相場**…自国通貨と外国通貨の交換比率
◎ **円高**…外国通貨に対して**円の価値が上がること**
◎ **円安**…外国通貨に対して**円の価値が下がること**

1 企業の社会的責任

企業には，よりよい商品やサービスを提供して利潤（利益）を生み出すことで社会に貢献するほか，社会の一員として**企業の社会的責任（CSR）❶を果たすこと**が求められる。
→Corporate Social Responsibility の略

（1）**法令を守る（コンプライアンス）**…安全な商品の開発など。
（2）**情報を公開する**…企業の活動内容を消費者に知らせる。
（3）**雇用を確保する**…従業員の生活を安定させるとともに，従業員の労働環境にも配慮し改善を図る。

2 為替相場と円高・円安

（1）**為替相場（為替レート）**…ある国と，ほかの国の通貨の交換比率。外国とお金の取り引きをする場合には，通貨の単位や値うちが異なるので，通貨を交換する必要がある。

重要

（2）**円高**…外国通貨に対して円の価値が上がること。
例 1ドル＝100円 → 1ドル＝80円

（3）**円安**…外国通貨に対して円の価値が下がること。
例 1ドル＝100円 → 1ドル＝150円

（朝日新聞社/PPS通信社）

❶ 災害復興支援を行うある企業の社員

くわしく 企業の社会的責任

CSRには，地球環境を守る活動や，障がい者の積極的な雇用などの，社会貢献も含まれる。

発展 メセナ

企業が資金を提供して，文化的な活動や社会的に意義のある活動を行うこと。企業の社会的責任の一つである。

くわしく 円高・円安と貿易

円高のときは，輸入品は安く，輸出品は高くなるので，輸出が不利になる。いっぽう，円安のときは，輸入品は高く，輸出品は安くなるので，輸出が有利になる。

考える Column

為替相場ってなに？

新聞やテレビのニュースでよく耳にする,「円高」「円安」という言葉には,為替相場が深く関わっている。為替相場と円高・円安のしくみについて詳しくみていこう。

1 為替相場ってなに？

ある国の通貨をほかの国の通貨に交換するときの交換比率を**為替相場(為替レート)**という。為替相場にはさまざまな通貨どうしの相場が存在し,需要と供給の関係でそれぞれ変動している。外国通貨に対する円の価値が上がることを**円高**,下がることを**円安**という。

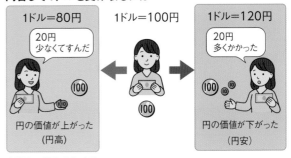

両替して1ドルを受け取るには…

↑円高・円安のしくみ

2 円高と円安, どっちがいいの？

例えば,貿易においては,**円高**になると,外国から輸入している石油などが安く買える。いっぽうで,日本から輸出する商品が外国で売れにくくなり,国内の産業が衰えるおそれがある。**円安**になると,輸出には有利になるが,輸入品の値段は上がる。つまり,円高・円安それぞれの状況でメリット・デメリットがある。

また,海外旅行の際は,円高のほうが航空運賃やホテル代が安くなるので,有利になる。

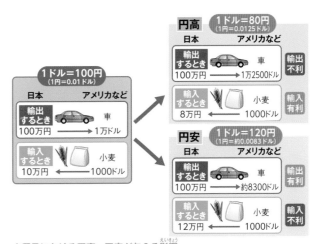

↑貿易における円高・円安が与える影響

6 働く人の権利と労働環境の変化

教科書の要点

1 多様化する労働条件
◎ 働くことの意義…生計の維持，自己実現の手段，社会への貢献
◎ **職業選択の自由**…憲法第22条で保障

2 労働者の権利
◎ **労働組合**の役割…労働条件の改善を求める
◎ **労働基本権（労働三権）**…団結権，団体交渉権，団体行動権
◎ **労働三法**…労働基準法，労働組合法，労働関係調整法

3 労働環境の変化
◎ 雇用の変化…**終身雇用**や**年功序列賃金**の崩壊，**非正規労働者**の増加
◎ 労働問題と対策…労働時間が長い→**ワーク・ライフ・バランス**

1 多様化する労働条件

（1）働くことの意義

❶生計の維持…生活するための収入（所得）を得る。

❷自己実現…個性や能力を発揮して生きがいや充実感を得る。

❸社会への貢献…社会にとって必要な仕事を分担し，社会に貢献する。

（2）職業選択の自由と勤労の権利

憲法第22条で**職業選択の自由**（→p.79）が保障され，個性や能力に合った仕事を自由に選ぶことができる。また，第27条では，勤労は国民の権利でもあり，義務でもあると定められている。

（3）雇用の確保

政府は失業者に対して，次のようなセーフティネット（安全網）を設けている。

❶公共職業安定所❶…就職先の紹介や斡旋を行う。
　└→ ハローワーク
❷公共職業訓練施設…就職に必要な技能の訓練を行う。

資料　職業選択の自由と勤労の権利（日本国憲法）

●居住・移転及び職業選択の自由
　第22条　①何人も，公共の福祉に反しない限り，居住，移転及び職業選択の自由を有する。

●勤労の権利及び義務
　第27条　①すべて国民は，勤労の権利を有し，義務を負ふ。

❶ 公共職業安定所　（朝日新聞社/PPS通信社）

② 労働者の権利

(1) 労働組合の役割

労働条件などの雇用(こよう)に関する契約(けいやく)は，労働者と雇用する側である経営者との間で決められる。しかし，労働者一人ひとりは経営者に比べて弱い立場にあるため，労働者は団結して**労働組合**を結成し❷，経営者に対して賃金の引き上げや労働時間などの**労働条件**の改善を要求することができる。

→使用者

千万人   %
```
 6 ┤  ┌労働組合員                                          60
雇   │ ┌┐                                               50 推
用 4 │ ││                                               40 定
者   │ ││                                               推定組合 組
数 3 │ ││         組合組織率                            30 合
・   │ ││                                               20 組
労 2 │ ││                                               10 織
働 1 │ ││                                                0 率
組   │ ││
合 0 └─┴┴───────────────────────
員    1980 85  90  95 2000 05  10  15  18年
数                          (2019年「労働組合基礎調査」ほか)
```
❷ 労働組合組織率の変化 組織率は年々低下している。

(2) 労働基本権（労働三権）

憲法では，労働者の権利として次の3つの権利を保障している。これを**労働基本権（労働三権）**（→p.81）という。

重要

❶団結権	❷団体交渉権(こうしょう)	❸団体行動権
労働者が**労働組合**をつくったり，加入したりする権利。	労働組合が経営者と労働条件の改善などについて交渉する権利。	労働条件の改善要求を認めさせるために，ストライキなどを行う権利。

→争議権

(3) 労働三法

労働者の権利を保障するために定められた法律の中で，とくに重要な**労働基準法**，**労働組合法**，**労働関係調整法**を**労働三法**❸という。

法律名	内容
労働基準法	1日8時間労働や週1日の休日など，労働条件の最低基準を規定
労働組合法	労働組合や労働委員会の組織・権限などを規定
労働関係調整法	労働者と経営者との対立の予防や解決のしかたを規定

❸ 労働三法の内容

参考 **労働三権が認められない公務員**

警察官，消防官，刑務官(けいむ)などは，ストライキを行えば国民生活に大きな影響(えいきょう)が出るという理由で，労働三権が認められていない。

くわしく **労働基準法の主な内容**

- ●労働時間は週40時間，1日8時間とする。
- ●最低，週1日の休日を設ける。
- ●労働者と使用者は同等の関係。
- ●男女は同一賃金。

労働環境の変化

(1) 雇用と労働条件の変化

❶ **終身雇用と年功序列賃金の崩壊**…以前の日本では，定年退職まで1つの企業で働く**終身雇用**と，年齢や勤続年数に応じて賃金が上がる**年功序列賃金**が主流であった。しかし，グローバル化により企業間の競争が激しくなったことなどから，**能力主義**や**成果主義**の賃金制を導入する企業が増加
→労働者の能力や仕事の達成度を，賃金などに反映させる考え方。
した。また，よりよい労働環境や自らのスキルアップのために転職する人も増えており，終身雇用と年功序列賃金が崩れてきている。**4**

❷ **雇用形態の変化**…終身雇用の見直しにより，正規労働者が減少し，パート・アルバイトや派遣労働者，契約労働者などの**非正規労働者**が増加した。**5**
→派遣社員　→契約社員　→正社員
→非正社員

正規労働者 （正社員）	非正規労働者（非正社員）		
	パート・ アルバイト	派遣労働者 （派遣社員）	契約労働者 （契約社員）
雇用期間について定めのない労働者	1週間の労働時間が正規労働者より短い労働者	人材派遣会社から他社に派遣されて働く労働者	原則3年以内の短期労働の契約を結んだ労働者

⬆さまざまな雇用形態

(2) 多様化する労働者と労働環境の整備

　日本では，以前に比べ女性の社会進出が進み，働く女性の数は増えている。しかし，家事や育児のために，比較的働く時間を調整しやすいパート・アルバイトの形態で働く女性が多い。また，労働力不足などを背景に，政府は外国人労働者や高齢者の雇用を増やそうと，労働環境の整備を進めている。

❶ **男女雇用機会均等法**（→p.75）…採用や賃金などに関して，企業が男女を平等に扱うことや，セクシュアル・ハラスメント（セクハラ）の防止措置をとることなどが定められた。
→職場などでの性的ないやがらせ

思考 **非正規労働者の長所と短所**

　非正規労働者は，自分の都合に合わせて働くことができ，家事や育児，介護と仕事を両立させやすいなどの長所がある。いっぽう，雇用が不安定で，正規労働者と同等の仕事でも賃金が低いなどの短所（課題）もある。政府はこれらを改善するために，生活保護などのセーフティネットの整備や，「同一労働同一賃金」の実施などを進めている。

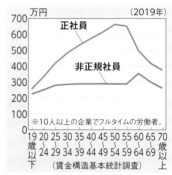

4 正規労働者と非正規労働者の年齢階級別平均年収

くわしく **能力主義，成果主義の課題**

　公正な評価が困難，賃金カットの口実に利用，低評価者の意欲の低下などの課題がある。

パート・アルバイト

	正規労働者		
2005年 計5008万人	67.4%		22.4
2010年 計5138万人	65.7%		23.3
2015年 計5303万人	62.5%		25.8
2019年 計5660万人	61.7%		26.8

その他

（2020/21年版「日本国勢図会」）

5 雇用形態別労働者の割合の推移
　近年，正規労働者の割合が低下し，非正規労働者の割合が上昇している。

❷男女共生社会の実現に向けた取り組み…仕事と育児・介護かいごの両立をりょうりつ支援しえんするために，**育児・介護休業法**（→p.44），**男女共同参画さんかく社会基本法**（→p.75）が制定された。

❸外国人労働者の増加…グローバル化に伴ともない，外国人労働者が急増しており，2019年現在，約166万人の外国人が日本で働いている。

> 外国人労働者は，人手不足が深刻な介護や建設業などの業種で受け入れが拡大したけど，劣悪れつあくな労働環境で働かされている事例もあって，問題になっているよ。

(3) 労働問題とその対策

❶労働問題…日本はほかの先進工業国（先進国）と比べて，労働時間が長い。**6**
⇒過労死などの労働災害が発生している。また，育児との両立が困難なことから仕事を辞めざるをえない女性も多い。**7**

(時間)0 10 20 30 40	
日　本	38.3時間
イギリス	35.8
ドイツ	34.4
フランス	35.1
アメリカ合衆国	37.2

(2019年, 2018年) 　(2020/21年版「世界国勢図会」)

6 主な国の従業者の週あたり労働時間

❷対策…労働時間を短縮して，仕事と，家庭や地域での生活を両立し，これらがバランスよく調和した**ワーク・ライフ・バランス**の実現にむけて，政府や企業はさまざまな取り組みを行っている。

例

○長時間労働の改善…時間外労働（残業，休日出勤など）の上限を規制し，規定の有給休暇きゅうか📖日数の取得を義務化して，仕事以外の時間を増やす。

○ワーク・シェアリングの実施じっし…仕事を分け合うことで一人あたりの労働時間を減らす取り組み。雇用機会を創出そうしゅつし，失業者を減らすことにもつながる。

○テレワーク📖の推進すいしん…自宅や自宅付近の施設しせつなどを利用して働くことにより，通勤時間の短縮につながる。

発展 **障がい者に対する雇用の機会**

雇用の機会は障がい者に対しても与えられなければならない。政府は従業員を43.5人以上雇用している企業に対して障がい者を1人以上雇用することを義務づけている（2021年3月から）。企業には障がい者の雇用を広げるだけでなく，バリアフリー化した職場づくりなども期待されている。

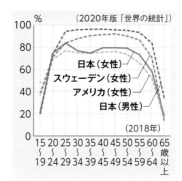

%　　　　(2020年版「世界の統計」)

日本（女性）
スウェーデン（女性）
アメリカ（女性）
日本（男性）

(2018年)

15 20 25 30 35 40 45 50 55 60 65 歳
～ ～ ～ ～ ～ ～ ～ ～ ～ ～ 以
19 24 29 34 39 44 49 54 59 64 　上

7 主な国の女性の年齢別労働力人口の割合 日本は，結婚生活や育児と仕事の両立が難しいことから，結婚や出産をする人が多い20代後半～30代で，労働力人口が他国と比べて低く，グラフがM字型になっている。

用語解説

●有給休暇…正式には年次有給休暇といい，労働者に賃金が支払しはらわれる休暇日のこと。

●テレワーク…情報通信技術（ICT）を活用し，時間や場所にとらわれない働き方。ワーク・ライフ・バランスの実現のほか，大規模な災害や感染症かんせんしょうの流行時にも企業は事業を継続けいぞくできる利点がある。

1 生産のしくみ ～ 2 企業の種類と株式会社

□(1) 企業が分業で生産した商品を貨幣と〔　　　〕することで，私たちの生活は成り立っている。

(1) 交換

□(2) 企業が競争に勝つために，優れた機械や生産技術を発明・改善して，それを取り入れることを〔　　　〕という。

(2) 技術革新
　　（イノベーション）

□(3) 企業には，国や地方公共団体などが経営する公企業と，民間が経営する〔　　　〕がある。

(3) 私企業

□(4) 現代の大企業の多くは，〔　合名会社　株式会社　〕である。

(4) 株式会社

□(5) 株式会社は，経営に必要な資金を大勢の人々から集めるために，〔　①　〕を発行する。そして，①を購入した個人や法人は〔　②　〕となり，会社が利益を上げたときに持ち株数に応じて〔　③　〕を受け取る権利を得る。

(5) ①株式
　　 ②株主
　　 ③配当（配当金）

□(6) 株式会社における最高の議決機関は，〔　　　〕である。

(6) 株主総会

3 生産の集中と中小企業 ～ 4 金融のはたらきと日本銀行

□(7) 一つの企業が市場への商品の供給を支配している状態を〔　　　〕という。

(7) 独占

□(8) 公正で自由な企業間の競争を促し，国民経済の健全な発展を図ることを目的として制定された法律を〔　　　〕という。

(8) 独占禁止法

□(9) 〔　　　〕委員会は，(8)に基づいて企業を監視・指導する。

(9) 公正取引

□(10) 日本の企業の大部分は〔　大企業　中小企業　〕であるが，製造品出荷額は〔　大企業　中小企業　〕のほうが多くなっている。

(10) 中小企業，
　　　大企業

□(11) 新しく会社をおこすことを〔　　　〕という。

(11) 起業

□(12) 新しい技術やアイデアで，情報通信技術（ICT）産業や先端技術（ハイテク）産業などの分野に積極的に進出する中小企業をとくに〔　　　〕企業という。

(12) ベンチャー

□ (13) 個人や企業などの間で資金を貸し借りすることを〔　　　〕といい，その仲立ちをする機関を〔　　　〕という。

□ (14) (13)のしくみのうち，銀行などが借り手と貸し手の間に入って，間接的にお金の貸し出しを行うことを〔　　　〕という。

□ (15) 日本の中央銀行を〔　　　〕という。

□ (16) (15)が行う三つの役割のうち，政府の資金の出し入れをする役割を〔　　　〕といい，一般の銀行に資金を貸し出したり，一般の銀行から資金を預かったりする役割を〔　　　〕という。

□ (17) (15)が行う物価や景気の安定を図る政策を〔　　　〕といい，中でも，一般の銀行との間で，国債や手形を売買して通貨量を調整することを〔　　　〕という。

5 企業の社会的責任，円高と円安 ～ 6 働く人の権利と労働環境の変化

□ (18) 企業には，利潤（利益）の追求だけでなく，企業の〔　　　〕（CSR）を果たすことも求められる。

□ (19) ある国とほかの国の通貨の交換比率を〔　　　〕という。

□ (20) 円高とは，外国通貨に対して円の価値が〔　上がる　下がる　〕ことであり，輸入品は安くなるが輸出品は高くなるため，輸出は〔　有利　不利　〕になる。

□ (21) 1日8時間以内の労働や賃金など，労働条件の最低基準を定めた法律を〔　　　〕という。

□ (22) 仕事と育児・介護の両立を支援するために定められた法律を〔　　　〕という。

□ (23) 職場における男女間の差別を禁止する法律として，〔　労働組合法　男女雇用機会均等法　〕が制定された。

□ (24) 近年，仕事と家庭や地域での生活をバランスよく両立する〔　　　〕が唱えられ，政府や企業はその実現に向けたさまざまな取り組みを行っている。

解答

(13) 金融，金融機関

(14) 間接金融

(15) 日本銀行

(16) 政府の銀行，銀行の銀行

(17) 金融政策，公開市場操作（オープンマーケットオペレーション）

(18) 社会的責任

(19) 為替相場（為替レート）

(20) 上がる，不利

(21) 労働基準法

(22) 育児・介護休業法

(23) 男女雇用機会均等法

(24) ワーク・ライフ・バランス

1 財政のはたらきと財政支出

1 財政のはたらき
◎ **財政**…国（政府）や地方公共団体の経済活動
◎ **歳入**と**歳出**…1年間の財政の収入を**歳入**，支出を**歳出**という
◎ 役割…**社会資本・公共サービスの提供**，所得の再分配，景気の安定化

2 財政支出と財政投融資
◎ 財政支出（歳出）…**社会保障関係費**，国債費，地方交付税交付金など

1 財政のはたらき

（1）財政とは

　経済の三主体■（→p.144）の一つである政府は，家計や
（→ほかに家計，企業）（→国や地方公共団体）
企業から税金を集めて，個人や企業の力だけでは十分に供
給できない，公共の財（もの）やサービスを提供している。
このような，国や地方公共団体の経済活動を**財政**という。

（2）財政のしくみ

❶種類…国が営む経済活動である**国家財政**と，地方公共団
体が営む経済活動である**地方財政**がある。

❷財政と予算…国家財政も地方財政も，それぞれ1年ごとに
見積もった**予算**に基づいて運営される。予算は，予算案
を国会や地方議会が審議し，議決する。

❸歳入と歳出…1年間の財政の収入を**歳入**，支出を**歳出**と
（→4月1日から翌年の3月31日まで。これを会計年度という。）
いう。

（3）財政の役割

❶社会資本・公共サービスの提供（資源配分）…政府は，道
路，ダム，港湾などの**社会資本**（→p.188）のほか，警察，
消防，教育，国防など，民間企業では提供することが難し
い**公共的な財やサービス**を提供する。

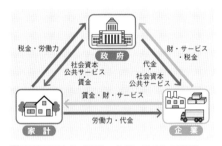

税金・労働力
社会資本
公共サービス
賃金
政府
財・サービス
・税金
代金
社会資本
公共サービス
家計
賃金・財・サービス
労働力・代金
企業

■ 経済の三主体（家計・企業・政府）の関係

参考　一般会計と特別会計

　一般会計は，税金を財源とし，社会保
障や地方財政，公共事業や教育，防衛な
どにあてられる。普通，予算といえば一
般会計のことである。いっぽう**特別会計**
は，道路や空港の整備や国民年金など，
国が特定の事業を行ったり，特定の資金
を保有して運用したりする場合の会計で
ある。

❷所得の再分配❷…所得の多い人には税率を高くし，少ない人には税率を低くして税金を徴収するしくみ（**累進課税**（→p.181））を整えたり，社会保障制度のしくみを通じて人々の所得を再分配し，経済格差を是正している。

❸景気の調整…財政支出などを通じて行う，**財政政策**（→p.183）などで，景気の変動を調整して，経済を安定させている。

❷ 所得の再分配

2 財政支出と財政投融資

（1）国の財政支出（歳出）の内訳❸

重要

❶**社会保障関係費**…国民の生活を保障するための経費。社会保険費・社会福祉費・生活保護費などが含まれる。少子高齢化の影響で増加している。
❷**国債費**…国債の元金・利子を支払うための費用。近年，歳出に占める割合が増加し，財政を圧迫している。

❸地方交付税交付金…地方財政の不均衡をならすことを目的に，地方公共団体に交付される費用。
❹その他…公共事業関係費・文教及び科学振興費・防衛関係費などがある。
<u>→治山・治水の事業費，災害対策費，国土開発費など</u>

（2）**財政投融資**❹…国（政府）が<u>特別な債券</u>（国債）を発行して，民間から資金を借りて，政府関係の機関や地方公共団体などに投資したり，貸し出し（融資）したりすること。
→財投債という

◇目的…生活環境や社会資本の整備，住宅の建設，中小企業の振興などのために，比較的安い利子で長期間の投資や融資が行われる。

> 財政投融資は，かつて一般会計の半分ほどの規模があって，「第二の予算」とも呼ばれていたよ。

防衛関係費
科学振興費
文教および
その他 5.2
5.4
公共事業関係費 6.7
地方交付税交付金 15.2
2020年度 102.7兆円
社会保障関係費 34.9%
国債費 22.7

（2020/21年版「日本国勢図会」）

❸ 国の歳出の内訳　社会保障関係費や国債費の割合がとくに大きい。

❹ 財政投融資が活用された施設
（明石海峡大橋）　（田中秀明/PPS通信社）

2 財政収入と税金

教科書の要点

1 財政収入と税金の種類
- ◎ 国の**歳入**の内訳…**税金**（**租税**）と**公債金**がほとんど
- ◎ **直接税**…納税者と担税者が同じ税
- ◎ **間接税**…納税者と担税者が異なる税
- ◎ 課税のしくみ…**累進課税**で所得の再分配

2 公債とその問題点
- ◎ **公債**…国や地方公共団体の借金の証書
- ◎ 問題点…**多額の発行は財政を圧迫**することになる

---

1 財政収入と税金の種類

（1）財政収入（**歳入**）**1**

❶税金・印紙収入…**税金**（**租税**）と印紙による収入。
└→一定の書類に貼り付けることで納められる税。
❷公債金…国債の発行による借入金。

（2）税金の種類 **2**

税金は納税先と納税方法によって，次のように分けられる。

❶国税と地方税（納税先による違い）

- ・**国税**…国に納める税金。**所得税**，**法人税**，相続税など。
- ・**地方税**…都道府県や市町村に納める税。住民税など。

重要

❷**直接税**と**間接税**（納税方法による違い）

- ・**直接税**…税金を納める人（←納税者）と負担する人（担税者→）が同じ税。

  例 所得税，法人税，住民税など

- ・**間接税**…税金を納める人と負担する人が異なる税。

  例 消費税，関税，酒税など

↑直接税と間接税

政府（国・地方公共団体）

直接税　間接税

給料　¥

---

1 国の歳入の内訳と税収入の割合　歳入は，租税と公債金がほとんどを占める。

2020年度 102.7兆円

- 公債金 31.7
- 印紙収入 1.0
- その他 6.4
- 直接税・租税・印紙収入 33.1
  - 所得税 19.0%
  - 法人税 11.8
  - 相続税 2.3
- 間接税 27.8
  - 消費税 21.2
  - その他 3.3
  - 酒税 1.2
  - 揮発油税 2.1
- 租税・印紙収入 61.9

（財務省資料）

		直接税	間接税
国税		**所得税** **法人税** 相続税　など	消費税 関税 酒税　など
地方税	都道府県	(都)道府県民税 自動車税 事業税	地方消費税 ゴルフ場利用税 (都)道府県たばこ税
	市(区)町村	市(区)町村民税 固定資産税	市(区)町村たばこ税 入湯税

2 税金の種類

(3) 課税のしくみ

　所得税や相続税では，課税対象の所得が多くなるほど税率を高くする**累進課税❸**の方法がとられている。

　低所得者の税負担を軽くし，高所得者の税負担を重くすることで，所得の格差を調整している。

　いっぽう，消費税は，すべての人が，同じ金額の財（もの）・サービスの購入で同じ税率を負担するので，低所得者ほど，所得に占める税負担が重くなる逆進性の問題がある。

---

2 公債とその問題点

(1) 公債

　国や地方公共団体は，歳出を税金だけでまかなうことができないときに，その不足分を補うために民間からお金を借り入れる（**財政赤字**）。この借金の証書を**公債**という。

　公債は借金であるため，公債を買った人に利子を支払い，元金を返済しなければならない。

(2) 公債の種類

　❶国債…国が発行する公債。

　❷地方債…地方公共団体が発行する公債。

(3) 公債の問題点❹

　租税収入が減少したことなどから多額の国債が発行された。そのため，歳出に占める国債費（利子の支払いや元金の返済の費用）の割合が増え，財政を圧迫している。

　公債の発行は，その返済の負担を，将来の人々にも負わせることになるので，慎重に行われなければならない。

国債残高は2020年度末で900兆円を超える見込みで，国民一人あたり約720万円に相当するんだって！

くわしく　直接税と間接税の割合

　税収に占める直接税と間接税の割合は，国によって異なっている。日本は直接税の割合が比較的高くなっている。

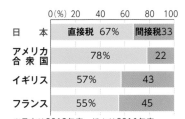

	0(%) 20 40 60 80 100
日　本	直接税 67%　間接税33
アメリカ合衆国	78%　22
イギリス	57%　43
フランス	55%　45

※日本は2019年度，ほかは2016年度
[国税＋地方税の比較率]
(2020/21年版「日本国勢図会」)

↑主な国の直接税と間接税の割合

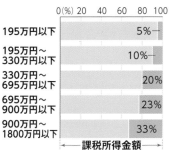

課税所得金額	0(%) 20 40 60 80 100
195万円以下	5%
195万円～330万円以下	10%
330万円～695万円以下	20%
695万円～900万円以下	23%
900万円～1800万円以下	33%

(1800万円超の分は40%,4000万円超の分は45%)

❸ 累進課税（所得税の場合） 総所得金額のうち，税金がかけられる所得を課税所得金額という。

❹ 国債発行額の残高と一般会計の歳入に占める国債の割合（国債依存度） 国債残高は年々増えている。

3 景気変動とその対策

教科書の要点

1 経済成長と
景気変動

◎ **経済成長**…国の経済が拡大（**国内総生産**が増加）すること

◎ **景気変動**…**好景気（好況）**と**不景気（不況）**の繰り返し

◎ **好景気**…生産が拡大し，雇用が増え，賃金と物価が上昇

◎ **不景気**…生産が縮小し，失業者が増え，物価は下落

2 景気の安定化と
財政政策

◎ **財政政策**…国（政府）が行う，景気を安定化させる政策

1 経済成長と景気変動

(1) 国内総生産（GDP）と経済成長

❶**国内総生産（GDP）**…その国・地域で1年間に生産された
財（もの）・サービスの付加価値の合計。国の経済規模を測
　　└→総生産額から原材料などの金額を差し引いたもの
る一つの目安となる。

❷**経済成長**…国内総生産などが増えていくこと。前年に対す
る国内総生産などの増加率を**経済成長率**■という。

(2) 景気変動（景気の循環）

　資本主義経済のもとでは，経済が活発になる**好景気（好
況）**と，経済活動が停滞する**不景気（不況）**が交互に繰り返
される。これを**景気変動**（景気の循環）■という。

❶**好景気（好況）**…商品の売れゆきが好調で，雇用が増え，
賃金と物価が上昇する。**インフレーション（インフレ）**
（→p.156）が起こる。

❷**不景気（不況）**…生産が縮小し，業績不振から従業員
の数を減らすリストラ■などによって失業者が増え，物価
は下落する。**デフレーション（デフレ）**（→p.156）が
起こる。

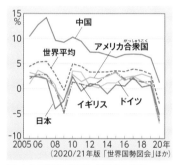

■ 主な国の実質経済成長率の推移
2005 06 08 10 12 14 16 18 20年
(2020/21年版「世界国勢図会」ほか)

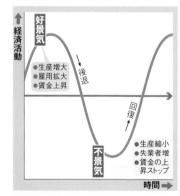

■ 景気変動

用語解説 **リストラ**

　リストラクチャリングの略。主に企業
の人員整理の意味で使われる。

2 景気の安定化と財政政策

（1）景気の安定化（景気対策）

　安定した経済成長を実現するために，国（政府）や日本銀行は，景気変動の幅をできるだけ小さくする対策をとり，ゆきすぎた経済の動きを抑える役割を果たそうとする。

（2）財政政策

　国（政府）が財政支出などを通じて行う，景気を安定化させる政策を**財政政策**❸という。日本銀行の行う**金融政策**（→p.169）と並ぶ景気調整政策である。

重要

好景気のとき 経済活動を抑える		不景気のとき 経済活動を活発にする	
公共事業への支出（公共投資）を減らす	増税をする	公共事業への支出（公共投資）を増やす	減税をする
この道路の建設はとりやめ。 え〜!?	税金の負担が増えたから買い物はひかえましょう。	さあ，うちの会社もいそがしくなるぞ。 わぁ!	ゆとりができたから，もっと買い物ができるわね。
生産が縮小する	消費が減る	生産が拡大する	消費が活発になる

❸ 政府が行う財政政策

財政政策で行われる公共事業への支出には，国民の税金も使われているから，無駄なく使われているかを注視することが大切だよ。

Column バブル経済とバブル崩壊

　1980年代後半，政府が不景気対策として低金利政策を実施し，市場のお金が余るようになった。すると，銀行や企業が物価の上昇を見込んで株式や土地をあいついで購入したため，株価や地価が実際の価値以上に上昇した。この現象をバブル経済と呼ぶ。国（政府）が土地売買への融資を規制し金利を引き上げるなどの対策をとると，株価や土地の値段が暴落し，しだいに景気が悪化していった。こうしてバブル経済は崩壊した。その結果，大量の土地や株式をかかえた企業が倒産し，巨額の不良債権（回収が難しい貸付金）をかかえた銀行も経営がゆきづまった。企業も生産を抑えるようになり，景気はますます悪化し，バブル経済崩壊後10年以上にわたって不景気が続いた。

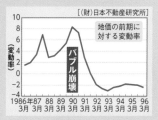

↑バブル崩壊前後の地価の変動率

社会保障と国民の福祉

1 社会保障のしくみ

◎ **社会保障制度**…**生存権**を根拠に国が国民の生活を保障する制度

◎ **社会保険**…病気・失業などの際に保険金やサービスを給付

◎ **公的扶助**…生活困窮者に対して，生活費などの援助

◎ **社会福祉**…働くことが困難な人々への生活保障

◎ **公衆衛生**…国民全体の健康増進を図る国の対策

2 社会保障の課題

◎ 日本の社会保障の問題…少子高齢社会の到来で社会保障費を負担する現役世代が減少し，**財源の確保が課題**

---

1 社会保障のしくみ

(1) 社会保障制度とは

　病気や事故でけがをしたり，失業や高齢などによって働けなくなったりして，収入がなくなると，個人の力だけでは解決が難しい。そこで生活が困難になったとき，個人に代わって国が生活を保障するしくみが整えられている。これが**社会保障**と呼ばれる制度である。

> 第二次世界大戦後，イギリスでは「ゆりかごから墓場まで」というスローガンのさまざまな保障制度が整えられ，各国の見本となったよ。

(2) 社会保障制度の規定

　日本で社会保障制度が整えられたのは，日本国憲法第25条で**生存権**が定められてからである。**生存権**は「健康で文化的な最低限度の生活を営む権利」と規定され，これに基づき，国は社会保障制度を整える義務を負った。

資料 日本国憲法 第25条（生存権）

①すべて国民は，**健康で文化的な最低限度の生活を営む権利**を有する。

②国は，すべての生活部面について，社会福祉，社会保障及び公衆衛生の向上及び増進に努めなければならない。

参考 社会保障法

　憲法第25条の生存権に基づいて制定された，社会保障のための法律の総称。生活保護法，児童福祉法，国民健康保険法，国民年金法などがある。

発展 自助・共助・公助

　社会保障制度の持続に必要な，下記のような考え方。

● 自助…貯蓄，保険など，自分で失業や病気に備えること。

● 共助…社会保険など，社会全体で互いに支え合うこと。

● 公助…社会福祉，公的扶助など，国の支援を受けること。

(3) 日本の社会保障制度🔳

日本の社会保障制度は，**社会保険，公的扶助，社会福祉，公衆衛生**の4つの柱で構成されている。

社会保険	医療保険　年金保険　雇用保険（失業保険） 介護保険　労働者災害補償保険（労災保険）
公的扶助	生活保護 （生活・住宅・教育・医療扶助など）
社会福祉	障がい者福祉　高齢者福祉 児童福祉　母子福祉
公衆衛生	感染症対策　廃棄物処理 上下水道整備　公害対策　など

介護・その他 19.5
年金 34.9%
社会福祉等 11.7
2020年度予算案 35.9兆円
医療 33.9

（2020/21年版「日本国勢図会」）

🔳 **社会保障関係費の内訳**　年金，医療保険の給付で7割近くを占めている。

(4) **社会保険**…加入者がふだんから保険料を積み立てておき，高齢・けがや病気・失業などの場合に一定の保険金の給付を受ける公的保険制度。

❶**医療保険**（健康保険）🔳…病気やけがの場合に適用。民間企業の労働者が対象の健康保険と，農家などの個人経営の人とその家族が対象の国民健康保険などがある。

❷**年金保険**…主に老後の生活を保障する保険。「2階建て」制度で，1階部分はすべての国民が加入する国民年金で，定額の基礎年金が給付される。基礎年金の上乗せとなる2階部分は，会社員や公務員が在職中の報酬に応じて給付される。

❸**雇用（失業）保険**…失業した場合に，一定期間に限って保険金が給付される。

❹**介護保険**…40歳以上の人が保険料を支払い，介護が必要になった人が，介護サービスなどを受ける。2000年4月から導入された。

❺**労働者災害補償保険（労災保険）**…仕事が原因で病気・けが・死亡した場合に保険金が給付される。

参考　**後期高齢者医療制度**

　75歳以上の高齢者（後期高齢者）は国民健康保険や健康保険から切り離され，独自の保険に加入することになった。

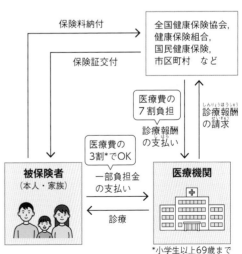

保険料納付
保険証交付
全国健康保険協会，健康保険組合，国民健康保険，市区町村　など

医療費の7割負担
診療報酬の支払い
診療報酬の請求

医療費の3割*でOK
一部負担金の支払い
診療

被保険者（本人・家族）
医療機関

*小学生以上69歳まで

🔳 **日本の医療保険制度のしくみ**

(5) **公的扶助**…**生活保護法**に基づいて，国が公費によって，
　　　└→公的扶助の基本となる法律
生活の苦しい人々に必要な援助を行う制度。生活・医療・住
宅・教育扶助などがある。

(6) **社会福祉**…母子家庭や高齢者・身体障がい者など，働く
ことが困難な人々を保護・援助する制度。障がい者福祉や高
齢者福祉，児童福祉など。

(7) **公衆衛生**…病気の予防を図り，国民全体の健康を増進す
るために国が行う保健衛生対策。予防接種や上下水道の整備，
公害対策など。

2　社会保障の課題

(1) 日本の社会保障の問題点

　現在，日本の社会保障の給付は，かなりの金額にのぼって
いる。とくに高齢化が進んでいる日本では，年金と医療の給
付が増えている。

❶社会保障の財源の確保…少子高齢社会の影響により，少な
い現役世代で，年金・医療・介護保険などの費用をまかな
　└→15～64歳の生産年齢人口
わなければならないため，今後，社会保障を持続できるか
が大きな課題となっている。(→ p.44)

❷給付額や保険料の格差…社会保険の種類によって格差があ
り，保険どうしの統合が試みられた。

(2) 社会保障を持続させるために

　社会保障と財政のあり方は，高福祉高負担の「**大きな政府**」
と，低福祉低負担の「**小さな政府**」の二つに大きく分けるこ
とができ，国民全体で社会保障のあり方を考えていく必要が
ある。

❶「大きな政府」…国民の税金などの負担は大きいが，政府
が充実した社会保障を提供する。

❷「小さな政府」…国民の税金などの負担は小さいが，政府
は最低限の社会保障しか行わない。

	0　10　20　30　40　50%	
アメリカ合衆国 (2017年度)	31.4%	
日　本 (2018年度)	31.0	
ドイツ (2017年度)	37.1	
フランス (2015年度)	45.0	
スウェーデン (2017年度)	41.3	

(国立社会保障・人口問題研究所)

↑**国民所得に占める社会支出*の割合**
日本は国民所得に比べて社会保障給付
費が少ない。
*社会保障給付費に福祉施設整備費など
を含めたもの。

深掘り Column

日本と諸外国の
社会保障制度

日本では，生存権に基づき社会保障制度が整備されている。同じく，海外にも社会保障制度を設けている国があるが，日本との相違点も多い。とくに違いの大きい部分についてみてみよう。

① 日本の社会保障制度

　身近な**社会保障制度**の一つに，**社会保険**がある。なかでも**医療(健康)保険**は，すべての国民に医療サービスを提供するための制度である。国民はふだんから保険料を積み立てておき，医療機関の診療を受けるときに，窓口で保険証を提示すれば，多くの場合，医療費の3割負担で，医療サービスを受けることができる。

　日本では1961年に，すべての国民が医療保険と年金保険に加入する，「**国民皆保険**」「**国民皆年金**」となり，国民に安心や生活の安定をもたらしている。

> 病院で保険証を忘れたときに，「次回は必ず持ってきてください」って言われることあるな…。

② 諸外国の社会保障制度

　高福祉・高負担の国として知られる**スウェーデン**は，医療費や学費がほぼ無料で，そのほかさまざまな手当が充実している反面，消費税率が25％と世界の国々の中でも高水準となっている。

　いっぽう，低福祉・低負担の国として知られる**アメリカ合衆国**は，医療費はほぼ自己負担で高額なため，経済的な理由で十分な医療サービスを受けられない人が多い。2014年には，全国民が十分な医療サービスを受けられるようにするための医療保険制度の改革(オバマケア)が始まったが，以前よりも保険料が高くなる被保険者も出ており，よりよい医療保険制度の模索が続いている。

（Alamy／PPS通信社）

⬆オバマケアへの支持を表明する人々

5 社会資本の整備

(1) 社会資本とは

多くの人々が，社会的に共同して利用する公共性のある施設のことを**社会資本（公共財，インフラ）**という。**社会資本**の整備 ■ は，国や地方公共団体の**歳出，財政投融資**（→p.179）の資金を使った**公共事業**として行われる。

(2) 社会資本の種類

❶産業関連の社会資本…道路，港湾，空港，大規模工業用地，工業用水施設など産業活動に役立つ施設。

❷生活関連の社会資本…住宅，上下水道，公園，学校，病院，老人ホームなどの文化施設や福祉施設。

(3) これからの社会資本のあり方

❶老朽化が進む施設の補修…高度経済成長期に整備された社会資本は老朽化が進み，事故が起こる前に早急に点検し，補修工事を進める必要がある。■

破損しそうな設備を過去のデータから割り出すなど，ICTの活用も始まっているよ！

❷誰もが利用しやすい施設…**バリアフリー**（→p.75）や**インクルージョン**（→p.75），**ユニバーサルデザイン**（→p.76）などの考えを反映した新しい公共施設の整備を進めることが重要である。

■ 社会資本の整備に使われた予算の推移

（朝日新聞社／PPS通信社）

■ ドローンを活用した下水施設の点検 ドローンは，遠隔操作などによって無人で飛行できる航空機のこと。ドローンの活用は老朽化した施設内での安全性の確保が期待でき，防災・減災に役立っている。

6 公害の防止と環境の保全

1 公害問題と公害対策

◎ **公害**の種類…大気汚染，水質汚濁，騒音，悪臭など

◎ 四大公害裁判…**水俣病**，**イタイイタイ病**など

◎ 公害対策…**公害対策基本法**の制定，環境庁の設置，**環境基本法**の制定

2 循環型社会に向けて

◎ **循環型社会**…廃棄物を減らし，環境に与える負荷の少ない社会。

⇒ **3R**（**リデュース**，**リユース**，**リサイクル**）の推進

1 公害問題と公害対策

　企業の生産活動やその他の活動で，人々の健康や生活環境が損なわれることを**公害**という。日本では，高度経済成長期に，各地で多くの被害者が苦しむ公害が発生した。

(1) 公害の種類と原因 ■

❶公害の種類…大気汚染，水質汚濁，土壌汚染，騒音，振動，地盤沈下，悪臭など。

❷公害の原因…公害は，産業の発展によって発生した。その背景には，企業が利益を優先して，公害防止のための投資を行わなかったことや，国が産業の発展を優先して，公害防止対策に積極的に取り組まなかったことがある。

（2018年度）
（2020/21年版「日本国勢図会」）

■ **公害苦情件数の割合** 騒音や大気汚染，悪臭への苦情が多い。

(2) 四大公害裁判 ❷

　水俣病，イタイイタイ病，四日市ぜんそく，新潟水俣病が四大公害と呼ばれた。被害者らは企業を相手どって裁判を起こし，いずれも原告側が勝訴した。

公害病	地域	原因	被告	判決
水俣病	熊本県・鹿児島県八代海沿岸	水質汚濁	チッソ	原告勝訴（1973年3月）
イタイイタイ病	富山県神通川流域	水質汚濁	三井金属鉱業	原告勝訴（1972年8月）
四日市ぜんそく	三重県四日市市	大気汚染	三菱油化など	原告勝訴（1972年7月）
新潟水俣病（第二水俣病）	新潟県阿賀野川流域	水質汚濁	昭和電工	原告勝訴（1971年9月）

❷ 四大公害裁判

(3) 公害対策

❶**公害対策基本法**（1967年制定）…公害について事業所の責任などを定め，**環境庁**を設置（1971年）した。
　　　　　　　　　　　　　　　　　→現在の環境省

❷**汚染者負担の原則**（PPP）…公害による被害者救済の費用
　　　　　　　　　→ピーピーピー
　は，公害発生企業が負担する原則。

❸新しい公害の発生…公害防止の努力によって企業活動による公害は減少したが，ごみや廃棄物処理場から排出される
　ダイオキシンなど，新しい公害が問題になった。
　└→ごみの焼却施設などで，不完全燃焼した際に発生し，土壌を汚染する有害物質。

❹**環境基本法**（1993年制定）…公害対策基本法を発展させ，公害のほか国際的な環境問題にも総合的に取り組むために制定。

❺**環境アセスメント**（環境影響評価）…大規模な開発を行う際に，環境への影響を事前に調査・評価し，被害を未然に防ぐしくみ。

（左欄外）重要

2 循環型社会に向けて

(1) 循環型社会とは

持続可能な社会（→p.37）の実現に向けて，ものを大量生産・消費・廃棄することを見直し，環境に与える負担の少ない社会を**循環型社会**❸という。

❶循環型社会形成推進基本法（2000年制定）…循環型社会をつくるための基本的な枠組みを定めた。

❷リサイクルの推進…循環型社会の基本であるリサイクルを進めるさまざまなリサイクル法が定められた。

(2) 循環型社会を目指す3R

　循環型社会の実現のために，**リデュース**（ごみを減らす），**リユース**（できる限り再使用する），**リサイクル**（ごみを再生利用する）の**3R**を推進することが大切である。

思考 **エシカル消費ってなに?**

　エシカル消費とは，消費者が環境，社会，地域などに配慮した商品を選んで消費すること。自分ができるエシカル消費を考えてみよう。

例 リサイクル商品，フェアトレードの商品，被災地の商品などの購入

↑**エシカル消費の商品の例（フェアトレードチョコレート）**（朝日新聞社/PPS通信社）

くわしく **さまざまなリサイクル法**

　下記のような法律で分別回収・再資源化などが定められている。

●**容器包装リサイクル法**…びん，ペットボトル，紙製・プラスチック製容器包装などが対象

●**家電リサイクル法**…エアコン，冷蔵庫，テレビ，洗濯機などが対象

●**建設リサイクル法**…木材，コンクリート，アスファルトなどが対象

●**小型家電リサイクル法**…デジタルカメラ，携帯電話，タブレット端末などが対象

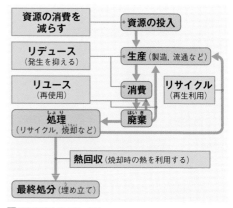

❸ **循環型社会のしくみ**

7 これからの日本経済

これからの日本経済

◎日本企業の強み…高い技術力をいかした「**ものづくり**」

◎経済のグローバル化…激しい**国際競争**と**国際分業**が進む

→工場の海外移転で**産業の空洞化**が起こり，国内産業が衰退

→**食料自給率の低下**と農業の衰退

◎これからの日本経済…技術革新による新産業の創出や農林水産業の再生

（1）日本企業の強み

　日本企業は高い技術力をいかした「**ものづくり**」が強みで，高品質の日本製の商品は世界各国から高い評価を受けている。**1**

「MADE IN JAPAN」

（2）経済のグローバル化の影響

　経済のグローバル化が進んだ結果，激しい**国際競争**と**国際分業**が進み，日本もさまざまな影響を受けた。

❶**産業の空洞化**…国内生産は，賃金の安い外国人労働者や非正規労働者に依存し，企業が安い労働力と土地を求めて海外に工場を移転させたため，国内産業が衰退した。

❷食料と農業…外国産の安い農産物が輸入され，**食料自給率の低下**（→p.39）と農業の衰退をまねいた。

（3）これからの日本経済

❶技術革新による新たな産業の創出…情報通信技術（ICT）
→イノベーション
や**人工知能（AI）**（→p.40）を活用し，既存の産業の拡大や新しい産業の創出が期待されている。

例 シェアリングエコノミー📖，自動車の自動運転など

❷農林水産業の再生**2**…地域独自のブランドをいかした産業を発展させ，農山村や漁村の所得の向上や地方経済の活性化を図る。

1 海外で販売されている日本製の一眼レフカメラ　（DPA／共同通信イメージズ）

用語解説 シェアリングエコノミー

　もの・サービス・場所などを共有したり交換したりする社会的なしくみ。

参考 農林水産業の六次産業化

　第一次産業の農林水産業，第二次産業の製造業，第三次産業の小売業などを一体化し，地域の特性をいかして新たな付加価値を生み出す取り組みが行われている。

2 六次産業化を進める企業の商品
冷凍みかんの「粒楽」。みかんの栽培から製造，販売までを行っている。

（写真提供：南四国ファーム）

チェック　基礎用語　次の〔　　〕にあてはまるものを選ぶか，あてはまる言葉を答えましょう。

1 財政のはたらきと財政支出 ～ 2 財政収入と税金

□(1) 国や地方公共団体の経済活動を〔　　　〕という。
□(2) 国の歳入(さいにゅう)は，大きく〔　　　〕と公債金(こうさいきん)に分けられる。
□(3) 税金を納める人と負担する人が異なる税を〔　　　〕という。
□(4) 所得税や相続税では，課税対象の所得が多くなるほど，税率を高くする〔　　　〕の方法がとられている。
□(5) 公債のうち，国が発行するものを〔　　　〕という。

3 景気変動とその対策 ～ 4 社会保障と国民の福祉(ふくし)

□(6) 国（政府）が財政支出などを通じて行う，景気を安定化させる政策を〔　　　〕という。
□(7) 景気変動とは，『〔　　　〕→後退→〔　　　〕→回復』が繰(く)り返されることをいう。
□(8) 病気やけが，失業や高齢(こうれい)などで生活が困難になったとき，国が生活を保障するしくみを〔　　　〕制度という。
□(9) 日本の(8)の制度は，〔　　　〕・公的扶助(ふじょ)・社会福祉のほか，感染症(かんせんしょう)対策などの〔　　　〕の４つで構成されている。

5 社会資本の整備 ～ 7 これからの日本経済

□(10) 多くの人が社会的に共同して利用する公共性のある施設(しせつ)を〔　　　〕という。
□(11) 〔　　　〕，イタイイタイ病，四日市(よっかいち)ぜんそく，新潟水俣病(にいがたみなまた)を，四大公害という。
□(12) 公害・環境(かんきょう)対策を進めるため，1993年，〔　　　〕が制定された。
□(13) 環境に与(あた)える負担を軽減し，再生資源を利用していこうとする社会を〔　　　〕という。

解答

(1) 財政
(2) 税金（租税(そぜい)）
(3) 間接税
(4) 累進(るいしん)課税
(5) 国債(こくさい)
(6) 財政政策
(7) 好景気（好況(こうきょう)），不景気（不況(ふきょう)）
(8) 社会保障
(9) 社会保険，公衆衛生(こうしゅうえいせい)
(10) 社会資本（公共財，インフラ）
(11) 水俣病(みなまた)
(12) 環境基本法
(13) 循環(じゅんかん)型社会

定期テスト予想問題

時間 ▶ 60分
解答 ▶ p.246～247

得点　／100

1節／消費生活と市場経済

1 次の各問いに答えなさい。　　　　　　　　　　　　　　　　　　　　【3点×4】

(1)　次の①～③は，家計の収入のどれにあたるか。右の**ア**～**ウ**からそれぞれ記号で選びなさい。

①　個人経営の商店の収入　　　　　　　〔　　　〕　　**ア**　財産収入

②　会社などに勤めて得る給料や賞与　〔　　　〕　　**イ**　給与収入

③　アパート経営で得る家賃　　　　　　〔　　　〕　　**ウ**　事業収入

(2)　家計の消費支出にあてはまらないものを，次の**ア**～**エ**から１つ選び，記号で答えなさい。

ア　美術館の入場料を支払った。　　　　**イ**　電化製品の代金を支払った。　　　　〔　　　〕

ウ　医療費を支払った。　　　　　　　　**エ**　生命保険の保険料を支払った。

1節／消費生活と市場経済

2 次の文を読んで，あとの各問いに答えなさい。　　　　　　　　　　　【4点×5】

> 企業間の自由な競争が行われている市場における価格は，A商品の需要量と供給量の関係によって変化し，最終的に需要量と供給量がつり合い，価格が決定する。しかし，少数の企業が市場を支配している場合は，B少数の企業が協定を結んで一方的に価格を決めることもある。また，C電車やバスの運賃，電気やガスなどの料金は，国民生活に大きな影響があるため，国や地方公共団体が決定・認可する。

(1)　下線部**A**について，次の各問いに答えなさい。

①　右のグラフは，市場経済におけるある商品の価格と，需要量・供給量の関係を示したものである。価格が300円の場合の需要量・供給量の関係として正しいものを,次の**ア**～**エ**から１つ選び,記号で答えなさい。　〔　　　〕

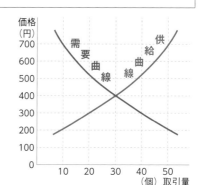

ア　需要量が供給量を20個上回り，商品が品不足となる。

イ　需要量が供給量を20個上回り，商品が売れ残る。

ウ　供給量が需要量を20個上回り，商品が品不足となる。

エ　供給量が需要量を20個上回り，商品が売れ残る。

② 前ページのグラフにおいて，価格はいくらで安定するか。また，その取引量はいくらになるか。それぞれ書きなさい。　　　　　価格〔　　　　円〕　取引量〔　　　　個〕

(2)　下線部B・Cの価格をそれぞれ何というか。　　　B〔　　　　〕　C〔　　　　〕

2節／生産のしくみと企業

3 次のア〜オの文は，株式会社を説明したものである。説明が誤っているものを2つ選び，記号で答えなさい。　　　　　　　　　　　　　　　　　　　　　　　　【3点×2】

ア　株式会社は，株式を発行して資金を一般の人々から集める。　　〔　　　〕・〔　　　〕

イ　株主は，会社が倒産した場合，出資額のほかにも会社の損失額を負担しなければならない。

ウ　株式会社の最高の議決機関は取締役会であり，毎年1回，定期的に開かれる。

エ　株式は自由に売買でき，一般的には証券会社などを通じて取り引きされる。

オ　巨額の資本を集めやすいことから，ほとんどの大企業が株式会社の形態をとっている。

2節／生産のしくみと企業

4 次の文を読んで，あとの各問いに答えなさい。　　　　　　　【(3)6点，その他4点×3】

> 日本銀行は，日本の金融の中心となる　A　銀行で，B さまざまな役割を担っている。また，C 通貨量を調整し，景気や物価の安定も図っている。

(1)　文中の　A　にあてはまる語句を書きなさい。　　　　　　〔　　　　銀行〕

(2)　下線部Bについて，日本銀行の役割についての説明として誤っているものを，次のア〜エから1つ選び，記号で答えなさい。　　　　　　　　　　　　　　　　〔　　　〕

ア　唯一の発券銀行として，紙幣(日本銀行券)を発行する。

イ　銀行の銀行として，一般の銀行に資金を貸し出す。

ウ　国民の銀行として，国民に対して，必要な資金を貸し出す。

エ　政府の銀行として，政府への資金の貸し出しを行う。

(3)　下線部Cの政策を何というか。　　　　　　　　　　　　　〔　　　　〕

(4)　下線部Cの政策は，政府の財政政策と組み合わせて実施される。不景気(不況)時の対策として正しいものを，次のア〜エから1つ選び，記号で答えなさい。　　　〔　　　〕

ア　国債の購入と増税の実施　　　イ　国債の売却と増税の実施

ウ　国債の購入と減税の実施　　　エ　国債の売却と減税の実施

5 財政のはたらきについて述べた次の文を読んで，あとの各問いに答えなさい。　【3点×4】

> 国（政府）が，特別な債券を発行して集めた資金をもとに，政府関係の金融機関などに貸し出したり投資したりする　**A**　は，住宅の整備や，厚生福祉事業などのために使われる。また，地方財政の実情に応じて国が分配する　**B**　は，生活水準の地域格差を小さくするのに役立つ。さらに，累進課税や社会保障費の支出は，所得の　**C**　の役割を果たしている。

(1) 文中の　**A**　〜　**C**　にあてはまる語句を，下のア〜キから選び，記号で答えなさい。

A〔　　　〕 B〔　　　〕 C〔　　　〕

ア　銀行預金　　　イ　金融政策　　　ウ　設備投資　　　エ　地方交付税交付金

オ　国庫支出金　　カ　財政投融資　　キ　再分配

思考 (2) 下線部はどのような制度か，「所得」，「税率」の語句を使って簡潔に説明しなさい。

〔　　　　　　　　　　　　　　　　　　　　　　　　　　　　　　　　　　　　〕

6 次の文を読んで，あとの各問いに答えなさい。　【8点×3】

> 日本の社会保障制度は，日本国憲法第25条の　**A**　権の規定に基づき，社会保険，**B**，社会福祉，公衆衛生の4本柱で構成されている。近年，少子高齢社会を迎えて，増加する医療や年金などの社会保障関係費をどうまかなっていくかが課題となっている。

(1) 文中の　**A**，**B**　にあてはまる語句を，それぞれ書きなさい。

A〔　　　　　　　権〕 B〔　　　　　　　〕

(2) 下線部について，少子高齢社会に対応するために，2000年から新しく導入された社会保険の制度を何というか。　〔　　　　　　　　　　〕

7 次の各問いに答えなさい。　【4点×2】

(1) 大気汚染が原因となり，三重県で発生した四大公害の一つを何というか。

〔　　　　　　　　　　　　〕

(2) 大規模な開発を行う際に，環境への影響を事前に調査・評価するしくみを何というか。

〔　　　　　　　　　　　　〕

4章／私たちの暮らしと経済

中学生のための 勉強・学校生活アドバイス

ニュースや新聞をチェックしよう！

「国見（くにみ）って，よくニュースとか新聞の内容，知ってるよな」

「毎朝，見るようにしてるんです。社会の授業で習うことが出てきておもしろいので！」

「ニュースや新聞で，勉強と実生活のつながりを実感するのは大事よ。興味がわいて，学習内容が頭に残りやすくなるの。」

「たしかに『国会』や『選挙』の話をニュースで見たとき，習ったことが身近に思えて，楽しかったかも。」

「ニュースや新聞で取り上げられる社会的できごとを「時事」っていうの。時事は学校の勉強にも大事だし，入試でもすごく重要よ。」

「入試でも？」

「そう。時事に関する問題が筆記試験に出てきたり，推薦（すいせん）入試の面接で質問されることがあるからね。」

「そうなんですか…！」

「受験勉強もあるのに，ニュースや新聞までチェックできるかな…」

「いっぺんに見ようとすると大変だから，香菜（かな）ちゃんみたいに毎日の習慣にするのがいいわよ。」

「あ，うちの親も言ってました！毎日少しずつでいいから，見るようにしなさいって。」

「そうそう。『毎朝15分ニュースを見る』とか『夕飯前に新聞の一面をチェックする』とかがおすすめね。」

「たしかに，それならできるかも。入試までに少しずつチェックするようにしてみようっと！」

5章

地球社会と私たち

1 国際社会のしくみ

教科書の要点

1 **国際社会と国家**
◎ **主権国家**…国の政治や外交について決定する権利をもつ独立国
◎ 国家を構成する要素…**主権・領域・国民（人民）**
◎ 主権国家の領域…**領土・領海・領空**
◎ **排他的経済水域**…領海の外側で沿岸から200海里までの水域。

2 **国際社会のルール**
◎ **国際法**…**国際慣習法**や**条約**など
◎ 国際司法裁判所…国家間の争いを裁く機関

1 国際社会と国家

国際社会は，**主権**をもつ**主権国家**で構成されている。現在，世界には約190の主権国家がある。

(1) **主権国家**…国の政治・外交について自ら決定する権利をもつ独立国。

❶主権…国家が独立を保つための，支配や干渉を受けない権利で，自衛権も含まれる。

❷国家を構成する要素…国家は**主権**のほかに，**領域**，**国民（人民）**の三つの要素で構成される。

(2) 主権国家の原則

❶内政不干渉の原則…他国の支配や干渉を受けない。

❷主権平等の原則…主権国家は互いに対等である権利。
└→国際連合の総会では，加盟国は平等に1票をもつ

(3) 主権国家の領域とその原則

❶**主権国家の領域（国家の領域）** 1 2 …陸地である**領土**，沿岸から12海里以内の**領海**，領土と領海の上空の**領空**からなる。国家の主権のおよぶ領域は領土・領海・
└→大気圏内
領空からなる。

発展 **パスポート（旅券）**

持ち主が，その国の国民であると証明するために国（政府）が発行する。海外での滞在の際は常に携帯することが義務づけられている。

↑パスポート　　　(Alamy/PPS通信社)

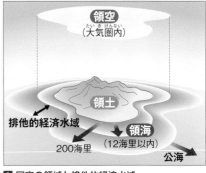

1 国家の領域と排他的経済水域

❷排他的経済水域…**領海**の外側に広がる，沿岸から200
海里までの水域。➡この水域内の漁業資源や鉱産資源な
どの権利は沿岸国にある。上空の飛行は自由。

❸領土不可侵の原則…相手の領域に無断で立ち入ることは
認められない。

❹公海自由の原則…排他的経済水域の外側に広がる水域を
公海といい，どこの国の船も自由に航行や操業ができる。

(4) 国旗と国歌

国旗と**国歌**は，国家を示すシンボル（象徴）で，敬意を
表し，尊重し合うことが国際的な儀礼である。日本では，
1999年，「**日章旗（日の丸）**」を国旗，「**君が代**」を国歌と
定める国旗および国歌に関する法律が成立した。
  └→ 国旗・国家法

2 **国際社会のルール**

　国際関係は国と国との外交が基本であり，国際社会には守
るべき**ルール**がある。このルールを**国際法**という。各国は
  　　　　└→ きまり
国際法を尊重し，国際協調を維持し向上させることが求めら
れる。

(1) 国際法の種類

　国際法には，大きく分けて次
の二つがある。

❶**国際慣習法**…国家間の長年の
ならわしで成立したきまり。

❷**条約**…国家間で文書によって
結ばれる。二国間で結ばれる
  　　　 └→ 日米安全保障条約など
条約のほかに，多国間で結ば
れる条約もある。
  └→ 南極条約など

> 内政不干渉の原則，主権平
> 等の原則，領土不可侵の原
> 則，公海自由の原則は，す
> べて国際慣習法だよ。

(2) 国家間の争いの解決

国際司法裁判所…国家間の争いを法的に裁く機関。裁判をす
  └→ 国際連合の主要機関の一つ
るには当事国の同意が必要で，判決に強制力はない。

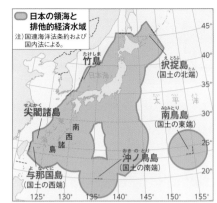

■ 日本の領海と
　排他的経済水域
注）国連海洋法条約および
　　国内法による。

竹島
択捉島
（国土の北端）
太平洋
尖閣諸島
南鳥島
（国土の東端）
南西諸島
沖ノ鳥島
（国土の南端）
与那国島
（国土の西端）

2 日本の領域と排他的経済水域　日本の排他的
経済水域を守るために，沖ノ鳥島では，水没を
防ぐ大規模な護岸工事が行われた。

発展　日本の領土をめぐる問題

①**北方領土**…日本固有の領土で，**歯舞群
島，色丹島，国後島，択捉島**からな
る。第二次世界大戦後にソ連が不法に
占領し，ソ連の解体後は**ロシア連邦**が
占領している。

②**竹島**…島根県に属し，**韓国**が不法に占
拠している。

③**尖閣諸島**…沖縄県に属し，**中国・台湾**
が領有権を主張している。

日本固有の領土であり，
ロシア連邦にその返還
を要求している地域。
カムチャツカ
半島
千島列島
樺太
（サハリン）
オホーツク海
択捉島
国後島
色丹島
歯舞群島
太平洋

↑北方領土

くわしく　条約の種類

　条約には，広い意味では，協定，宣
言，議定書，憲章なども含まれる。

●協定…日米地位協定など

●宣言…世界人権宣言など

●議定書…京都議定書など

●憲章…国際連合憲章など

5章／地球社会と私たち

1節／国際社会と世界平和

199

領土をめぐる問題は
なぜ起こる？

日本は周辺諸国・地域との間で，領土をめぐる問題をかかえている。それぞれどのような経緯で起こったのだろうか。確認してみよう。

❶ 北方領土をめぐる問題

　北方領土は，北海道に属する**歯舞群島**，**色丹島**，**国後島**，**択捉島**からなる島々で，からふとますやさけなどの水産資源が豊富な地域である。1855年に日本とロシアとの間で択捉島以南を日本の領土とする日露通好条約が結ばれたことで，日本固有の領土となった。しかし，第二次世界大戦末期の1945年にソ連により占領され，ソ連の解体後はロシアが不法に占拠し続けている。

⬆サンフランシスコ平和条約締結後の日本の領土　日本はサンフランシスコ平和条約で，樺太の一部と千島列島を放棄した。日本政府は，このとき放棄した千島列島に北方領土は含まれないとの認識である。

❷ 竹島をめぐる問題

　竹島は，島根県に属する日本海南西部の島々で，明治時代に日本固有の領土となった。しかし，1952年に韓国の李承晩大統領が漁業に関する権利を主張して，公海上に境界線（李承晩ライン）を引き，日本の漁船の立ち入りを禁止した。これ以降，韓国は竹島に警備隊を常駐させるなど，不法に占拠し続けている。日本政府は竹島をめぐる問題を国際司法裁判所の判断に委ねようと提案してきたが，韓国はこれを拒否し続けている。

（AFP＝時事）

⬆竹島　男島（西島）と女島（東島）を中心とする島々で構成される。寒流と暖流がぶつかる潮境（潮目）があり，水産資源が豊富である。

⬆李承晩ライン　竹島周辺を航行していた海上保安庁の巡視船が竹島から銃撃される事件も発生している。

③ 尖閣諸島をめぐる問題

　尖閣諸島は沖縄県に属し，東シナ海に位置する島々である。1895年に明治政府が他国が支配していないことを慎重に確認したうえで，国際法に基づいて日本に編入した。その後，尖閣諸島はサンフランシスコ平和条約で日本の領土として扱われ，1972年にアメリカの統治下に置かれていた沖縄が日本に返還された際に，尖閣諸島もともに日本に返還された。

　そのような中，1969年に，周辺の海底に石油の埋蔵の可能性が指摘されると，中国と台湾が尖閣諸島の領有権を主張するようになった。日本政府は，尖閣諸島にはそもそも領土問題は存在しないという立場をとっているが，中国は尖閣諸島周辺の海域に船を派遣するなどして，日本の領海侵犯を繰り返している。2012年に日本は尖閣諸島の大半を国有化した。

(朝日新聞社／PPS通信社)

⬆ **尖閣諸島**　魚釣島，北小島，南小島などの島々で構成されている。

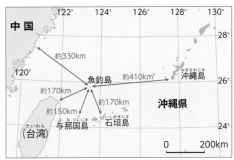

⬆ **尖閣諸島の位置**　尖閣諸島は与那国島から北に約150km，台湾から約170km，中国からは約330km離れている。

④ 領土をめぐる問題への対応

　日本と周辺諸国や地域との間で領土をめぐる問題が起こる原因には，土地のほかに，水産資源や鉱産資源の存在が大きい。

　日本政府は，これらの問題に対して，強い態度でねばり強く交渉することが求められるが，いっぽうで，それによる外交関係の悪化は，双方にとって望ましいことではない。双方が納得できる平和的な解決に向けて，今後も議論していくことが大切である。

(Alamy／PPS通信社)

⬆ **2018年の日露首脳会談**　北方領土をめぐる問題について話し合われ，平和的に交渉を進めていくことで合意した。

2 国際連合のしくみとはたらき

教科書の要点

1 **国際連合の創設と目的**
◎ **国際連合（国連）**…国際連合憲章に基づき創設
◎ 目的…世界の平和と安全の維持が最大の目的

2 **国際連合のしくみとはたらき**
◎ **総会**…全加盟国で構成，1国1票
◎ **安全保障理事会**…**常任理事国**と**非常任理事国**で構成
◎ **拒否権**…常任理事国だけがもつ特権
◎ その他の機関…経済社会理事会や専門機関など

3 **国際連合の活動と日本**
◎ 国際連合と活動…**平和維持活動（PKO）**，**持続可能な開発目標（SDGs）**を採択
◎ 国際連合の日本…自衛隊が国連平和維持活動に参加，常任理事国入りを目指す

1 国際連合の創設と目的

(1) **国際連合（国連）**の創設…1945年，国際連合憲章■■に基づいて創設された。本部はアメリカのニューヨークに置かれ，経済，社会，軍縮，環境，人権などのさまざまな分野で国際協力を進めている。

(2) 創設の背景と目的…第一次世界大戦後に設立された国際連盟は権限が弱く，第二次世界大戦を防ぐことができなかった。そこで，戦争を防ぎ，世界の平和と安全を維持することを最大の目的に創設された。

(3) 加盟国■…発足時の加盟国は51か国。現在は190か国を超える。

用語解説 国際連合憲章

1945年6月，サンフランシスコ会議で採択された。国際連合の目的や組織，活動などを定めている。

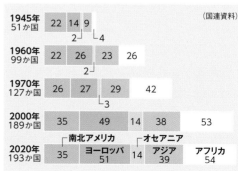

					(国連資料)
1945年 51か国	22	14	9 / 2 / 4		
1960年 99か国	22	26	23 / 2	26	
1970年 127か国	26	27	29 / 3	42	
2000年 189か国	35	49	14	38	53
2020年 193か国	南北アメリカ 35	ヨーロッパ 51	オセアニア 14 / アジア 39		アフリカ 54

■ 国連加盟国数の推移 アジア・アフリカの国々が約半数を占める。

（4）国際連合と国際連盟の比較

国際連合		国際連盟
1945年10月	成　立	1920年1月
ニューヨーク（アメリカ合衆国）	本　部	ジュネーブ（スイス）
現在，ほとんどの国が加盟	加盟国	アメリカの不参加と大国の脱退
多数決が原則	総会の議決	全会一致が原則
経済制裁，武力制裁	制裁	経済制裁のみ

2 国際連合のしくみとはたらき

　国連は，**総会②**，**安全保障理事会（安保理）**，経済社会理事会などの主要機関と，**国連教育科学文化機関（UNESCO）** などの専門機関や，**国連児童基金（UNICEF）** などの補助機関からなる。これらの機関は互いに協力し合って活動している。

（1）国際連合のしくみ

重要

❶主要機関…**総会**，**安全保障理事会（安保理）**，経済社会理事会，国際司法裁判所，事務局など。

❷専門機関…経済，社会，文化などの各分野に設けられた専門的な国際組織で，経済社会理事会を通して国連と深く結びついた機関。**国連教育科学文化機関（UNESCO）** のほか，国際労働機関，世界保健機関などがある。
　　　　　└→ILO　　　　　　└→WHO

（2）総会のしくみ

　総会は全加盟国の代表で構成され，世界のあらゆる問題について討議し，勧告することができる。

❶議決…加盟国は平等に1国1票をもち，多数決制が原則。
　　　　└→主権平等の原則

❷種類…総会には，年1回9月に開かれる定期総会のほか，必要に応じて特別総会■，緊急特別総会■が開かれる。

くわしく 国際連合の目的

●国際の平和と安全の維持。
●諸国間の友好関係の発展。
●経済的，社会的，文化的，人道的な国際問題の解決と人権と自由の尊重のための国際協力。
（国連憲章　第1条　一部要約）

参考 日本の国際連合への加盟

　日本は1956年に日ソ共同宣言を調印し，常任理事国のソ連（現在はロシア連邦）との国交を回復したことで，国際連合への加盟が実現した。

② 総会の様子　　　　　（Alamy/PPS通信社）

用語解説

●特別総会…安全保障理事会，または加盟国の過半数の要請があった場合に開かれる。

●緊急特別総会…安全保障理事会の9か国以上，または加盟国の過半数の要請があった場合に24時間以内に開かれる。

（3）安全保障理事会のしくみ

❶安全保障理事会（安保理）…世界の平和と安全の維持に，主要な責任をもつ国連の中心機関。

❷構成…常任理事国と非常任理事国の計15か国で構成。常任理事国は重要な議題について1か国でも反対すると決議ができない拒否権をもつ。

常任理事国 （5か国）	アメリカ合衆国，ロシア連邦，イギリス，フランス，中国の五大国。拒否権をもつ。
非常任理事国 （10か国）	総会で選出された，常任理事国を除く10か国。任期は2年。

└→毎年半数を改選

❸役割…国際紛争を調査して解決方法を勧告したり，侵略行為に対して，経済制裁や軍事行動などの強制措置を決定したりする。国連加盟国には，安全保障理事会の決定に従う義務がある。

（4）経済社会理事会

社会，文化，教育，経済などの国際協力を進めるため，専門機関と協力して活動している。

発展　五大国一致の原則

　安全保障理事会の重要議題について，常任理事国が1か国でも反対すると決定できないという原則。大国が議題に反対し，非協力的になると，決議を実行できない，との考えから生まれた。

発展　集団安全保障

　侵略行為をはたらいた国に対し，国連加盟国が安全保障理事会の決議に基づいて制裁を加えることができるという，考え方や制度。

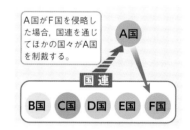

A国がF国を侵略した場合，国連を通じてほかの国々がA国を制裁する。

↑国際連合の主な組織

(5) 主な専門機関とその他の機関

UNESCO
（国連教育科学文化機関）
文化・教育の振興に取り組む。

WHO
（世界保健機関）
感染症などへの保健政策を行う。

WTO
（世界貿易機関）
自由貿易を進める。

UNICEF
（国連児童基金）
子どもたちの権利を守る。

3　国際連合の活動と日本

(1) 国際連合のはたらき

❶**平和維持活動（PKO）**❸…国連は，紛争地域に平和維持軍（PKF）を派遣するなど，停戦の監視や選挙の監視などの，平和維持のための活動を展開している。

❷第二のはたらき…経済，社会，文化，環境，人権などの分野で，国連の専門機関などを通じて，世界の人々の生活の向上と持続可能な社会の実現にむけた活動を行っている。

➡2015年に国連サミットで，**持続可能な開発目標（SDGs）**（→p.219）が採択され，2030年までに達成すべき17の国際目標が掲げられた。

(2) 国際連合と日本

❶常任理事国入り…国連予算の分担率❹が第3位の日本は，発言力を強めるために常任理事国入りを目指している。

❷自衛隊の国連平和維持活動（PKO）への参加…1992年に国際平和協力法（PKO協力法）が制定されて以降，継続的に人的・財政的貢献を行っている。

❸ **自衛隊のPKO活動**　　　　（共同通信社）

その他 33.4
ブラジル 2.9
カナダ 2.7
2019～2021年
アメリカ 22.0%
中国 12.0
日本 8.6
ドイツ 6.1
イギリス 4.6
フランス 4.4
イタリア 3.3

❹ **国連予算の国別分担率**　加盟国の経済力に応じて，国連の活動資金の分担率が決まる。

Column　日本は敵国？　旧敵国条項ってなに？

　国際連合憲章に，第二次世界大戦で連合国側の敵だった日本，ドイツ，イタリアなどへの武力行使には，安全保障理事会の許可は不要とする定めがある。1995年，総会で削除する決議が採択されたが，削除には国連憲章の改正手続きが必要で，この条項はまだ残ったままである。

3 地域主義の動き

教科書の要点

1 地域主義

◎ **地域主義（地域統合）**…特定の地域でまとまって協力
◎ **ヨーロッパ連合（EU）**…1993年に発足。**ユーロ**を導入
◎ その他…**東南アジア諸国連合（ASEAN）**，**APEC**，**TPP**，**NAFTA（USMCA）** など

2 地域主義の課題

◎ 課題…加盟国間の経済格差，一国の経済危機が地域全体に影響を与える

1 地域主義

グローバル化の進行で，経済や安全保障，環境などの分野で，特定の地域の国々が協力を強める，**地域主義（地域統合）**の動きが強まっている。
→リージョナリズム

(1) 経済のグローバル化

❶ **世界貿易機関（WTO）**…関税の撤廃などで自由貿易を進めるために発足。対象をものだけでなく，サービス貿易や知的所有権などに広げ，農業分野での自由化も目指す。
→金融，情報，通信など
→特許権や著作権など

❷ **自由貿易協定（FTA）**…特定の国や地域の間で，関税の撤廃などによって自由貿易を促進する協定。

❸ **経済連携協定（EPA）**…FTAを拡大し，人の移動や投資なども含む幅広い経済関係の強化を目指す協定。

(2) **ヨーロッパ連合（EU）** 🔳

❶ 結成の背景…第二次世界大戦後，1967年に**ヨーロッパ共同体（EC）**が結成され，マーストリヒト条約が発効した1993年に**ヨーロッパ連合（EU）**が発足した。

❷ 目的…ヨーロッパの政治的・経済的な統合を図り，アメリカ合衆国や日本の経済力に対抗するため。

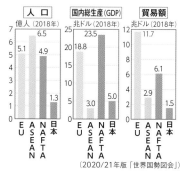

↑EU，ASEAN，NAFTA，日本の人口，面積，国内総生産（GDP）の比較

（2020/21年版「世界国勢図会」）

🔳EU加盟国　イギリスは，移民問題に対する不満などから2020年1月に離脱した。

↑ 主な地域主義 （2020年10月現在）

❸政策…共通通貨**ユーロ**の導入，EU圏内の自由な移動，外
　　交，安全保障，治安対策などで共通政策を強化。
　　　　　　└→ 人，もの，お金

(3) **東南アジア諸国連合（ASEAN）**…1967年に東南アジ
　　アの経済や社会の発展を目的に結成。日本，中国，韓国を加
　　えた ASEAN＋3の首脳会議も開かれている。

(4) **アジア太平洋経済協力会議（APEC）**…1989年に結成。ア
　　ジア・太平洋地域の貿易自由化や経済協力を進める。

(5) **環太平洋経済連携協定(TPP)**…2006年に4か国で発効した
　　　└→環太平洋パートナーシップ協定
　　経済連携協定(EPA)。加盟国を増やし2016年に調印したが，
　　2017年にアメリカが離脱し，2018年に11か国で新たに調印した。
　　　　　　　　　　　　　　└→2018年12月に発効

(6) **北米自由貿易協定（NAFTA）**…1994年，アメリカ，カナ
　　ダ，メキシコが結成。貿易や投資の自由化を進める。

　　　➡NAFTAに代わり，2020年7月に新たに**アメリカ・メ
　　キシコ・カナダ協定（USMCA）**を結んだ。

2 地域主義の課題

　　EUでは，加盟国間の経済格差が大きな課題となっている。
また，2009年に起こったギリシャの財政危機でEU全体の経
済が大きく混乱したように，一国の経済危機が地域主義全体
に影響を与えることも少なくない。

発展　その他の主な地域主義

　2002年にアフリカ諸国が結成した**ア
フリカ連合（AU）**や，1995年に南ア
メリカ諸国が結成した**南米南部共同市場
（MERCOSUR）**などがある。

思考　貿易の自由化に賛成？　反対？

　貿易の自由化（自由貿易）には，メリ
ット・デメリットがあり，賛成・反対の
意見に分かれることがよくある。

●メリット（期待されること）
　・外国企業との競争で，国内産業が強
　　化される。
　・安価な外国産か，良質な国産かな
　　ど，消費者の選択肢が増える。など

●デメリット（懸念されること）
　・安い外国産の農産物が輸入されるこ
　　とで，国内産の農産物が売れにくく
　　なる。
　・国内経済が外国の政治や経済の動き
　　に左右される。　　　　　　　など

207

4 新しい戦争

教科書の要点

1 新しい戦争

◎ **地域紛争**…冷戦終結後に多発している戦争。民族や宗教の違い,経済格差などが原因で起こる。

◎ **テロリズム（テロ）**…暴力などで政治的な目的を実現しようとする,非合法な行為。

2 難民の発生と各国の対応

◎ **難民**…迫害などを理由に国外に逃れた人々
◎ **難民の保護・救援**…国連難民高等弁務官事務所やNGO

---

1 新しい戦争

従来の戦争は国家と国家の戦争を意味していた。しかし,冷戦終結後は,**地域紛争**や**テロリズム**,内戦などの新しい戦争が多発している。

(1) **地域紛争②**…1つの国やその周辺の国々を巻き込んで,
  └→多くは民族紛争
民族や宗教の違い,経済格差などが原因で起こる戦争。

❶ パレスチナ問題**①**…第二次世界大戦後,パレスチナにイスラエルという国を建国したユダヤ人と,パレスチナの地を奪われたアラブ人との争い。イスラエルとアラブ諸国の間で4度の戦争が起き,多くの**難民**が発生している。
  └→中東戦争
➡ 1993年にイスラエルとパレスチナ解放機構が互いを承認することで合意したが,武力衝突が続いている。

❷ アフリカでの紛争…ヨーロッパ諸国の植民地時代に,民族や宗教の分布を無視して境界線（国境線）を引かれたことが,現在の地域紛争につながっている。

(2) **テロリズム（テロ）**…政治的な目的の実現のために,暗殺や暴力などの非合法な殺傷行為を行うこと。

❶ アメリカ同時多発テロ**③**…2001年9月11日,アメリカ合

発展　冷戦終結の影響

冷戦終結以前,世界はアメリカとソ連の超大国の力でバランスが保たれていた。冷戦終結でそのバランスが崩れ,各国の対立や,政治体制への不満が表面化したことが,地域紛争の多発に影響していると考えられている。

1 イスラエルとパレスチナ　ガザ地区と西岸地区の一部は,パレスチナ自治区になっている。

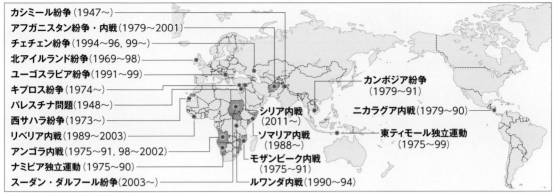

カシミール紛争（1947〜）
アフガニスタン紛争・内戦（1979〜2001）
チェチェン紛争（1994〜96, 99〜）
北アイルランド紛争（1969〜98）
ユーゴスラビア紛争（1991〜99）
キプロス紛争（1974〜）
パレスチナ問題（1948〜）
西サハラ紛争（1973〜）
リベリア内戦（1989〜2003）
アンゴラ内戦（1975〜91, 98〜2002）
ナミビア独立運動（1975〜90）
スーダン・ダルフール紛争（2003〜）

カンボジア紛争（1979〜91）
ニカラグア内戦（1979〜90）
東ティモール独立運動（1975〜99）
シリア内戦（2011〜）
ソマリア内戦（1988〜）
モザンビーク内戦（1975〜91）
ルワンダ内戦（1990〜94）

2 主な地域紛争　（第二次世界大戦後）

衆国に対する無差別テロが起こった。➡アメリカ合衆国は
同時多発テロを実行した国際テロ組織を支援しているとし
てアフガニスタンを攻撃し，イラクの政権もたおした。
└→イスラム教の教えを徹底させるタリバン政権　└→フセイン政権

❷テロへの対応…国連やアメリカ合衆国はテロリストが多く
いる国や地域に軍隊を派遣。根本的な対策として，多様な
価値観の尊重や，貧富の差の解消なども求められている。

2 難民の発生と各国の対応

地域紛争やテロリズムなどの新しい戦争によって，世界各
地に多くの**難民**が発生している。

(1) **難民** **4**…宗教・民族・政治上の理由による迫害などのた
めに国外に逃れた人々。近年は，政治的な迫害のほか，武
力紛争や人権侵害などを理由に国外に逃れる人々も含む。

(2) 難民の保護・救援
❶国際連合…国連難民高等弁務官事務所（UNHCR）が「難
民の地位に関する条約（難民条約）」に基づき，難民の保
護や救援活動を行っている。
❷非政府組織（NGO）…難民支援の活動を行っている。
❸そのほか…世界各国には，積極的に難民を受け入れている
国もあるが，難民を多く受け入れてきたEUなどでは，増
え続ける難民への対応をめぐる対立も起きている。

3 同時多発テロ　ハイジャックされた
旅客機が世界貿易センタービルなどに
突入した。　　　　　　　（EPA＝時事）

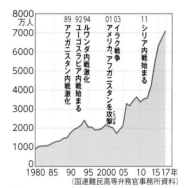

89 92 94　01 03　　11
アフガニスタン内戦激化
ルワンダ内戦激化
ユーゴスラビア内戦始まる
イラク戦争
アメリカ，アフガニスタンを攻撃
シリア内戦始まる

1980 85　90　95 2000 05　10　15 17年
（国連難民高等弁務官事務所資料）

4 難民の数の推移

📖くわしく　**緒方貞子さん**

1991年から10年間，国連難民高等
弁務官事務所の最高責任者を務め，世界
各地で難民の救済にあたった。

世界の平和のために

軍拡から軍縮へ

◎核兵器の削減…**中距離核戦力（INF）全廃条約**，戦略兵器削減条約（START）など

◎核不拡散…**核拡散防止条約（NPT）**，包括的核実験禁止条約，核兵器禁止条約など

◎**地雷（対人地雷）の廃絶**…対人地雷全面禁止条約

その他…化学兵器や生物兵器の削減など

(1) 核軍縮の動き ❶…冷戦下では，「**核兵器をもっていれば，報復攻撃を恐れて相手国は先制攻撃をしてこない**」という**核抑止**の考えに基づき，米ソを中心に核兵器の開発が進んだ。やがて，核開発と核拡散を懸念する声が国際的に高まり，1960年代から徐々に → 核兵器の廃絶や不拡散 **軍縮**の動きが進んだ。

(2) 核兵器の削減…中距離核戦力（INF）全廃条約，戦略兵器削減条約（START）など。

重要

(3) 核不拡散…核保有国を増やさない。

❶**核拡散防止条約（NPT）**（1968年）…核保有国の拡大を防止するため，非核保有国への核兵器の譲渡や製造援助などを禁止した。 ❷

❷**包括的核実験禁止条約（CTBT）**（1996年）…核不拡散を確実にするため，すべての核実験を禁止した。核保有国のアメリカ合衆国やインドなどが参加しておらず，2020年現在まだ発効していない。

❸**核兵器禁止条約**（2017年）…核兵器の開発や保有，使用などを全面的に禁止した。2021年1月発効。日本は不参加。

年	できごと
1963	部分的核実験停止条約
1968	**核拡散防止条約（NPT）**
1972	米ソ，戦略兵器制限協定
1978	第1回国連軍縮特別総会
1987	米ソ，中距離核戦力（INF）全廃条約
1991	米ソ，戦略兵器削減条約（START）
1995	NPTの無期限延長に合意
1996	**包括的核実験禁止条約（CTBT）**
2002	米ロ，戦略攻撃力削減条約
2009	安保理で「核なき世界」決議
2010	米ロ，新戦略兵器削減条約
2013	武器貿易条約
2017	**核兵器禁止条約**
2018	米，INF全廃条約から離脱を表明→失効（2019）

❶ 主な核軍縮の動き

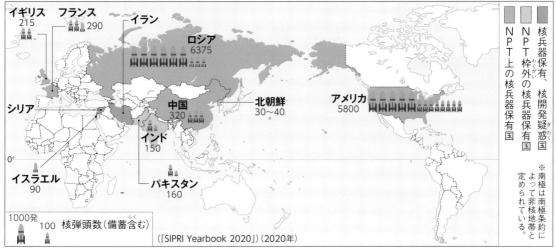

イギリス
215

フランス
290

イラン

ロシア
6375

シリア

中国
320

北朝鮮
30～40

アメリカ
5800

インド
150

イスラエル
90

パキスタン
160

NPT上の核兵器保有国

NPT枠外の核兵器保有国

核兵器保有、核開発疑惑国

※南極は南極条約によって非核地帯と定められている。

0°

1000発　100　核弾頭数（備蓄含む）

（「SIPRI Yearbook 2020」）（2020年）

2 核保有国と保有核弾頭数　（推定）

(4) 地雷（対人地雷）の廃絶

❶地雷（対人地雷）**3**…地中や地上に設置され，人や戦車が接触することによって爆発し被害を与える兵器。

❷現状と問題点…安価で生産できることから，紛争地で大量に使用された。撤去が難しく半永久的に作動することから，現在でも被害が出ている。

❸廃絶に向けた取り組み…1997年に**対人地雷全面禁止条約**が結ばれ，地雷の使用，開発，保有などが禁止された。

(5) その他…**ODA**　のほか，核兵器禁止条約の採択に貢献した
→政府開発援助
核兵器廃絶国際キャンペーン「ICAN」などの**NGO**も，世
→非政府組織
界平和を目的にさまざまな活動をしている。

3 地雷の犠牲者　地雷は人を殺すことより，けがをさせることを目的に開発された。　（EPA＝時事）

Column　終末（運命の日の）時計

　アメリカのある科学雑誌が，核兵器や環境破壊などによる人類滅亡までの時間を午前0時として，現在がその何分前かを概念的に示した時計である。2020年は，アメリカとイランとの核戦争の高まりや北朝鮮の核開発，気候変動への対応の遅れなどを要因として，過去最短の100秒とされた。

1953年/2分前
ソ連が水爆実験

1963年/12分前
部分的核実験
停止条約

2020年/100秒前
気候変動や核の
問題

深掘り
Column

フェアトレードってなに？

近年，世界の経済格差を解消するための取り組みの一つとしてフェアトレード（公正貿易）が注目されている。では，フェアトレードとは，具体的にどのようなものなのだろうか。

① フェアトレードとは？

フェアトレードとは，**発展途上国（途上国）**でつくられた農産物や製品を，適正な価格で継続的に取り引きすることである。立場の弱い途上国の人々は，厳しい労働環境や低賃金で働き，**先進工業国（先進国）**の業者に，製品を不当に安い価格で取り引きされることがあった。こうした事態を防ぎ，途上国の生産者の労働環境の改善や，経済的な自立を促すことなどを目的に，フェアトレードが始まった。

（AFP＝時事）

⬆国際フェアトレード認証ラベルとフェアトレード商品　基準を満たした製品には，国際フェアトレード認証ラベルが付いている。

② 広がるフェアトレード

少数の限られた業者間で始まったフェアトレードは，現在では世界中に広がり，スーパーマーケットなどの小売店でもフェアトレード商品を見かけるようになった。2017年現在の世界の推定市場規模は約10年で約3.5倍にも拡大している。私たち消費者が国際フェアトレード認証ラベル付き商品を購入し，途上国の生産者を支援することは，持続可能な発展のためにできる取り組みの一つである。

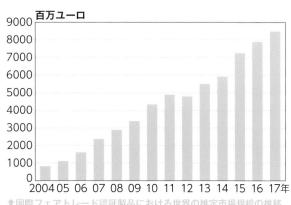

⬆国際フェアトレード認証製品における世界の推定市場規模の推移

（認定NPO法人フェアトレード・ラベル・ジャパンより）

1 国際社会のしくみ 〜 3 地域主義の動き

□(1) 国際社会は，支配や干渉を受けず，政治・外交について自ら決定する権利をもつ〔　　　〕国家で構成されている。

(1) 主権

□(2) 国家の構成要素は，主権，〔　　　〕，国民（人民）である。

(2) 領域

□(3) 〔　　　〕は，国家間の長年のならわしで成立した国際慣習法と，国家間で文書によって結ばれる〔　　　〕からなる。

(3) 国際法，条約

□(4) 世界の平和と安全の維持を目的に，1945年に〔　　　〕が創設された。

(4) 国際連合（国連）

□(5) (4)の主要な機関の一つである〔　　　〕は，全加盟国で構成され，平等に1国1票をもっている。

(5) 総会

□(6) 〔　　　〕は，常任理事国と非常任理事国の計15か国からなり，常任理事国には〔　　　〕という特権が認められている。

(6) 安全保障理事会（安保理），拒否権

□(7) 国連が平和維持のために行う，停戦や選挙の監視などの活動を，〔　　　〕という。

(7) 平和維持活動（PKO）

□(8) グローバル化が進み，特定の地域の国々が協力を強める〔　　　〕の動きが強まっている。

(8) 地域主義（地域統合，リージョナリズム）

□(9) (8)の代表的なものに，ヨーロッパの〔　ASEAN　EU　〕，東南アジアの〔　ASEAN　EU　〕などがある。

(9) EU，ASEAN

4 新しい戦争 〜 5 世界の平和のために

□(10) 冷戦終結後に〔　世界戦争　地域紛争　〕が多発し，迫害などを理由に国外へ逃れる大量の〔　　　〕が発生している。

(10) 地域紛争，難民

□(11) 〔　　　〕は，政治的な目的を実現するために，暗殺や暴力などの非合法な殺傷行為をすることである。

(11) テロリズム（テロ）

□(12) 核保有国を増やさないようにするために，1968年に〔　包括的核実験禁止条約　核拡散防止条約　〕が結ばれた。

(12) 核拡散防止条約

1 文化の多様性

教科書の要点

1 文化・宗教の多様性
◎ 文化…気候や風土に適応し，**多様性**をもつ→**世界遺産**など
◎ 世界の三大宗教…**キリスト教，イスラム教，仏教**

2 異文化理解
◎ 文化の多様性を認め合い，尊重し，共存しようとする態度が重要

1 文化・宗教の多様性

(1) 文化の多様性…世界の各地でさまざまな民族が，その気候や風土に適応した**文化**を生み出してきた。そのため，各地域や国の人々は，多様な価値観や生活習慣，社会のしくみなどをもって暮らしている。各文化に優劣はなく，対等である。

(2) **世界遺産**…**国連教育科学文化機関（UNESCO）**が，世界各地の人類にとって貴重な自然や遺跡，建造物などを**世界遺産条約**に登録し，**世界遺産**として保護している。
  └→ 文化遺産・自然遺産・複合遺産

(3) 宗教の多様性…文化のうち宗教は，信仰する人々の衣食住や生活習慣のほか，政治制度にも大きな影響を与えている。
  └→ 地域紛争の原因にもなる
  ❶主な宗教**■**…**キリスト教，イスラム教，仏教**の三大宗教のほか，**ヒンドゥー教，ユダヤ教**などがある。
  └→ インドに信者が多い └→ イスラエルに信者が多い
  ❷教典…キリスト教の「聖書」やイスラム教の「コーラン」。
  └→ クルアーン

2 異文化理解

(1) 異文化への態度…グローバル化の中で，多様性を認め合い，異文化を受け入れる寛容さが求められている。

(2) 多文化主義…自文化の価値観で異文化をはかることなく，異文化を尊重し，共存しようとする態度が重要。

■ 参考　**文化の多様性に関する世界宣言（一部）**

UNESCOは文化の多様性を重んじており，2001年に「**文化の多様性に関する世界宣言**」を採択した。

第1条　……文化の多様性は，その交流，革新，創造性の源として，人類に必要なものである。この意味において，文化の多様性は人類共通の遺産であり，現在および将来の世代のために，その重要性が認識され，主張されるべきである。

その他
キリスト教 31.2%
仏教 6.9
ヒンドゥー教 15.1
イスラム教 24.1

（2020/21年版「世界国勢図会」）
■ 世界の宗教別人口の割合

2 地球環境問題

1 地球環境問題

◎主な環境問題…**地球温暖化**，酸性雨，オゾン層の破壊，砂漠化，熱帯林の減少など

◎**地球温暖化**…**温室効果ガス**の増加で地球の平均気温が上昇

2 国際的な取り組み

◎国際会議…**地球サミット**，**地球温暖化防止京都会議**など

◎京都議定書…先進国に温室効果ガスの削減を義務づける

◎**パリ協定**…先進国だけでなく途上国も温室効果ガスの削減へ

1 地球環境問題

(1) 地球環境問題

　化石燃料の大量消費，自動車の排気ガス，森林の伐採などの人間の活動が原因で，地球環境は深刻な危機に直面している。とくに**地球温暖化**は，さまざまな影響を与えている。

重要

◇さまざまな**地球環境問題❶**…**地球温暖化**，酸性雨❷，オゾン層の破壊，砂漠化，熱帯林の減少など

❷ 酸性雨の影響で枯れた森林

(Alamy/PPS通信社)

❶ さまざまな地球環境問題

❶**地球温暖化**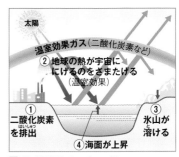…石油や石炭などの化石燃料の大量消費で，二酸化炭素（CO₂）などの**温室効果ガス**が増加したことにより，地球の平均気温が上昇する。
→メタンガスやフロンガスも
・影響…海面の上昇による，海抜の低い島国の水没のおそれ，生物や農作物への影響，異常気象など。
→北極圏や南極大陸の氷がとける　→ツバル，モルディブなど　→かんばつや洪水など

❷酸性雨…工場の煙や自動車の排気ガスに含まれる窒素酸化物や硫黄酸化物の増加が原因で，酸性度の強い雨が降る。
・影響…森林を枯らすほか，川や湖の魚を死滅させる。
・地域…ヨーロッパ，北アメリカなど。

❸オゾン層の破壊…地球を覆う有害な紫外線を吸収してくれるオゾン層が，**フロンガス**などによって，破壊される。
→スプレーや電化製品に使用　　　　　　　→オゾンホールができる
・影響…紫外線による皮膚がんの発症など人体に悪影響。
・地域…南極上空など。

❹砂漠化…森林の伐採，焼畑，過放牧などによって不毛の地が増加する。
→森林を焼き払（はら）い，灰を肥料にする
・地域…アフリカのサヘル地帯，西アジアなど。
→サハラ砂漠の南部

❺熱帯林の減少…森林の伐採などで熱帯林が減少する。
→道路や鉄道，鉱山の開発のため
・地域…アマゾン川流域，東南アジアなど。

（2）地球環境問題の対策
　原因物質である温室効果ガスの削減や排気ガスの規制，フロンガスの製造・使用の禁止，先進工業国（先進国）による砂漠化の防止や森林保護のための資金援助や技術援助など。

3 地球温暖化のメカニズム

太陽
温室効果ガス（二酸化炭素など）
②地球の熱が宇宙ににげるのをさまたげる（温室効果）
①二酸化炭素を排出
③氷山が溶ける
④海面が上昇

4 国・地域別二酸化炭素の排出量の割合
中国とアメリカで40％を超える。

その他
中国 28.3%
2017年 328億t（二酸化炭素換算）
アメリカ 14.5
EU 9.8
インド 6.6
ロシア
日本 3.4
4.7
(2020/21年版「世界国勢図会」)

5 砂漠化　モーリタニア（西アフリカ）
(時事通信フォト)

参考　戦争は最大の環境破壊

　地球環境問題の中でも，「戦争は最大の環境破壊」といわれる。例えば，1960年代半ばから，1975年まで続いたベトナム戦争では，アメリカ軍が猛毒のダイオキシンを含む枯れ葉剤を大量に散布したことから森林が破壊され，障がいのある子どもが多く生まれるなど，大きな被害をもたらした。

地球温暖化・オゾン層の破壊

赤道

■ 砂漠化の進行
⃝ 酸性雨被害
◯ 熱帯林の減少

地球温暖化・オゾン層の破壊
↑地球環境問題が起きている主な地域

2 国際的な取り組み

　国際社会は，国際連合が地球環境問題を話し合う国際会議を開くなど，「かけがえのない地球」を守るために協力して取り組んでいる。**6**

(1) 国連人間環境会議…1972年にストックホルムで開催(かいさい)。テーマは「かけがえのない地球」。国連環境計画を設立。
→ UNEP

(2) 国連環境開発会議（地球サミット）…1992年にリオデジャネイロで開催。リオ宣言(せんげん)が合意され，気候変動枠組条約(わくぐみ)や生物多様性条約が採択(さいたく)された。

重要

(3) 地球温暖化防止京都会議…1997年に京都で開催。
→ 気候変動枠組条約第3回締約国会議（COP3）

❶京都議定書**7**…二酸化炭素などの温室効果ガスの削減を先進工業国に義務づけた。発展途上国(と じょうこく)に削減義務がないことからアメリカ合衆国(がっしゅうこく)が2001年に離脱(り だつ)を表明。

❷京都議定書における先進工業国と発展途上国の主張

・**先進工業国**…「地球環境問題は人類共通の課題なので，発展途上国も削減義務を負うべきだ。」
→ 中国など

・**発展途上国**…「工業化によって温暖化の原因をつくった先進工業国が，削減義務を負うべきだ。」

(4) 国連気候変動パリ会議（COP21）…2015年にパリで開催され，すべての参加国に温室効果ガスの削減目標の提出を義務づけた**パリ協定7**が採択された。

年	できごと
1972	国連人間環境会議
	ストックホルム（スウェーデン）
1987	モントリオール議定書…フロンガスなどの排出を規制
1992	**国連環境開発会議（地球サミット）**
	リオデジャネイロ（ブラジル）
1997	**地球温暖化防止京都会議**
	…京都議定書
2002	持続可能な開発に関する世界首脳会議
	ヨハネスバーグ（南アフリカ共和国）
2005	京都議定書発効
2013	京都議定書を延期（～2020）
2015	**パリ協定採択（フランス）**

6 地球環境問題への取り組み

アメリカは2017年にパリ協定からの離脱を表明し，2020年11月に正式に離脱したよ。

京都議定書		パリ協定
38の国と地域（先進国のみ）	**対象国**	196の国と地域（先進国と途上国）
2008～12年で，1990年を基準に先進国全体で約5％削減（その後20年まで延長）	**おおまかな目標**	世界の平均気温の上昇を産業革命以前と比べて2度未満にする
各国の政府が交渉(こうしょう)により決定	**各国の削減目標**	各国が決めた削減目標を国連に提出→その後目標の見直しを5年ごとに義務づける
あり（未達成の場合は罰則(ばっそく)）	**目標達成の義務**	なし

7 京都議定書とパリ協定の違い

南北問題・貧困問題

1 南北問題

◎ **南北問題**…発展途上国と先進工業国との経済格差の問題

◎ **新興国の台頭**…BRICS，NIES など

◎ **南南問題**…発展途上国の間での経済格差の問題

2 貧困問題

◎ **貧困**…1日の生活費が1.9ドル未満の状態

◎ **飢餓**…長期間にわたる栄養不足により，生存が難しい状態

◎ **対策**…**持続可能な開発目標(SDGs)，政府開発援助**

---

1 南北問題

(1) 発展途上国(途上国)と先進工業国(先進国)の経済格差

❶南北問題❶…途上国と先進国との経済格差，および
→途上国は南半球に，先進国は北半球に多いことに由来する。
そこから発生するさまざまな問題。

❷主な原因…モノカルチャー経済📖の国が多く，国の経済
が不安定になりやすいことや，工業化がうまく進んでい
ないことなどが挙げられる。

(2) 新興国の台頭

途上国の中には，人口が多く資源が豊富なことなどから，
めざましく経済成長を遂げた国(**新興国**)もあり，政治や経
済などの分野で存在感を強めている。

❶BRICS…経済成長が著しいブラジル，ロシア連邦，インド，
→各国の頭文字が由来。
中国，南アフリカ共和国をまとめた呼び名。

❷新興工業経済地域(NIES)…1960年代ごろから工業化を
進め，急速に経済が発展した国や地域。韓国，ホンコン
(香港)，台湾，シンガポールをとくにアジアNIESと呼ぶ。

●1人あたり国民総所得
(千PPPドル) ※購買力平価(PPP)換算

日本	45千PPPドル
ブラジル	15
バングラデシュ	5
マリ	2 (2019年)

●平均寿命 (2018年)

日本	84歳
ブラジル	76
バングラデシュ	72
マリ	59

●5歳未満で死亡する
子どもの割合 (2018年)
※1000人あたり

日本	2人
ブラジル	14
バングラデシュ	30
マリ	98

●若者識字率 (2010～18年)

日本	(データなし) ※15～24歳
ブラジル	男99% 女99%
バングラデシュ	男92 女94
マリ	男61 女39

(2019年版「世界子供白書」ほか)

❶ 南北問題・南南問題 ここ数十年で，格差は
むしろ拡大している。

📖📖 モノカルチャー経済

特定の農産物や鉱産資源の輸出に依存
した経済。アフリカ州の国々などに多く
みられる。

発展 G20サミット
(主要20か国・地域首脳会議)

G7(日本・アメリカ・イギリス・フ
ランス・ドイツ・イタリア・カナダ)
に，アルゼンチン，オーストラリア，ブ
ラジル，中国，インド，南アフリカ共和
国などや，EU(ヨーロッパ連合)を加
えた20か国・地域の国際会議。

（3）途上国の間の経済格差

❶**南南問題**■…途上国の間の経済格差の問題。

❷**主な背景**…1970年代後半から1980年代に，工業化に成功
した新興国や，資源の豊かな国が，利益を拡大。資源をも
　　　　　　└→西アジアの産油国
たず工業化が進んでいない国との格差が拡大した。
└→アフリカのサハラ砂漠以南の国々など

2 貧困問題

（1）**人口の増加**…世界の人口は2019年現在，約77億人で，と
くに発展途上国で人口増加率が高い。
　　　　　　　　└→南アジア・東南アジア・アフリカの国々

（2）**貧困と飢餓**

　　途上国では，人口の増加に経済成長が追いつかず，必要
な食料を確保できないために貧困・食料問題が深刻である。
いっぽう，先進国では余った食料を廃棄する**食品ロス**の問
題があり，食料供給のかたよりが課題となっている。

重要
❶**貧困**…1日の生活費が1.9ドル未満の状態。2015年には
約10人に1人が貧困状態にあるとされた。

❷**飢餓**…長期にわたる栄養不足で，生存が難しい状態。

（3）**対策**

❶**国連**…2015年に**持続可能な開発目標（SDGs）**（→
p.205）を採択し，「貧困をなくそ
う」「飢餓をゼロに」など17の国際
目標が示された。**2**

❷**先進国の政府開発援助（ODA）
による支援**…食料や技術の援助，社
会資本（インフラ）の整備，人材育
成など。

❸**その他の支援**…**フェアトレード**（公
正貿易）（→p.212）や**マイクロクレ
ジット**（少額融資）📖など。

用語解説 **マイクロクレジット
（少額融資）**

　貧困層の人々に対して，少額のお金を
貸し出す金融サービス。貧困層の人々の
自立を進める支援策として，1970年代
にバングラデシュで始まった。

くわしく **持続可能な開発目標
（SDGs）**

　2015年に国連で採択された，2016
～2030年までの世界の開発目標。貧困，
紛争，地球環境問題などのさまざまな課
題の解決にむけた，17の国際目標と
169のターゲットを掲げている。

2 SDGsの17の目標

4 資源・エネルギー問題

1 限りある資源

◎ 資源・エネルギー問題…資源に限りがあり，分布にかたより

◎ **化石燃料**…石炭，石油，天然ガス。エネルギー消費量の８割以上

2 エネルギー事情

◎ 日本の発電エネルギー…**火力発電**が中心，総発電量の８割以上

◎ **再生可能エネルギー**…太陽光，風力，波力，地熱など

1 限りある資源

(1) 資源・エネルギー問題

　資源には限りがあり**2**，資源の分布にも地域的なかたよりがある。近年，新興国などの需要増により，資源の不足が心配されている。

(2) エネルギー資源

❶化石燃料…石炭，石油，天然ガスなど。世界で最も多く使われており，エネルギー消費量の８割以上を占める（2016年）。

❷石油（原油）の生産地と埋蔵地1…ペルシャ湾岸の国々など，中東地域に多い。
→ペルシア

地域	埋蔵量	割合
西ヨーロッパ	20億kl	(0.7%)
旧ソ連・東ヨーロッパ	191億kl	(7.1%)
中東	1278億kl	47.7%
アジア	70億kl	(2.6%)
北アメリカ	380億kl	(14.2%)
アフリカ	200億kl	(7.5%)
オセアニア	4億kl	(0.2%)
中南アメリカ	535億kl	(20.0%)

%は，世界全体の埋蔵量に対する割合（2020年）

1 原油の地域別埋蔵量 （2020/21年版「世界国勢図会」）

2 エネルギー事情

(1) 日本のエネルギー消費

❶エネルギー消費…消費量全体の約半分を占めている産業部門は，1970年代からあまり増加していない。いっぽう，1980年代以降，運輸や家庭部門が増加した。
→電化製品の普及などによる

❷輸入に頼るエネルギー資源3…国内に資源が乏しい日本は，エネルギー資源のほとんどを輸入に頼っている。
→安定的な確保が課題

- ●原油（2019年）………57.6 年
- ●石炭（2017年）………108.4 年
- ●ウラン（2017年）……81.1 年

可採年数：推定埋蔵量を，今後何年にわたって採掘できるか示したもの。

2 主な資源の可採年数
（2020/21年版「世界国勢図会」）

- ●原油（2017年）…………0.3%
- ●石炭（2017年）…………0.7%
- ●天然ガス（2017年）……2.5%

3 日本の主な資源の自給率
（2020/21年版「日本国勢図会」）

(2) 日本の発電エネルギー

日本の電力は**火力発電**が中心で，総発電量の80%以上を占める。地球環境問題の観点から，また，福島第一原発事故の影響もあり，エネルギー政策のあり方が見直され，発電の際に二酸化炭素（CO_2）の発生が少ないクリーンで安全な太陽光，風力などの**再生可能エネルギー4**の開発が進められている。

重要

❶再生可能エネルギー…太陽光，風力，波力，地熱，バイオマス（生物資源）などの，半永久的に使うことができるエネルギー。
→動物から生まれる生物資源。燃やすなどして発電する。
➡地球温暖化の原因となる二酸化炭素をほとんど排出しない利点がある。

❷発電方法の特徴

発電方法		供給安定性	費用	CO_2排出量	特徴・課題
火力（化石燃料）	石油	中	中	多	地球温暖化や大気汚染の原因。中東など特定の地域への依存度が高い。限りがある。
	石炭	高	安	多	
	天然ガス	中	安	多	
原子力		高	安	少	安全性や放射性廃棄物の処理。
再生可能エネルギー	太陽光	低	高	少	供給が不安定。
	風力	低	中	少	

(3) 今後のエネルギー

資源を効率よく利用する**省資源・省エネルギー**や，新たなエネルギー資源の開発が必要である。

❶メタンハイドレート5…水分子の中にメタンガスが閉じ込められた氷状の化石燃料。日本周辺の海域に豊富に埋蔵されているとされ，実用化が目指されている。

❷シェールガス…地中深くの地層から採取される化石燃料。
→シェールオイルはシェールガスと同じ地層から採れる石油
主にアメリカを中心に輸出が行われている。

❸燃料電池車…自動車業界では，ハイブリッドカーが登場し，
→ガソリンエンジンと電気モーターを使用
水素を燃料とする**燃料電池車**の開発も進んでいる。

（田中秀明/PPS通信社）

（PIXTA）

（東阪航空サービス/PPS通信社）

4 再生可能エネルギーの発電施設 上が風力発電，真ん中が太陽光発電，下が地熱発電。

5 メタンハイドレート 「燃える氷」とも呼ばれている。 （Alamy/PPS通信社）

くわしく 福島第一原発の事故

2011年3月11日，東北地方の三陸沖を震源とする大地震に伴い，巨大津波が発生した。この影響で，東京電力の福島第一原子力発電所で水素爆発が起こり，大量の放射性物質が大気中に放出され，周辺住民や各地の農産物に被害が出た。この事故は，日本のエネルギー政策のあり方を考えるきっかけとなった。

SDGs は
なぜ採択されたの？

世界の国々は持続可能な社会を実現するために，持続可能な開発目標（SDGs）に取り組んでいる。
SDGs の実現のために，私たちにもできることがないか，考えてみよう。

押さえる SDGs ってなに？

「持続可能な開発目標（SDGs）」 は，現在の地球上に存在するさまざまな問題に取り組むために，2015年の国連サミットで採択された。国際社会の達成すべき目標として，17の国際目標と169のターゲットが定められている。

日本でも政府の主導のもとでSDGsが進められており，多くの地方公共団体や民間企業，NGO，NPOなどが参加している。

SUSTAINABLE
DEVELOPMENT **GOALS**

↑SDGsの17の目標　「地球上の誰一人として取り残さない」ことを宣言し，これらの目標を2030年までに達成することを目指す。

●採択された背景

世界の人口は2050年には約97億人にまで達するとされている。それにより，食料や水資源の不足，工業化に伴う環境破壊，エネルギー資源の枯渇などが，今よりも深刻になると予想されている。これらの問題に対処し，持続可能な社会を実現するため，2000年に国連で採択された **MDGs（ミレニアム開発目標）** をさらに発展させる形で，2015年にSDGsが国連で採択された。

例えば，あと60年近くてなくなるとされている石油を原料にエネルギーを生産することは，持続可能性があるとはいえないよね

どのような取り組みが行われているの？

　日本では，SDGsの達成に向けた取り組みを促すために，**ジャパンSDGsアワード**を実施している。第3回ジャパンSDGsアワード（2019年）では，次のような事例が優れた取り組みとして表彰された。

●貧困問題を解決する「おにぎりアクション」

　「おにぎりアクション」は，「おにぎり」の写真をSNSか特設サイトに投稿すると，1枚につき給食5食が，アフリカやアジアの子どもたちに届くという取り組み。これにより，2015〜2020年までに約540万食の給食を届けることができた。

●古着を集めて国際貢献する「古着de ワクチン」

　「古着deワクチン」を通して送られた衣類を，発展途上国で安く再販売し，現地で雇用を生み出す取り組み。さらに，古着を送る専用回収キットの購入一口につき，5人分のポリオワクチンが寄付される。

↑「おにぎりアクション」　特定非営利活動法人TABLE FOR TWO International が主催している。

↑「古着deワクチン」　日本リユースシステム株式会社が実施。専用回収キットの封入・発送作業を福祉作業所に依頼することで，障がい者雇用にもつながっている。

世界を変えるための一歩を踏み出そう！

　世界中で起こっているさまざまな問題に対し，私たちができることはないだろうか。2030年までにSDGsの17の目標を達成するために，政府機関だけでなく，地方公共団体，民間企業，NGO，NPO，教育機関，国民一人ひとりがそれぞれの立場でできることを見つけ，動き出している。私たちはまず，17の目標のうちで，自分が今できることや，将来やってみたいことを考えてみることから始めよう。それが世界を変えるための第一歩となる。

●イングリッドさん（ブラジル・14歳）
「ブラジルに来る難民の子どもたちにおもちゃや本を寄付しているよ。この活動を通して，難民の子どもたちの生きる権利や遊ぶ権利を守りたいんだ。」

●ビルギンさん（トルコ・16歳）
「本来なら廃棄されるだけのバナナの皮から，環境にやさしいバイオ・プラスチックを開発したよ。将来は人のためになるようなテクノロジーの仕事に就きたいな。」

↑世界の若者のSDGsの取り組みの例　　　（外務省HPより）

世界の中の日本

教科書の要点

1 日本の平和主義と外交
◎戦後日本の外交の柱…平和主義，国際貢献など
◎**平和主義**と外交…**非核三原則**，**日米安全保障条約**など

2 日本の国際貢献
◎国際貢献…途上国への援助，**平和維持活動(PKO)への参加，政府開発援助（ODA），自衛隊によるPKO**
◎**人間の安全保障**…人権，保健衛生，貧困，環境などに着目。

1 日本の平和主義と外交

　戦後の日本では，憲法の三つの基本原理の一つである**平和主義**のもとで外交が進められ，国連の活動の支援，国際協調の重視などを基本方針としてきた。

❶**非核三原則**…核兵器を「**持たず，つくらず，持ちこませず**」の原則。日本政府は核廃絶を訴え続けている。

持たず
（核兵器を持たない）
ズラッ…

つくらず
（核兵器をつくらない）
完成！

持ちこませず
（核兵器の持ちこみを許さない）

❷**日米安全保障条約**…日米で共同して日本を防衛することを約束するとともに，アメリカ軍の日本駐留や軍事基地の使用を認めた条約。この条約のもと，日本の外交はアメリカ合衆国との協調が重視されている。

❸**安全保障関連法**…2015年に成立した，集団的自衛権■の限定的な行使を認めた法律。憲法違反という意見もある。

くわしく　近隣諸国との課題

●アジア諸国…東シナ海での中国の一方的な現状変更の試みや，韓国による竹島の不法占拠などの問題への対応。
●朝鮮民主主義人民共和国（北朝鮮）…日本人拉致問題や，核開発・ミサイル発射問題。
●ロシア連邦…歯舞群島・色丹島・択捉島・国後島の北方領土問題。

用語解説　集団的自衛権

　ある国が武力攻撃を受けたときに，その国と密接な関係にある国が，協力して防衛する権利。

② 日本の国際貢献

（1）日本の国際貢献❶

経済大国である日本は，発展途上国への技術協力や経済援助など，非軍事的分野を中心に国際貢献をしてきた。近年は，国連の**平和維持活動（PKO）**への参加や，地球温暖化防止のための枠組みづくりなどでも中心的役割を果たしている。

（2）非軍事的な国際貢献

> **❶政府開発援助（ODA）❷**…先進工業国の政府が発展途上国に対して行う援助。現地の実情を知る**非政府組織（NGO）**などとの連携を図りながら取り組んでいる。

❷国際協力機構（JICA）…さまざまな技術指導や教育のために**青年海外協力隊**などを派遣している❸。また，海外で発生した大災害に対しては国際緊急援助隊を派遣している。
　→日本のODAの実施機関
　→救助チームや医療チームなど

❸PKOへの参加…日本は1992年，**国際平和協力法（PKO協力法）**を制定し，カンボジアに初めて**自衛隊**を派遣。

ゴラン高原（PKO） 1996〜2013 司令部，道路補修	イラク周辺（特措法）※1 2003〜09 道路復旧，輸送	ネパール（PKO） 2007〜2011 武器・兵士の監視
エジプト（PKO） 2019〜		カンボジア（PKO） 1992〜93 停戦監視，道路修理
南スーダン（PKO） 2011〜		
インド洋（特措法）※2 2001〜07 2008〜10 各国艦船への補給		東ティモール（PKO） 2002〜04 2010〜2012
	インドネシア（国際緊急援助活動） 2006 人員，物資輸送，医療	

（防衛省資料ほか）
※1 イラク復興支援特別措置法
※2 テロ対策特別措置法　補給支援特別措置法

↑自衛隊の参加した主な海外活動

（3）人間の安全保障

これまでは「国家の安全保障」の考え方が主流だった。しかし，それだけでは人々の安全と平和を確保できないことから，現在では，人権，保健衛生，貧困，環境など一人ひとりの人間の暮らしに着目した「**人間の安全保障**」の考え方が重要になってきている。
　→国家が自国の領域や国民を守る

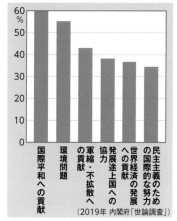

❶ 日本の果たすべき役割

（2019年 内閣府「世論調査」）

（グラフ項目）国際平和への貢献／環境問題／軍縮・不拡散への貢献／発展途上国への協力／世界経済の発展への貢献／民主主義のための国際的な努力

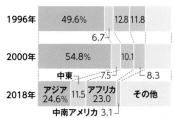

1996年	49.6%	12.8	11.8
2000年	54.8%	10.1	
2018年	アジア 24.6%	アフリカ 23.0	その他

6.7
中東 7.5　8.3
11.5　中南アメリカ 3.1

（「政府開発援助白書」）

❷ 日本のODA支出純額に占める地域別割合 近年は，中東やアフリカへの支出の割合が高くなっている。

●累計隊員数 45,776人（うち女性 21,474人）

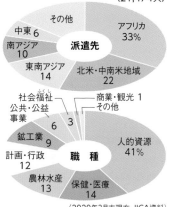

派遣先
その他／中東 6／南アジア 10／東南アジア 14／アフリカ 33%／北米・中南米地域 22

職種
社会福祉 公共・公益事業 6／商業・観光 1／その他 3／鉱工業 9／計画・行政 12／農林水産 13／保健・医療 14／人的資源 41%

（2020年3月末現在 JICA資料）

❸ 青年海外協力隊員の派遣先と職種

世界で活躍する NGO

深掘り
Column

非政府組織であるNGOは，世界のさまざまな問題を解決するために積極的に取り組んでいる。日本や世界にはどんな種類のNGOがあるのだろうか。

① NGOってどんな組織？

NGOとは，Non-Governmental Organization（非政府組織）の略称で，もともとは国際連合の場で各国政府の代表者と区別するために使われた。

●活動分野　開発，人権，環境，貧困，難民，平和の問題など，世界規模の諸問題を解決するために，国境を越えて自主的な援助活動をしている。
●活動資金　NGOの活動資金は主に募金や寄付金でまかなわれ，多くのボランティア（自発的に社会のために活動する人）にも支えられている。

似た名称の組織に「NPO」があるね。日本では，「政府でない」を強調するときや国際的な活動に「NGO」を，「非営利」を強調するときや国内中心の活動に「NPO」を使うことが多いよ。

② どんなNGOがあるの？

専門性をいかした分野で活動しているNGOが多く，日本だけでも400以上の団体があるといわれている。NGOは国際社会でますます重要な役割を果たすようになっており，日本政府は発展途上国への援助をNGOと協力・連携して行っている。

【主なNGO】
●医療…国境なき医師団，AMDA
●環境…グリーンピース，FoE Japan
●人権…アムネスティ・インターナショナル
●難民…難民を助ける会

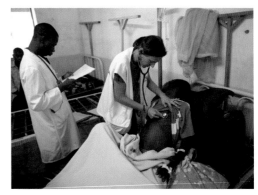

⬆国境なき医師団　中央アフリカ共和国の病院での活動。

（Alamy／PPS通信社）

1 文化の多様性 ～ 2 地球環境問題

□(1) 国連教育科学文化機関（UNESCO）は，世界各地の貴重な遺跡や建造物などを〔　　〕として保護している。

(1) 世界遺産

□(2) 二酸化炭素などの〔　　〕ガスが増加して，地球の平均気温が上昇する〔　　〕が大きな問題になっている。

(2) 温室効果，地球温暖化

□(3) サヘル地帯では，森林の伐採，焼畑（農業），過放牧などが原因で〔　砂漠化　酸性雨　〕が問題となっている。

(3) 砂漠化

□(4) 地球温暖化防止京都会議で，先進工業国に二酸化炭素などの削減を義務づける〔　　〕が採択された。

(4) 京都議定書

□(5) 2015年の国連気候変動パリ会議で，すべての参加国に温室効果ガスの削減目標の提出を義務づける〔　　〕が採択された。

(5) パリ協定

3 南北問題・貧困問題 ～ 5 世界の中の日本

□(6) 発展途上国と先進工業国との経済格差の問題を〔　　〕といい，発展途上国間の経済格差の問題を〔　　〕という。

(6) 南北問題，南南問題

□(7) 1日の生活費が1.9ドル未満の状態を〔　　〕という。

(7) 貧困

□(8) 世界のさまざまな課題の解決にむけた，17の国際目標などを掲げた〔　　〕が，2015年に国連で採択された。

(8) 持続可能な開発目標（SDGs）

□(9) 石炭，石油，天然ガスなどの〔　　〕は最も多く使われるエネルギー資源で，エネルギー消費量の8割以上を占める(2016年)。

(9) 化石燃料

□(10) 太陽光，風力，地熱，バイオマスなどは，半永久的に使用することができることから〔　　〕エネルギーと呼ばれる。

(10) 再生可能

□(11) 日本政府の核兵器を「持たず，〔　　〕，持ちこませず」の原則を〔　　〕という。

(11) つくらず，非核三原則

□(12) 日本は発展途上国への経済援助として〔　　〕を行っている。また，PKOに参加するために〔　　〕を海外へ派遣している。

(12) 政府開発援助（ODA），自衛隊

定期テスト予想問題

時間 60分
解答 p.247

得点

／100

1節／国際社会と世界平和

1 次の文を読んで，あとの各問いに答えなさい。 【3点×6】

> 国際社会は，他国の支配や干渉(かんしょう)を受けない　**X**　の原則と，他国と対等に扱(あつか)われる　**Y**
> の原則からなる@主権国家で構成される。そこで守られるべきルールとして⑥国際法がある。

(1) 文中の　**X** ・ **Y** にあてはまる語句をそれぞれ書き
なさい。　　X〔　　　　　〕 Y〔　　　　　〕

(2) 下線部@について，次の各問いに答えなさい。

① 図中の**A**で示した領土と領海の上空の範囲を何という
か。　　　　　　　　　　　　　　〔　　　　　〕

② 国家の主権が及(およ)ぶ，領土・領海・**A**の範囲をまとめて
何というか。　　　　　　　　　　〔　　　　　〕

③ 沿岸国に資源の権利がある，図中の**B**の水域を何というか。　　〔　　　　　　　　〕

(3) 下線部⑥について，国家間で文書で結ばれるものを何というか。　　〔　　　　　　　　〕

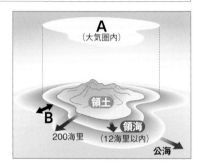

1節／国際社会と世界平和

2 国際連合の機関について述べた次の**A**～**C**の文を読んで，あとの各問いに答えなさい。 【3点×9】

> **A** @世界の平和と安全の維持(いじ)に主要な責任をもち，⑥常任理事国と非常任理事国で構成され
> る。常任理事国は　**W**　をもち，1か国でも反対すると議決できない。
> **B** 全加盟国の代表で構成され，各国は平等に1国1票の投票権をもち，議決は　**X**　制が
> 原則である。年に1回，9月に定期的な会議が開かれる。
> **C** ©国際連合の主要な機関で，多くの⑩専門機関と協力して仕事を行っている。

(1) **A**・**B**の国際連合の機関を何というか。　　A〔　　　　　〕 B〔　　　　　〕

(2) 文中の　**W** ・ **X** にあてはまる語句をそれぞれ答えなさい。

W〔　　　　　〕 X〔　　　　　〕

(3) 下線部@について，国連の平和維持活動(りくじょう)の略称を何というか。　　〔　　　　　　　〕

(4) 下線部⑥について，常任理事国のうち，アジア州の国はどこか。　　〔　　　　　　　〕

(5) 下線部ⓒについて，2015年の国連サミットで採択された，17の国際目標などからなる国際社会の達成すべき目標を何というか。〔　　　　　　　　　　　〕

(6) 下線部ⓓについて，次のY・Zの文にあてはまる専門機関をそれぞれ何というか。

　Y　文化面から世界平和へ貢献することを目的にし，世界遺産の保護も行っている。

　Z　人間の健康の増進のために，感染症対策や保健事業などを行っている。

Y〔　　　　　　　　　　　〕　Z〔　　　　　　　　　　　〕

1節／国際社会と世界平和

3　次の各問いに答えなさい。　【2点×11】

(1) 次の文を読んで，あとの各問いに答えなさい。

> 1995年にⓐ世界貿易機関が発足し，特定の国や地域の間でⓑ自由貿易協定が結ばれるなど，経済の分野で世界が一体化する　ⓒ　が進んでいる。

① 下線部ⓐ・ⓑの略称を答えなさい。　ⓐ〔　　　　　〕　ⓑ〔　　　　　〕

② 文中の　ⓒ　にあてはまる語句を答えなさい。〔　　　　　　　　〕

(2) 右のグラフ中のA〜Cには，日本，EU，ASEANのいずれかがあてはまる。次の各問いに答えなさい。

① EUにあてはまるものをA〜Cから1つ選び，記号で答えなさい。〔　　　　　　〕

② EUで導入されている共通通貨を何というか。〔　　　　　　　　〕

③ EUやASEANなどの，特定の地域でまとまって協調を強める動きを何というか。〔　　　　　　〕

人口	国内総生産(GDP)	貿易額
億人 (2018年)	兆ドル(2018年)	兆ドル(2018年)

A 5.1　B 6.5　C 1.3
A 18.8　B 3.0　C 5.0
A 11.7　B 2.9　C 1.5

(2020/21年版「世界国勢図会」)

(3) 次の①〜④にあてはまる語句をそれぞれ書きなさい。

① ユーゴスラビア紛争などの民族紛争の形をとることが多い紛争。〔　　　　　　〕

② ①による迫害などを理由に国外に逃れる人々。〔　　　　　　〕

③ 暴力などで政治的な目的を実現しようとすること。〔　　　　　　〕

④ 先進工業国の政府が発展途上国に対して行う援助。〔　　　　　　〕

(4) 非核保有国への核兵器の譲渡などを禁止する条約を，次のア〜エから1つ選びなさい。

ア　中距離核戦力(INF)全廃条約　　　イ　核拡散防止条約(NPT)

ウ　包括的核実験禁止条約(CTBT)　　エ　戦略兵器削減条約(START)〔　　　　　〕

229

4 次の各問いに答えなさい。　　　　　　　　　　　　　　　　　　　【2点×12】

(1) 三大宗教とは，キリスト教，仏教とあと1つは何という宗教か。〔　　　　　　　　〕

(2) 右の表について，各問いに答えなさい。

① 表中の　A　～　C　にあてはまる語句を書きなさい。　A〔　　　　　　　　〕

B〔　　　雨〕　C〔　　　化〕

② 下線部ⓐ・ⓑが深刻な地域を，次のア～エから1つずつ選び，記号で答えなさい。

ⓐ〔　　　〕　ⓑ〔　　　〕

地球環境問題	原因
A	温室効果ガスの増加
ⓐ B 雨	窒素酸化物など
C 化	森林の伐採や焼畑農業など
ⓑ熱帯雨林の減少	森林の伐採や開発など

ア　アマゾン川流域　　イ　サヘル地帯　　ウ　南極上空　　エ　ヨーロッパ

③ 1997年に採択された京都議定書で先進工業国に義務づけたのは，何の削減か。表中の語句で書きなさい。〔　　　　　　　　〕

④ 2015年採択の，すべての参加国に削減目標を設けた協定を何というか。〔　　　　　　　　〕

(3) 発展途上国と先進工業国との経済格差の問題を何というか。〔　　　　　　　　〕

(4) 飢餓に直面する人々がとくに多い地域を，次から1つ選びなさい。〔　　　　　　　　〕

〔　ヨーロッパ　北アメリカ　オセアニア　アフリカ　〕

(5) 世界のエネルギー消費量の8割以上（2016年）を占める石炭，石油，天然ガスなどを，何燃料というか。〔　　　　　　　　〕

(6) 右のグラフは，主な国のエネルギー別発電量を示したものである。グラフ中のA～Cにあてはまる国の組み合わせを，次から1つ選び，記号で答えなさい。〔　　　　　　　　〕

ア　A…日本　　B…フランス　　C…カナダ
イ　A…日本　　B…カナダ　　C…フランス
ウ　A…カナダ　B…日本　　　C…フランス

(2017年)　　　　(2020/21年版「日本国勢図会」)

5 次の各問いに答えなさい。　　　　　　　　　　　　　　　　　　　【3点×3】

(1) 次の①・②にあてはまる語句を答えなさい。

① 日本が1951年にアメリカと結び，軍事基地の使用を認めた条約。〔　　　　　　　　〕

② 人権，環境などさまざまな分野で活動している民間の団体。〔　　　　　　　　〕

(2) 日本の非核三原則の内容を簡潔に書きなさい。〔　　　　　　　　〕

中学生のための
勉強・学校生活アドバイス

集中力を最大限にいかすには？

「昨日は3時間ぶっ続けで勉強したんだ！」

「えー！先輩，すごいじゃないですか！」

「がんばったわね。でも，一般的に人間の集中力って90分が限界なんだって。ちゃんと3時間ずっと集中できてた？」

「そういわれると…。最後の1時間はちょっと集中できてなかったかもしれないなぁ。ちょっと疲れちゃって。」

「集中力が切れた状態で机に向かい続けても効率がよくないから，**60～90分勉強したら，10分休憩して，**リフレッシュしてから勉強するほうがいいわよ。」

「そうなんだ。じゃあ今度から，休憩をはさむようにするよ。」

「集中力が続くように勉強するには，勉強する時間を一日の中で分散するのもいい方法よ。」

「一日の中で分散？」

「例えば，**朝に勉強する**とか。」

「えぇ，早起き苦手なんだよなぁ。」

「だからその分，夜は早く寝るの。夜に3時間勉強しても集中が続かないから，夜は90分やったら寝るようにする。その分，朝早起きして90分やるの。」

「へぇ！わたし，やってみようかな！」

「そうやって勉強すると集中が続くから3時間が短く感じるわよ。」

「勉強時間が短く感じるのはいいかも。」

「効率いいからぜひやってみて！ それに『朝，まだ誰も起きていない時間からがんばっている自分えらい』って思えて，何か自分に自信も持てるのよね。」

1 次の条文は，1789年に絶対王政の中で成長した市民階級が，人間の解放を宣言した文書の一部である。この条文を読んで，あとの各問いに答えなさい。

第1条　人は生まれながらに，自由で□□□な権利をもつ。社会的な区別は，公共の利益に関係のある場合にしか設けられてはならない。

第3条　主権のみなもとは，もともと国民の中にある。どのような団体や個人であっても，国民から出たものでない権力を使うことはできない。

第4条　自由とは，他人に害を与えない限り，何ごともできるということである。………

(1) フランス革命の最中に出されたこの文書は，何と呼ばれているか。〔　　　　　　　　　〕

(2) 18世紀に『社会契約論』を著し，この文書の考え方に強い影響を与えた人物を，次のア～エから1人選び，記号で答えなさい。

　　ア　ロック　　　イ　モンテスキュー　　　ウ　ルソー　　　エ　クロムウェル

(3) 第1条の□□□にあてはまる，身分制度を否定する語句を漢字2字で答えなさい。

〔　　　　　　　　　〕

(4) 第3条の考え方を，漢字4字で答えなさい。〔　　　　　　　　　〕

(5) 第4条の人権は，人権発達の歴史の中でも最も早く確立されたものである。これに対し，20世紀初めに登場した権利は何か。また，この権利を最初に保障した憲法を何というか。

権利〔　　　　　　　　〕　憲法〔　　　　　　　　〕

2 次の各問いに答えなさい。

(1) 衆議院の解散に至る原因となるものを，次のア～エから1つ選び，記号で答えなさい。

〔　　　　　　　　　〕

　　ア　衆参両議院で内閣不信任案が否決された。　　　イ　衆議院で内閣不信任案が否決された。
　　ウ　参議院で内閣不信任案が可決された。　　　　　エ　衆議院で内閣不信任案が可決された。

(2) 衆議院解散による総選挙後30日以内に召集され，内閣総理大臣の指名の議決が行われる国会を何というか。

〔　　　　　　　　　〕

··

ヒント　**1** (2) モンテスキューも18世紀のフランスで活躍した思想家だが，著書は『法の精神』。

(5) 1919年に制定された憲法である。

(3) 国の予算について，参議院が衆議院と異なった議決をした場合，その予算が国会の議決となるためには，いくつかの手順がある。これについて，次の問いに答えなさい。

① この場合に開かれる，両院の意見の調整を図る機関を何というか。 〔　　　　　　　　〕

② ①で意見が一致しなかった場合，次に行われることは何か。次のア～エから正しいものを1つ選び，記号で答えなさい。 〔　　　　　〕

ア 参議院で再度審議を行う。

イ 衆議院の議決が国会の議決となる。

ウ 衆議院で出席議員の3分の2以上の多数で再議決する。

エ 衆議院で出席議員の過半数の賛成で再議決する。

(4) 国会の憲法改正の発議について，次のア～エから正しいものを1つ選び，記号で答えなさい。

〔　　　　　〕

ア 両議院のそれぞれの出席議員の3分の2以上の賛成があったとき，国会の発議が行われる。

イ 憲法改正案は，先に衆議院で出席議員の3分の2以上の賛成を得たあとに参議院に送られる。

ウ 各議院の総議員の3分の2以上の賛成が必要になる。発議の内容は両院で異なってもよい。

エ 両議院のそれぞれの総議員の3分の2以上の賛成が必要であり，憲法改正の発議の議決は両院対等である。

---

3 次の文を読んで，あとの各問いに答えなさい。

> 憲法は，「すべて司法権は，ⓐ最高裁判所及び法律の定めるところにより設置するⓑ下級裁判所に属する。」として，司法権が裁判所に属することを明らかにし，さらに「ⓒすべて裁判官は，その良心に従ひ独立してその職権を行ひ，この憲法及び法律にのみ拘束される。」としている。

(1) すべての裁判所がもつ，法律などが憲法の規定に適合するかどうかを審査する権限を何というか。

〔　　　　　　　　〕

(2) 下線部ⓐは，(1)の最終的な決定権をもつため，何と呼ばれることがあるか。〔　　　　　　〕

(3) 下線部ⓑの下級裁判所のうち，主に第二審を行うのはどこか。 〔　　　　　　〕

(4) 第二審の判決に不服な場合に，次の上級の裁判所に裁判のやり直しを求めて訴えることを何というか。

〔　　　　　　　　〕

(5) 下線部ⓒのことを何と呼ぶか。 〔　　　　　　〕

....

ヒント ▶ **2** (3)②法律案の議決では，衆議院で出席議員の3分の2以上の賛成で再可決すれば成立する。

3 (3)主に第一審を行うのは地方裁判所である。

4 次の各問いに答えなさい。

(1) 日本国憲法は，立憲主義や法の支配を実現するために，国民主権，⒜基本的人権の尊重，□□□の3つを基本原理にしている。□□□にあてはまる語句を答えなさい。〔　　　　〕

(2) (1)の下線部⒜のうち，自由権は身体の自由，精神の自由，経済活動の自由に分けられる。次の①〜③の憲法の条文は，それぞれどの自由に属するか。答えなさい。

① 何人も，いかなる奴隷的拘束も受けない。〔　　　　〕

② 学問の自由は，これを保障する。〔　　　　〕

③ 財産権は，これを侵してはならない。〔　　　　〕

(3) (1)の□□□の原理は，憲法前文と第何条に明記されているか。〔　　　　〕

(4) 最近，医療におけるインフォームド・コンセントが重要視されるようになったが，これは何という新しい人権の主張に伴って求められるようになったものか。〔　　　　〕

5 次の文を読んで，あとの各問いに答えなさい。

> 内閣について，日本国憲法では，「内閣は，法律の定めるところにより，その首長たる内閣総理大臣及び⒜その他の国務大臣でこれを組織する。」と定め，また，「内閣総理大臣は□□□の中から国会の議決で，これを指名する。」と定めている。内閣の職務には，一般の行政事務のほかに，予算を作成して国会に提出するなど，⒝いろいろな仕事がある。

(1) 文中の□□□にあてはまる語句を答えなさい。〔　　　　〕

(2) 下線部⒜のその他の国務大臣を，内閣総理大臣が任命する条件を，次のア〜エから1つ選び，記号で答えなさい。〔　　　　〕

ア 全員を国会議員の中から選ぶ。　　　イ 全員を必ず国会議員以外から選ぶ。

ウ 過半数は国会議員の中から選ぶ。　　エ 3分の1は必ず国会議員の中から選ぶ。

(3) 下線部⒝について，内閣の仕事に属さないものを次のア〜エから1つ選び，記号で答えなさい。〔　　　　〕

ア 条約を調印したり，外交関係を処理したりする。

イ 天皇の国事行為に助言と承認を与える。

ウ 最高裁判所長官を指名し，その他の裁判官を任命する。

エ 弾劾裁判所を設置して，裁判官を罷免させるかどうかの決定を行う。

(4) 国の行政の仕事には公務員の働きが欠かせない。憲法は公務員の性格をどう定めているか。

〔　　　　〕

(5) 国の行政機関のうち，警察庁を管理する警察行政の最高機関は何か。〔　　　　〕

入試レベル問題②

解答 p.248

1 次の文は，ある生徒が情報社会における問題について調べ，まとめたものである。文中の □ にあてはまる語句を<u>カタカナ３字</u>で書きなさい。

> 　情報社会の現代は，誰（だれ）でも容易に情報を発信することができる反面，SNS（エスエヌエス）に自分の名前を明らかにしないで他人の悪口を書いたり，うその情報を広めたりといった情報 □ に反する行為（こうい）が問題となっている。

〔情報〕

2 消費生活と市場経済（しじょうけいざい）について，次の各問いに答えなさい。

(1) 右の**資料１**は，クーリング・オフ制度を利用する際に作成した通知書の例である。クーリング・オフ制度とはどのような制度か，「訪問販売などで商品を購入したあと，」の書き出しに続けて，「一定期間内」，「契約」の語句を使って簡潔に説明しなさい。

　　訪問販売などで商品を購入したあと，

資料１

> 　　　　　通知書
> 　契約年月日　○年○月○日
> 　商品名　○○○○○
> 　契約金額　○○○○円
> 　販売会社　株式会社○○
> 　支払った代金○○○○円を返金し，商品を引き取ってください。
> 　　　　○年○月○日　○○○○

(2) 右の**資料２**中のA～Cは，ある商品の流通のしくみを示したものである。一般的に，A～Cの流通にかかる費用の関係を正しく表したものを，次のア～エから１つ選び，記号で答えなさい。

　ア　A＝B＝C　　　イ　A＝B＜C
　ウ　A＞B＞C　　　エ　A＜B＜C

資料２

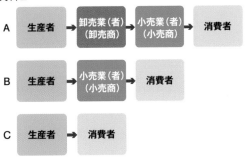

ヒント **2** (2)一般的に，流通のしくみが複雑なほど，費用がかかる。

3 次の各問いに答えなさい。

(1) 右の資料は，景気変動を模式的に示したものである。資料中の**X**の時期に日本銀行が行う金融政策（公開市場操作）について述べた次の文中の□□□にあてはまる内容を，「国債」，「資金量」の語句を使って簡潔に説明しなさい。

> 日本銀行は，一般の銀行に□□□，企業の生産活動を縮小させることで景気を抑える。

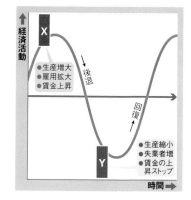

(2) 資料中の**Y**の時期に起こる，物価が継続的に下落することを何というか。

(3) 日本に暮らしているある中学生の家族が，旅行先のアメリカ合衆国である商品を購入する場合，その商品を安く購入できるのは，一般的に円高と円安のどちらの時期か。

〔　　　　　の時期〕

(4) 右の文は，**A**さんと**B**さんが先日テレビで報道されたあるニュースについて話している会話の一部である。文中の**X**にあてはまる法律名と，**Y**にあてはまる語句をそれぞれ書きなさい。

X〔　　　　　　〕

Y〔　　　　　　〕

> **A**さん：「先日テレビのニュースで，株式会社××の従業員の長時間労働が問題視されていたね。」
> **B**さん：「そうだね。その従業員は休日が月1日で，週の労働時間は100時間を超えていたそうだよ。」
> **A**さん：「ということは，労働三法の一つ，　**X**　に違反しているんじゃないかな。」
> **B**さん：「その可能性は十分考えられるよね。労働時間をもっと短縮して，仕事と個人や家族の時間とを両立させる　**Y**　を目指すことが大切だよね。」

4 財政と国民の福祉について，次の各問いに答えなさい。

(1) 税金は，納税の方法によって大きく2つに分類することができる。消費税などのように，税金を負担する者と税金を納める者が異なる税を何というか。

(2) (1)の税に含まれるものを，次の**ア**〜**エ**から1つ選び，記号で答えなさい。

ア 法人税　　**イ** 所得税　　**ウ** 相続税　　**エ** 酒税

5 地球社会と私たちについて，次の各問いに答えなさい。

(1) 右の地図中の**A**，**B**の島々の名称をそれぞれ答えな
さい。また，現在，**A**，**B**の島々を不法に占拠してい
る国を，次の**ア**〜**エ**から1つずつ選び，記号で答えな
さい。

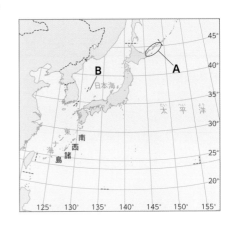

ア 韓国（かんこく）　　**イ** アメリカ合衆国
ウ 中国　　　　　　　**エ** ロシア連邦（れんぽう）

Aの島々の名称　　　　　　　　a〔　　　　　　　〕

Aの島々を不法に占拠している国　b〔　　　　　　　〕

Bの島の名称　　　　　　　　　c〔　　　　　　　〕

Bの島を不法に占拠している国　d〔　　　　　　　〕

(2) ある生徒は社会科の授業で，近年，
地域主義の動きが活発になっている
ことを学び，世界の主な地域主義に
ついて右の資料のようにまとめた。
資料中の**W**〜**Z**は，APEC，NAFTA
（エイペック）（ナフタ）
（USMCA），MERCOSUR，ASEAN
（ユーエスエムシーエー）（メルコスール）（アセアン）
のいずれかである。**X**にあてはまる
略称（りゃくしょう）をアルファベットで答えなさい。

〔　　　　　　　〕

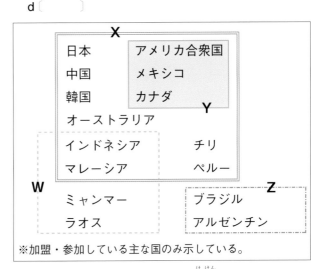

※加盟・参加している主な国のみ示している。

(3) 日本は1992年に国際平和協力法を制定し，カンボジアに初めて自衛隊を派遣（はけん）し，その後も積極
的に国連の平和維持活動に参加している。この平和維持活動をアルファベットで何というか。

〔　　　　　　　〕

ヒント▶ **5** (2) **X**に加盟・参加している国の位置に着目する。

日本国憲法

重要条文のポイント解説

日本国憲法のうち，とくに重要で試験に出やすい条文を選んで，そのポイントを解説してある。

第1条

天皇の地位と国民主権

天皇は，日本国の**象徴**であり日本国民統合の**象徴**であって，この地位は，**主権**の存する日本国民の総意に基く。

天皇は象徴，主権は国民にある（国民主権）

(1)**象徴**とは…ここでは，天皇が日本国とか日本国民のまとまりという，目に見えないものを具体的に表している立場にあることをいう。

⚠テストで注意 象徴の徴を微とまちがえるな！

(2)**主権**とは…国の政治のあり方を最終的に決める権限。**国民主権**は**主権在民**ともいわれる。

第3条

内閣の助言と承認

天皇の国事に関するすべての行為には，**内閣の助言と承認**を必要とし，内閣が，その責任を負ふ。

天皇の国事行為には内閣の助言と承認が必要

(1)国事行為
- ①意味…**天皇**が行う**形式的・儀礼的行為**。
- ②内容…法律の公布，栄典の授与，国会の召集，内閣総理大臣の任命，最高裁判所長官の任命など。

(2)条件…国事行為には**内閣の助言と承認**が必要。

第9条

戦争の放棄

①…，国権の発動たる**戦争**と，武力による威嚇又は武力の**行使**は，国際紛争を解決する手段としては，**永久にこれを放棄**する。

②前項の目的を達するため，陸海空軍その他の**戦力**は，これを**保持しない**。国の**交戦権**は，これを**認めない**。

徹底した平和主義を定めている

第9条の三本柱
- ①戦争を放棄する
- ②戦力を持たない
- ③交戦権を認めない

⚠テストで注意 第9条という数値をおさえよ！

テストでは，「戦争の放棄」や「戦力の不保持」を定めているのは憲法第何条か，と問われることが多い。第9条の三本柱とともに，第9条という数値をしっかり押さえておこう。

第12条

基本的人権の濫用禁止

この憲法が国民に保障する自由及び権利は，国民の**不断の努力**によつて，これを保持しなければならない。又，国民は，これを濫用してはならないのであつて，常に**公共の福祉**のためにこれを利用する責任を負ふ。

公共の福祉のために利用する責任がある

(1)**基本的人権の性格** ┌ ①**不可侵の権利**である。
　　　　　　　　　　 └ ②**永久の権利**である。

(2)義務…国民は**不断の努力**で保持しなければならない。

　◇**不断の努力**とは…絶えず努力すること。

(3)限界…**公共の福祉**のために利用する責任。

　◇**公共の福祉**とは…社会の大多数の人々の利益といった意味。複数の人々の人権の衝突を調整するための原理である。

第24条

個人の尊厳と両性の平等

①婚姻は，**両性の合意**のみに基いて成立し，夫婦が同等の権利を有することを基本として，……
②……婚姻及び家族に関するその他の事項に関しては，法律は，**個人の尊厳と両性の本質的平等**に立脚して，制定されなければならない。

婚姻は両性の合意で成立する

(1)婚姻開始年齢…男女ともに18歳以上（2022年4月より）。
(2)婚姻…成年の結婚は，**両性の合意**のみで成立。

婚姻は両性の合意で成立する

家族関係の基本原則 ┌ ①個人の尊厳（尊重）
　　　　　　　　　　 └ ②両性の本質的平等

第25条

生存権

①すべて国民は，**健康で文化的な最低限度の生活を営む権利**を有する。

憲法は生存権を保障している

(1)**生存権**…健康で文化的な最低限度の生活を営む権利。社会権の一つ。

(2)**社会権**…人間らしい生活の保障を要求する権利。

> **❶テストで注意** 条文を暗記しよう！
>
> 第25条は，「健康」「文化的」「最低限度」などの語句の穴うめや，条文を書かせる問題が多い。繰り返し読んで暗記しておこう。

239

第41条

国会の地位と立法権

国会は，国権の最高機関であって，国の唯一の立法機関である。

国会は国民を代表する機関である

国会 ┤
①**国権の最高機関**…国の最高の意思決定機関。
②**唯一の立法機関**…法律は，国会の議決によってのみ制定される。

第59条

法律案の再可決

②衆議院で可決し，参議院でこれと異なった議決をした法律案は，衆議院で出席議員の**3分の2以上**の多数で再び可決したときは，法律となる。

出席議員の3分の2以上の賛成で再可決

(1)法律の制定…**両院一致の議決**を原則とする。

(2)**法律案の再可決**…両院の議決が異なった場合は，衆議院が出席議員の**3分の2**以上の賛成で再可決すれば成立する。

第60条

衆議院の予算先議

①予算は，さきに衆議院に提出しなければならない。

予算は先に衆議院に提出しなければならない

(1)提出…予算（案）の作成と提出は内閣が行う。

(2)議決…**衆議院で先に審議・議決**し，参議院へ。

第66条

内閣の組織，国会に対する連帯責任

②内閣総理大臣その他の国務大臣は，**文民**でなければならない。

③内閣は，行政権の行使について，国会に対し**連帯して責任**を負ふ。

内閣は国会に対して連帯責任を負う（議院内閣制）

内閣
(1)構成員の資格 ┤
①内閣総理大臣 ┤
・国会議員であること。
・**文民**であること。

②国務大臣 ┤
・過半数は国会議員であること。
・**文民**であること。

(2)責任…内閣は国会に対して，**連帯して責任**を負う。

第69条

内閣不信任決議

内閣は，衆議院で不信任の決議案を可決し，又は信任の決議案を否決したときは，**10日以内**に衆議院が**解散**されない限り，**総辞職**をしなければならない。

内閣は10日以内に衆議院を解散するか総辞職

❶テストで注意 **三つの数値を押さえよ！**

10日以内の衆議院解散，解散後**40日以内**の総選挙，**30日以内**の特別会召集などの数値が問われることが多いので，確実に押さえておくこと。

第76条

司法権と裁判官の独立

①すべて司法権は，**最高裁判所**及び法律の定めるところにより設置する下級裁判所に属する。

③すべて裁判官は，その**良心**に従ひ独立してその職権を行ひ，この憲法及び法律にのみ拘束される。

裁判官は憲法と法律にのみ拘束される

(1) 裁判所の種類
- ①**最高裁判所**…司法権の最高機関。
- ②**下級裁判所**…**高等・地方裁判所**など。

(2) 裁判官
- ①**良心**に従って独立して職権を行使。
- ②**憲法と法律にのみ**拘束される。

最高裁判所の大法廷➡

第96条

憲法改正の手続き

①この憲法の改正は，各議院の総議員の**3分の2以上**の賛成で，**国会**が，これを**発議**し，国民に提案してその承認を経なければならない。この承認には，特別の**国民投票**……において，その過半数の賛成を必要とする。

国会が発議し，国民が承認する

(1) **発議**…各議院の総議員の**3分の2以上**の賛成が必要。

(2) **承認**…**国民投票**で過半数の賛成が必要。

(3) **公布**…天皇が国民の名で公布する。

アルファベット略語一覧

よく出るアルファベットの略語を整理。混同しやすい用語も，英語の意味を押さえておくと覚えやすい。

APEC（エイペック）
Asia-Pacific Economic Cooperation　**アジア太平洋経済協力会議**
アジア，太平洋地域の経済協力を目指す。日本・アメリカ・中国などが加盟。

ASEAN（アセアン）
Association of South-East Asian Nations　**東南アジア諸国連合**
東南アジア地域の地域機構。タイ・シンガポール・マレーシアなどが加盟。

BRICS（ブリックス）
Brazil, Russia, India, China, South Africa　**ブラジル, ロシア, インド, 中国, 南アフリカ共和国の頭文字**
国土が広く，資源が豊富という共通点をもつ，近年経済発展が著しい国々。

CTBT（シーティービーティー）
Comprehensive Nuclear Test-Ban Treaty　**包括的核実験禁止条約**
すべての国のあらゆる核実験の禁止をめざす条約。発効の見通しはたっていない。

EU（イーユー）
European Union　**ヨーロッパ連合**
フランス・ドイツなどが加盟。ヨーロッパの市場統合や政治的な統合をめざす。

FTA（エフティーエー）
Free Trade Agreement　**自由貿易協定**
2国間以上で結ぶ，関税などの通商上の障壁を取り除くことを定める国際協定。

G7（ジーセブン）
Group of Seven
日本・アメリカ・イギリス・フランス・ドイツ・イタリア・カナダの主要7か国のこと。

G 20（ジートゥウェンティ）
Group of Twenty
G7にEU，ブラジル，中国などを加えた20か国・地域のこと。

GDP（ジーディーピー）
Gross Domestic Product　**国内総生産**
国内で1年間に新たに生産された財とサービスの合計。国の経済規模を示す指標の一つ。

GNI（ジーエヌアイ）
Gross National Income　**国民総所得**
国内総生産（GDP）に海外からの所得を加えたもの。

IAEA（アイエーイーエー）
International Atomic Energy Agency　**国際原子力機関**
原子力の平和的利用の促進と，軍事的利用への転用防止を目的とする国連の機関。

ILO（アイエルオー）
International Labour Organization　**国際労働機関**
労働条件の改善など，労働者の地位向上を目的とする国連の専門機関。

IMF（アイエムエフ）
International Monetary Fund　**国際通貨基金**
加盟国が出資する資金によって，国際通貨の安定と貿易拡大をめざす国連の専門機関。

MERCOSUR（メルコスール）
Mercado Común del Sur〔スペイン語〕　**南米南部共同市場**
南アメリカの国々がFTAを結ぶことで，南米南部を共同市場にすることをめざす。

NAFTA（ナフタ）
North American Free Trade Agreement　**北米自由貿易協定**
アメリカ・カナダ・メキシコが結んだFTA。2020年7月からUSMCAに移行。

NATO ナトー	North Atlantic Treaty Organization　北大西洋条約機構 1949年，アメリカと西欧諸国がつくった軍事同盟。ソ連崩壊後，東欧諸国も加盟。	
NGO エヌジーオー	Non-Governmental Organization　非政府組織 平和や人権問題の分野などで活動する民間組織。国際的な活動団体をよぶことが多い。	
NIES ニーズ	Newly Industrializing Economies　新興工業経済地域 1960年代から経済発展した国や地域。アジアの国や地域はアジアNIESといわれる。	
NPO エヌピーオー	Non-Profit Organization　非営利組織 利益を目的とせずにボランティア活動や市民活動などを行う民間組織。	
NPT エヌピーティー	Treaty on the Non-Proliferation of Nuclear Weapons　核拡散防止条約 非核保有国への核兵器の製造援助の禁止などを定めた条約。日本は1976年に批准。	
ODA オーディーエー	Official Development Assistance　政府開発援助 先進工業国の政府が発展途上国に行う資金援助など。経済開発や福祉の向上が目的。	
OECD オーイーシーディー	Organisation for Economic Co-operation and Development　経済協力開発機構 先進工業国の経済協力組織。加盟国の経済発展に努め，発展途上国への援助を行う。	
OPEC オペック	Organization of the Petroleum Exporting Countries　石油輸出国機構 石油輸出国の協力組織。原油価格や生産量の調整を行う。中東の産油国などが加盟。	
PKO ピーケーオー	Peace Keeping Operations　（国連）平和維持活動 国連が治安維持のために監視団などを紛争地域に派遣し，事態の悪化を防止する活動。	
START スタート	Strategic Arms Reduction Treaty　戦略兵器削減条約 アメリカとロシアの間での長距離核ミサイルを削減する条約。	
TPP ティービービー	Trans-Pacific Partnership　環太平洋経済連携協定 環太平洋地域で，関税などを撤廃し，大規模な自由経済圏を築くことを目指す。	
UNCTAD アンクタッド	United Nations Conference on Trade and Development　国連貿易開発会議 発展途上国と先進工業国の間の経済格差などの諸問題を討議する国連の機関。	
UNESCO ユネスコ	United Nations Educational, Scientific and Cultural Organization　国連教育科学文化機関 教育・科学・文化などを通じて国際平和と人類の福祉を促進する国連の専門機関。	
UNHCR ユーエヌエイチシーアール	United Nations High Commissioner for Refugees　国連難民高等弁務官事務所 母国を追われて難民となった人々に国際的な保護をあたえる国連の機関。	
UNICEF ユニセフ	United Nations Children's Fund　国連児童基金 すべての子どもたちの権利が守られる世界を実現するために活動する国連の機関。	
WHO ダブリュエイチオー	World Health Organization　世界保健機関 世界じゅうの人々の健康増進をはかるための国連の専門機関。本部はジュネーブ。	
WTO ダブリュティーオー	World Trade Organization　世界貿易機関 関税の引き下げ，輸入制限の撤廃などで貿易の拡大をはかる国際的な機関。	

解答と解説

第1章　現代社会と私たちの暮らし

定期テスト予想問題　　　　　　　　p.57〜59

1　(1) 高度経済成長　(2) イ　(3) 持続可能 な社会

解説

(1) 1950年代半ばから1970年代前半にかけて続いた日本経済の著しい成長を高度経済成長という。

(2) イ 工業の中心は軽工業から，石油化学工業や鉄鋼業などの重化学工業へと変化した。

2　(1) 分業　(2)(例)賃金が安いこと。
　　(3) アジア 州，南アメリカ 州

解説

(3) グラフでは，アジア州の中国やベトナム，フィリピン，ネパール，韓国，南アメリカ州のブラジルからの外国人労働者が多くなっている。

3　(1)(例)年齢の高い世代ほど，SNSを利用する割合が低い傾向にある。
　　(2)(例)大量の情報の中から自分に必要な情報を選択し，それを適切に活用する能力。

解説

(2) マスメディアが伝える情報や，ネット上の情報の中には，不確かなものもある。そのため，大量の情報の中から，自分に必要な情報を取捨選択し，適切に活用することが必要である。

4　(1) ア　(2) 合計特殊出生率
　　(3)(例)高齢者の生活を支える費用を負担する生産年齢人口が減っていくから。

解説

(1) 近年の日本は，子どもの数が減少し，高齢者の割合が増加する少子高齢社会となっている。そのため，日本の現在の人口ピラミッドは，アのようなつぼ型になっている。

(3) 社会保障費などを負担するのは主に生産年齢人口の人々だが，少子化によって，今後生産年齢人口は大幅に減少していくことが予想されている。

5　(1) イ　(2) 有形文化財…ウ　無形文化財…ア，イ
　　(3) 琉球文化

解説

(1) エのお盆は，先祖を敬う気持ちがこめられた年中行事である。

(2) 有形文化財は工芸品や建造物などのような形のある文化財。無形文化財は演劇，音楽，工芸技術など。地域の行事などもこれにあたる。

(3) 琉球文化のほか，北海道のアイヌ文化も日本の独特な伝統文化である。

6　(1)①核家族　②ア　(2) a…対立　b…合意
　　(3)①効率　②公正　(4) 法律

解説

(1) 核家族は，現在の家族形態の中で最も多い。一人世帯(単独世帯)も近年増えている。

(3)①関係する人々がそれぞれ最大の利益を得られるよう，さまざまな面で無駄が出ないようにすることが効率である。

第2章　人間の尊重と日本国憲法

定期テスト予想問題　　　　　　　　p.89〜91

1　(1) エ　(2) 著者…モンテスキュー
　　考え方…三権分立(権力分立)
　　(3) アメリカ(アメリカ合衆国)　(4) ウ
　　(5) フランス人権宣言(人権宣言)

解説

(1) 権利章典(権利の章典)は，名誉革命が起きた翌年に議会が決議した「権利宣言」を法制化したもの。

(3) アメリカ独立戦争(1775〜83年)中の1776年に出さ

れた宣言。

(5) 1789年はフランス革命が起こった年である。人権宣言は，国民議会が発表したもので，人間の自由・平等などの市民の権利のほか，国民主権などを内容としている。

2 (1) A…資本　B…社会権(生存権)
(2) ワイマール憲法　(3) D…ア　E…ウ

解説

(1) B 社会権(生存権)は20世紀に入ってから確立された権利のため，「20世紀の権利」といわれる。

(2) 正式にはドイツ共和国憲法という。ワイマール憲法は，1919年に制定された。

3 (1) ①ポツダム　②1946　(2) ①A…ウ　B…エ
C…イ　②国民主権　③間接民主制
(3) ①戦争　②戦力　③交戦権

解説

(2) ②は主権在民でも正解。日本国憲法の基本原理とは，国民主権，基本的人権の尊重，平和主義である。③は，代議制，議会制民主主義でも正解。

(3) 戦争の放棄，戦力の不保持，交戦権の否認はセットで覚えておくこと。

4 (1) ア…象徴　イ…主権　(2) 最高裁判所長官
(3) イ　(4) 内閣

解説

(2) 最高裁判所長官以外の裁判官は，内閣が任命する。

(3) 条約の調印を行うのは内閣。天皇は，批准された条約を公布する。

(4) 国事行為の責任は内閣が負う。

5 (1) A…社会権　B…平等権　C…請求権
D…参政権　E…自由権　F…社会権
(2) A…ア　C…イ

解説

(1) Aの社会保障は憲法第25条の生存権の保障の具体化。同様に，Fの教育を受ける権利も社会生活を営むために不可欠な権利であり，社会権に属する。

(2) アは労働基本権(労働三権)の1つで社会権，イは請求権(裁判請求権)，ウは自由権(精神の自由)，エは参政権。

6 (1) A…永久　B…公共の福祉　(2) ①知る権利
②プライバシーの権利　(3) ウ

解説

(1) A 不可侵の権利・永久の権利は，一連の言葉として覚えておくこと。B 公共の福祉は，定期試験や入試でも出題率が高い用語である。その意味(大多数の人々の利益)も押さえておくこと。

第3章　現代の民主政治と社会

定期テスト予想問題　　　　　p.139〜141

1 (1) ①平等　②公職選挙　③比例代表
④参議院議員
(2) ①与党　②野党　(3) 連立政権(連立内閣)
(4) 政治資金規正法

解説

(1) ①平等選挙とは，投票の価値の平等を確保するためのしくみで，投票は1人につき1票とされている。

(2) 政府，与党を監視・批判するのが野党である。

2 (1) ①イ・6年　②エ・30日
(2) ア…A　イ…B　ウ…C
(3) ①内閣総理大臣　②弾劾

解説

(2) 両議院の総議員の3分の2以上の賛成を必要とするのは，憲法改正の発議の場合のみである。

(3) 国会の主な仕事として，ほかに予算の議決，法律の制定などが挙げられる。

3 (1) ⓐ閣議　ⓑ国会議員　ⓒ行政
ⓓ政令　ⓔ最高裁判所長官
(2) ウ　(3) 議院内閣制　(4) 調印

解説

(1) ⓐ閣議は，内閣の全構成員による会議。閣議の決定は全員一致が原則。ⓓ法律を制定するのは国会，条例を制定するのは地方議会，政令を制定するのは内閣である。

(2) ウ予算の議決は国会の仕事である。

(3) 議院内閣制は，18世紀のイギリスで確立されたしくみ。

④ (1) A①良心　②憲法
　　B①三審　②最高裁判所
　　C①刑事　②検察官
　　D①原告　②被告
　　(2) ①違憲立法審査権(違憲審査権，法令審査権)
　　②黙秘権

解説
(1)　A①裁判官は，裁判にあたっては，その他のいかなる権力からも圧力や干渉を受けない。B①同じ事件について，原則として3回まで裁判を受けることができる制度を三審制という。C②検察官は，公益を代表する国の機関で，犯罪の被疑者を裁判所に起訴し，法の正当な適用を請求する。D①②原告・被告は対等な立場で，自分の言い分を主張する。
(2)　①最高裁判所はこの権限の最終的な決定権をもつため，「憲法の番人」と呼ばれる。

⑤ (1) 地方公共団体(地方自治体)　(2) 条例　(3) イ
　　(4) 10日以内　(5) A…地方議会(議会)
　　B…不信任

解説
(1)　地方公共団体(地方自治体)には，議決機関である地方議会と，首長などの執行機関がある。
(2)　条例は，罰則を設けることもできる。
(3)　予算委員会は，国会の常任委員会の1つで，内閣が作成した予算を審議する委員会。
(4)　衆議院の内閣不信任決議後，内閣が衆議院を解散するかどうかを決める日数と同じ。

⑥ (1) ア①○　②○
　　イ①3分の1　②選挙管理委員会
　　(2) ①地方税
　　②B…地方交付税交付金　C…国庫支出金
　　③地方債

解説
(1)　有権者の50分の1以上の署名が必要な請求は，条例の制定・改廃の請求と監査請求である。

第4章　私たちの暮らしと経済

定期テスト予想問題　　　p.193〜195

1 (1) ①ウ　②イ　③ア　(2) エ

解説
(2)　エは貯蓄。貯蓄とは，将来の支出に備えるためのもので，生命保険の保険料のほか，銀行預金，株式・国債の購入などもこれにあたる。

2 (1) ①ア　②価格…400 円　取引量…30 個
　　(2) B…独占価格(寡占価格)　C…公共料金

解説
(1)　需要曲線と供給曲線が交わった点で価格も取引量も決まる。このときの価格を均衡価格という。
(2)　価格の種類では，とくに，市場価格，独占価格，公共料金の違いを正確に覚えておくこと。

3 イ・ウ(順不同可)

解説
　株式会社においては，株主は，出資額の範囲内で会社の損失を負担する有限責任(制)である。また，会社の経営方針や取締役の任免などを決める最高の議決機関は，株主で組織される株主総会である。

4 (1) 中央 銀行　(2) ウ　(3) 金融政策　(4) ウ

解説
(1)(2)　日本銀行は，日本の中央銀行で，一般の銀行とは異なり，個人や一般企業とは取り引きせず，政府(国)や一部の金融機関とのみ取り引きする。
(3)(4)　日本銀行が行う金融政策には，公開市場操作(オープンマーケットオペレーション)などがある。

5 (1) A…カ　B…エ　C…キ　(2) (例)所得が多い人ほど税率が高くなる制度。

解説
(2)　累進課税によって高所得者から集めた財政収入を，社会保障関係費などの支出によって低所得者層に分配し，経済格差を是正している。

6 (1) A…生存権　B…公的扶助　(2) 介護保険

(1)　Bの公的扶助とは，国が公費によって，生活の苦しい人々に必要な援助を行う制度である。生活・医療・住宅・教育扶助などがあり，生活保護法に基づいて行われる。
(2)　認知症や寝たきりなど，介護が必要になったときに，介護サービスなどを受けることができる。

7 (1) 四日市ぜんそく
　 (2) 環境アセスメント(環境影響評価)

解説
(1)　水俣病，イタイイタイ病，四日市ぜんそく，新潟水俣病の四大公害裁判は，すべて原告側の全面勝訴に終わった。

第5章　地球社会と私たち

定期テスト予想問題　p.228〜230

1 (1) X…内政不干渉　Y…主権平等
　 (2) ①領空　②領域　③排他的経済水域
　 (3) 条約

解説
(2)③　排他的経済水域は，沿岸から200海里(約370km)以内の，領海を除いた水域である。
(3)　日米安全保障条約など2国間で結ばれる条約と，南極条約など多国間で結ばれる条約がある。

2 (1) A…安全保障理事会(安保理)　B…総会
　 (2) W…拒否権　X…多数決　(3) PKO
　 (4) 中国(中華人民共和国)
　 (5) 持続可能な開発目標(SDGs)
　 (6) Y…ユネスコ(UNESCO，国連教育科学文化機関)
　　　 Z…WHO(世界保健機関)

解説
(6)Y　発展途上国の児童の福祉向上を目的とするユニセフ(国連児童基金)と混同しないようにしよう。

3 (1) ①ⓐWTO　ⓑFTA
　　　②グローバル化(グローバリゼーション)
　 (2) ①A　②ユーロ
　　　③地域主義(地域統合，リージョナリズム)
　 (3) ①地域紛争　②難民
　　　③テロリズム(テロ)　④政府開発援助(ODA)
　 (4) イ

解説
(2)①　EUはヨーロッパ連合の略称。BはASEAN(東南アジア諸国連合)，Cは日本があてはまる。
(3)③　2001年，アメリカ合衆国で同時多発テロが起こり，多くの犠牲者が出た。

4 (1) イスラム教　(2) ①A…地球温暖化
　　　B…酸性雨　C…砂漠化　②ⓐエ　ⓑア
　　　③温室効果ガス　④パリ協定　(3) 南北問題
　 (4) アフリカ　(5) 化石燃料　(6) イ

(6)　日本は火力発電，フランスは原子力発電，カナダは水力発電の割合が高いことに着目する。

5 (1) ①日米安全保障条約(日米安保条約)
　　　②非政府組織(NGO)
　 (2) (例)核兵器を持たず，つくらず，持ちこませず。

解説
(1)②　近年，国際連合や各国の政府と協力関係を強めるなど，NGOの役割が高まっている。

入試レベル問題①

p.232〜234

1 (1) フランス人権宣言（人権宣言） (2) ウ
(3) 平等 (4) 国民主権（人民主権，主権在民）
(5) 権利…社会権 憲法…ワイマール憲法

解説
(2) ルソーは，社会契約説を唱え，人民主権の考えを明らかにした。
(3)(4) 人権宣言は，人間の自由・平等などの市民の権利のほか，国民主権・権力分立なども定めている。
(5) 20世紀に入り，資本主義社会の発達で人々の間に貧富の差が拡大し，人間らしい生活の保障を要求する声が高まった。

2 (1) エ (2) 特別会（特別国会）
(3) ①両院協議会 ②イ (4) エ

解説
(1) 内閣の信任・不信任の決議をできるのは衆議院のみである。
(4) 憲法改正の発議の議決は，両院は対等である。

3 (1) 違憲立法審査権（違憲審査権，法令審査権）
(2) 憲法の番人 (3) 高等裁判所
(4) 上告 (5) 裁判官の独立

解説
(3) 最上級の下級裁判所で全国に8か所置かれている。
(5) 裁判所や裁判官は他の権力から圧力や干渉を受けないことが必要で，これを司法権の独立という。

4 (1) 平和主義 (2) ①身体の自由 ②精神の自由
③経済活動の自由 (3) 第9条
(4) 自己決定権

解説
(3) 第9条で，戦争の放棄，戦力の不保持，交戦権の否認を規定している。

5 (1) 国会議員 (2) ウ (3) エ
(4) 全体の奉仕者 (5) 国家公安委員会

解説
(3) 弾劾裁判所の設置は国会の仕事。

(5) 政治的中立性が必要な行政委員会で，国務大臣である委員長と5人の委員で構成される。

入試レベル問題②

p.235〜237

1 情報 モラル

解説
情報モラルは，情報を正しく活用する考え方や態度のこと。いっぽう情報リテラシーは，必要な情報を適切に選び，活用する能力のこと。

2 (1) （例）訪問販売などで商品を購入したあと，一定期間内であれば，その契約を無条件で解除できる制度。 (2) ウ

解説
(2) 一般に，流通のしくみが最も複雑なAが最も流通費用が高く，最も簡素なCが最も流通費用が安い。

3 (1) （例）一般の銀行に国債などを売って銀行の資金量を減らし (2) デフレーション（デフレ）
(3) 円高 の時期 (4) X…労働基準法
Y…ワーク・ライフ・バランス

解説
(1) 加えて，「貸し出し金利を上げる」，「企業が資金を借りにくくなる」という内容があっても正答。
(4) X 労働基準法は，労働条件の最低基準を定めた法律である。

4 (1) 間接税 (2) エ

解説
(2) ア〜ウは，税金を負担する者と税金を納める者が同じ直接税である。

5 (1) a…北方領土 b…エ c…竹島 d…ア
(2) APEC (3) PKO

解説
(2) WはASEAN，YはNAFTA（USMCA），ZはMERCOSURにあてはまる。

さくいん

※太数字のページの語句には，くわしい解説があります。

さくいん

253

さくいん

さくいん

255

カバーイラスト・マンガ	へちま
ブックデザイン	next door design（相京厚史，大岡喜直） 株式会社エデュデザイン
本文イラスト	加納徳博，キットデザイン株式会社
図版	株式会社アート工房，ゼム・スタジオ，木村図芸社
写真	出典は写真そばに記載。　無印：編集部
編集協力	笹原謙一，中屋雄太郎，KEN 編集工房
マンガシナリオ協力	株式会社シナリオテクノロジー ミカガミ
データ作成	株式会社明昌堂 データ管理コード：21-1772-0325（CC2020）
製作	ニューコース製作委員会 （伊藤なつみ，宮崎純，阿部武志，石河真由子，小出貴也，野中綾乃，大野康平，澤田未来，中村円佳，渡辺純秀，相原沙弥，佐藤史弥，田中丸由季，中西亮太，髙橋桃子，松田こずえ，山下順子，山本希海，遠藤愛，松田勝利，小野優美，近藤想，辻田紗央子，中山敏治）

＼ あなたの学びをサポート！／

家で勉強しよう。
学研のドリル・参考書

URL　　　https://ieben.gakken.jp/
Twitter　　@gakken_ieben

読者アンケートのお願い

本書に関するアンケートにご協力ください。右のコードか URL か
らアクセスし，アンケート番号を入力してご回答ください。当事業
部に届いたものの中から抽選で年間 200 名様に，「図書カードネッ
トギフト」500 円分をプレゼントいたします。

アンケート番号：305219
https://ieben.gakken.jp/qr/nc_sankou/

学研ニューコース　中学公民

この本は下記のように環境に配慮して製作しました。
●製版フィルムを使用しない CTP 方式で印刷しました。
●環境に配慮して作られた紙を使っています。